[美] 克里斯托弗·帕克 Christopher Parker 著　吴震雄 译

HARRIMAN'S NEW BOOK OF INVESTING RULES

哈里曼股票投资规则

| 全球68位投资大师的
投资原则与禁忌清单 |

THE DO'S AND DON'TS OF
THE WORLD'S BEST INVESTORS

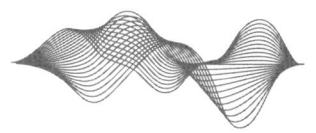

中国青年出版社
CHINA YOUTH PRESS

图书在版编目（CIP）数据

哈里曼股票投资规则：全球68位投资大师的投资原则与禁忌清单 /（美）克里斯托弗·帕克著；吴震雄译.
—北京：中国青年出版社，2019.4
书名原文：Harriman's New Book Of Investing Rules: The Do's and Don'ts of The World's Best Investors
ISBN 978-7-5153-5494-1

Ⅰ. ①哈… Ⅱ. ①克… ②吴… Ⅲ. ①股票投资—基本知识 Ⅳ. ①F830.91

中国版本图书馆CIP数据核字（2019）第028013号

Copyright © Harriman House Ltd.
Original chapter text and photographs remain copyright © of individual authors or firms.
Originally published in Great Britain by Harriman House Ltd in 2017, www.harriman-house.com.
Simplified Chinese translation copyright © 2019 by China Youth Press.
All rights reserved.

哈里曼股票投资规则：
全球68位投资大师的投资原则与禁忌清单

作　　者：	〔美〕克里斯托弗·帕克
译　　者：	吴震雄
策划编辑：	庞冰心
文字编辑：	张祎琳
美术编辑：	张燕楠
出　　版：	中国青年出版社
发　　行：	北京中青文文化传媒有限公司
电　　话：	010-65511270/65516873
公司网址：	www.cyb.com.cn
购书网址：	zqwts.tmall.com　　www.diyijie.com
印　　刷：	三河市文通印刷包装有限公司
版　　次：	2019年4月第1版
印　　次：	2019年4月第1次印刷
开　　本：	787×1092　1/16
字　　数：	487千字
印　　张：	34.5
京权图字：	01-2018-5318
书　　号：	ISBN 978-7-5153-5494-1
定　　价：	79.00元

版权声明

未经出版人事先书面许可，对本出版物的任何部分不得以任何方式或途径复制或传播，包括但不限于复印、录制、录音，或通过任何数据库、在线信息、数字化产品或可检索的系统。

中青版图书，版权所有，盗版必究

每一位购买本书英文版的读者
均可直接从哈里曼出版社免费下载对应的电子书，
该电子书的格式
可在任何电子阅读器、平板电脑或智能手机上
进行阅读。

点击以下网址或扫描下方二维码，获取你的电子书：

ebooks.harriman-house.com/newbookofinvestingrules

目 录

编者按 011
序 乔纳森·戴维斯 015

弗兰克·阿姆斯特朗 019
　　驾驶舱投资法则 / 021

格伦·阿诺德 030
　　一位从事专业投资者培训的个人投资者的投资信条 / 032

马丁·班福德 045
　　英国最热门的理财规划师如何看待风险与回报 / 047

约翰·巴伦 051
　　来自投资信托专家的真知灼见 / 053

安迪·贝尔 064
　　如何成为一个成功的DIY投资者 / 066

阿利斯泰尔·布莱尔 074
　　给时间有限的个人投资者的11条建议 / 076

迈克尔·范·比玛 080
　　六个简单的步骤完成集中价值投资 / 082

约翰·C.博格 086
　　管理4万亿美元的投资家的投资见解 / 088

安东尼·波顿 095
　　来自传奇基金管理人的长期教训 / 097

耶罗恩·博斯 104
　　如何深潜价值，以低价购入股票 / 106

乔纳森·博伊尔 113
　　耐心造就完美 / 115

阿斯顿·布拉德伯里 119
　　自上而下、自下而上并举，以获得更好的投资回报 / 121

凯瑟琳·布鲁克斯 132
　　完成五项修正，像最佳交易员一样交易 / 134

迈克·布鲁克斯 140
　　如何实现真正的分散化 / 142

大卫·布伊克 147
　　对伦敦金融城生活的反思 / 149

罗比·伯恩斯 156
　　裸体交易者 / 158

理查德·巴克斯顿 166
　　投资是一门艰难但回报丰厚的艺术 / 168

托比亚斯·卡莱尔 178
　　当大家都涌向一处时，学会转弯 / 180

罗伯特·卡佛 189
如何进行系统化投资 / 191

乔纳森·克莱门茨 197
九种看待金钱的不同方式 / 199

迈克尔·卡沃尔 204
趋势跟踪者的十个信条 / 206

安德鲁·克雷格 213
如何投资才会无惧崩盘 / 215

桑迪·克罗斯 221
找到天赋型主动基金经理的六个方法 / 223

劳伦斯·A. 坎宁安 227
沃伦·巴菲特的投资规则 / 229

乔布·柯蒂斯 232
成功的股权收益投资 / 234

马克·丹皮尔 237
投资，要实实在在地做，不玩虚的 / 239

埃尔罗伊·蒂姆森、保罗·马什和迈克·斯坦顿 244
影响投资回报的五个因素 / 246

斯蒂芬·埃克特 249
如何从股市异常波动中获利 / 251

亚历山大·埃尔德 258
如何投资期货 / 260

斯科特·费伦 264
股票选取的101课程 / 266

肯·费雪 272
　　通过了解别人不知道的东西来投资 / 274

安东尼·加纳 278
　　如何通过ETF交易系统跑赢专家 / 280

韦斯理·格雷和杰克·沃格尔 289
　　阿尔法创造者的公理 / 291

特兰·格里芬 297
　　查理·芒格的投资规则 / 299

罗宾·格里菲思 307
　　规则战胜判断：利用技术分析进行趋势跟踪 / 309

蒂姆·黑尔 313
　　更聪明投资的四个简单步骤 / 315

伊安·赫斯洛普 323
　　消除投资偏见的五个好主意 / 325

安德鲁·亨特 330
　　两只老鼠掉进了一桶奶油里——逆向价值投资的艺术 / 332

詹姆斯·英格利斯-琼斯 339
　　如何优化流程，成就完美投资 / 341

尼尔斯·詹森 345
　　绝对回报和指数化的终结 / 347

约翰·金厄姆 356
　　防御性价值投资者的准则 / 358

拉尔斯·克罗耶 365
　　如何在做投资时避免投机行为和失眠 / 367

约翰·李 385

慢慢赚到100万的12条黄金法则　/ 387

尼克·劳斯 393

借助一个绝妙的数学原理，获得有意义的回报　/ 395

约拉姆·卢斯蒂格 397

开始投资前，你应该问自己的八个问题　/ 399

克里斯·迈耶 406

要想在股市中成功，你应该做的四件简单的事情　/ 408

蒂姆·摩根 413

异常时代的风险与回报　/ 415

查理·莫里斯 423

万物都是相互关联的：投资者指南　/ 425

奈德·纳勒兰 433

历史的车轮与金色的未来　/ 435

马修·帕特里奇 439

从历史上最伟大的投资者身上学到的　/ 441

雅各布·里斯-莫格 448

投资新兴市场要有坚冰般的理性和钢铁般的意志　/ 450

大卫·施耐德 456

在你投资公司之前，先开一家公司　/ 458

埃德蒙·盛 463

了解你自己！选择一个适合自己的系统　/ 465

彼得·斯皮勒 471

在投资中，只有短期是随机的　/ 473

格雷格·斯坦梅茨 477
    达芬奇时代的价值投资 / 479

汤姆·史蒂文森 482
    不要亏钱，亏了很难赚回来 / 484

范·K.撒普 489
    你交易的不是市场，而是你对市场的信念 / 491

尼克·特莱恩 502
    投资智慧的七个支柱 / 504

约恩·特里西 512
    投资蓄势待发的大牛股 / 514

佩尔蒂·万哈宁 519
    房地产投资的九大真理 / 521

埃德加·瓦谢内姆 525
    学会热爱普通股 / 527

托德·温宁 532
    如何保持你的股息优势 / 534

杰尔维·威廉姆斯 538
    充分利用市场环境 / 540

克雷格·耶曼 544
    好想法不是一直都有的 / 546

编者按

这是一本表达了一些有分歧的观点或对立观点的书。

迈克尔·范·比玛认为，投资中最重要的因素是你取得投资所支付的价格，然而安东尼·波顿却说，你应该忘了你所付出的价格。安东尼·加纳认为，应该避开"专家"和基金管理人，桑迪·克罗斯却说，要选择正确的基金管理人。理查德·巴克斯顿认为，投资是一门艺术，肯·费雪却说，投资应该被当成一门科学。蒂姆·黑尔认为，被动指数型投资提供了一条最安全的通往富裕的路径，但在之后的章节中，伊安·赫斯洛普却认为，标准普尔500指数和富时100指数的市值加权计算方法导致了一个恶性循环：这个计算方法导致投资者不断在规模最大的公司上增加投入——这给投资带来了真正的危险。

被动投资与主动投资、基金管理人与个人投资者、趋势投资与股票选择——本书中不乏这样相互对立的观点。

所有这些对立和矛盾都不是有意设计的。我只是按照史蒂芬·埃克特和菲利普·詹克斯2001年创作的伟大著作《哈里曼投资规则》（*Harriman Book of Investing Rules*）一书的传统，尽可能广泛地重新挑选出一系列最有趣、最有说服力的投资方法，并把它们汇集在一起。当然，在完成自己那一部分的写作之前，每一个贡献投资理念的作者都不曾看过其他人所写的章节。

有分歧的观点或对立观点都是自发产生的。

采用这样一种完全偶然的方式，我希望本书可以从思路开阔的投资世界中捕获某些东西——在这个世界中，不同的想法甚至和公司股票的数量一样多，每一笔交易都代表了一种观点。

这种具有完全多样性的思想碰撞不仅令人愉快，而且也很有启发性。正如已故的克里斯托弗·希钦斯所说，"热胜于光"（more heat than light）是基于"我们毕竟是先有热才有了光"这样一个错误的前提，这句话轻蔑地把争论视为对资源的巨大浪费。

因此，我希望，无论你是喜欢这些不同观点之间的碰撞，还是更偏向于这本书中某些章节所代表的观点，都可以愉快地阅读这本书，即使它是一本超过了500页的大部头。

——克里斯托弗·帕克
2017年写于彼得斯菲尔德

致谢

虽然本书中充满了不同的意见，但在创作的过程中，不同观点的贡献者们没有一个是不愿意合作的。他们对自己的时间和言辞都极为慷慨，在这本书付梓之前的过程中，他们始终保持着耐心，为此我向他们表示衷心的感谢。

我还要感谢威尔·郭德、詹姆斯·惠特曼和克里斯·卡德莫尔在几章中提供的重要帮助，以及乔纳森·戴维斯在编辑这本书时提供的精彩序言和建议。

在作者和出版商的许可下，本书的一些章节被重新整理或改编自作者的更早期（或未出版的）作品，此外还有三个章节是从更早版本的《哈里曼投资规则》中截取的，我要感谢作者与出版社慷慨地同意我这么做。尽管书名中提到这本书是"新作"，我希望读者对此不要太过介意——从某种角度来说，这本书把一些久违的材料重新整理出来以供读者阅读，而从另一个方面来看，它凝结了很多真知灼见，而这些只有在付出了高昂的成本与大量时间的阅读之后才能获取（当然，如果读者想对这些内容有更完整的了解，我还是鼓励去寻找完整的作品）。除了以上内容之外，在这本书中，仍然有超过10万字的篇幅是全新的内容。

序

乔纳森·戴维斯

PER VARIOS CASUS，per tot discrimina rerum tendimus.如果读者对古典文学有一定了解的话，一定能认出上面这句话出自维吉尔（Virgil）的著作《埃涅阿斯纪》（Aeneid）。这句简短的拉丁语被本杰明·格雷厄姆用来介绍他经典的投资著作——《聪明的投资者》（The Intelligent Investor）。即使在今天，这本书读起来还是和50年前刚出版时一样的睿智、通俗易懂。在书中，格雷厄姆把这句话翻译成了：我们在机遇缤纷和变化无常的道路上开拓前进。

投资者总是需要在一个不断变化的世界中前进。毕竟，他们的任务就是要在这样一个不断被政治事件、经济意外、中央银行政策发布甚至低于预期的公司业绩报告等预料之外的事件冲击的市场中想尽一切办法去赚钱。在投资中，没有什么是一成不变的，因为它所反映的人类活动的世界总是处于不断变化的状态之中。

因此，对于一名投资者而言，能否生存下来、逐渐成长，取决于他能否把对市场表现的理解、面对意外事件时的应变能力，以及（尤其是）大量可以借鉴的经验结合起来。不管你喜欢把它归为自己的才华、直觉还是技能，事实是，随着时间的推移，经验才是决定性的——不仅是你自己的经验，也包括所有在你之前经历过的人的经验。如果想追寻投资经验当中最本质的东西，最简单的方法就是制定、汲取一套投资规则。

看到这里，你很可能会觉得，要想更深刻地理解在投资这样一个专业化程度高的领域中究竟什么是有效的、什么是无效的，只列出一份原则与禁忌行为清单就可以了。请别这么草率。2002年，行为心理学家丹尼尔·卡尼曼因其在决策与不确定性研究领域所做出的贡献而获得了诺贝尔经济学奖。他阐述了简单的戒律——我们称为经验法则，但更正式的名称是"启发法"——对于捕获人类世代更迭所积累的经验是多么强大、多么有效的工具，而正是这个观点，帮助他建立了自己的事业与声望。我们所谓的专家直觉大多是伪装下的人类世代积累的经验智慧。

然而，毋庸置疑的是，你想要利用的直觉并不是每个人的直觉，而是这个行业中最优秀的直觉。因为卡尼曼教授还告诉我们，人类容易受到任意数量的偏见的影响，如果不加以控制，这些偏见会让我们误入歧途。这本书是过去15年中出版的数本畅销书的后续版本，它汇集了一些顶级投资者在其职业生涯中获得的最重要的经验教训来应对这一点，可读性强，并且意义非凡。这一版本的众多贡献者中，除了两个人外，其他都是全新的——这是一本宏大而大胆的书，涵盖了广泛的市场和主题。

当然，有很多不同的投资风格，也有很多不同的资产类别可供投资，所以你需要从本书汇集的作者中挑选出最符合你自己性格和兴趣的。在债券市场或房地产市场中有效的投资理念与在股票市场中的有效理念可能完全不同，也可能仅仅存在细微区别。基金投资者与股票投资者需要关注的重点并不一致。正如前面编者所说的那样，某些贡献者的观点与其他人的观点是完全不同的，这样的冲突也是具有启发性的。

究竟什么是好的投资规则？在我看来，它应该是表达清晰、易于理解的，同时它又抓住了投资的某个基本真理，并且这个真理经受住了时间的考验。我最喜欢的一个投资规则是由明智而博学的美国投资顾问查尔斯·D. 埃利斯创造的。他的经典著作《赢得输家的游戏》(*Winning the Loser's Game*)中包含了有关市场择时的决定性规则（"不要这么做，这是在犯罪"）。

我个人最喜欢的另一个投资规则是英国前财政大臣尼格尔·劳森早些时候在《星期日电讯报》(Sunday Telegraph)担任伦敦金融城编辑时拟定的一份清单的一部分。在这份清单里写着这样一句话：把糟糕的数据汇总在一起所花费的时间总是比良好的数据更长。他的意思是要格外注意那些比正常时间更晚披露经营结果的公司，这通常意味着这些公司不想告诉你某些可疑或不愉快的事情。

当然，必然会有某些迂腐的人总是会说，每条规则都有例外，不可否认确实如此。沃伦·巴菲特在很多方面都留下了他浓墨重彩的一笔，他通过简单的两句告诫在投资规则制定中留下了属于他的记号：第一条规则：不要失去你的资本。第二条规则：不要忘了第一条规则。他对投资规则的描述听起来似乎过于简单，但是他在过去60多年所积累的财富是对他所说的话的最好证明。

本书把众多投资者对投资规则的深刻见解、自明之理以及对传统思维方式的质疑混合在了一起，无论是否同意本书中所总结的这些观点，我们其余的人都只能通过反复推敲与思考这些令人兴奋的思想混合来获益，而本书的内容正是由这些观点堆砌而成。

乔纳森·戴维斯
2017年写于牛津

乔纳森·戴维斯是英国投资领域的主要作家之一。他是一名专业的资深投资者，著有3本关于投资的书籍，为英国《金融时报》和《旁观者》撰写定期专栏，定期为赚钱者网站（www.money-makers.co）提供播客。此外，他还担任一些投资公司的顾问。他的网站是：www.independent-investor.com。

HARRIMAN'S NEW BOOK
OF INVESTING RULES

弗兰克·阿姆斯特朗

Frank Armstrong

　　弗兰克·阿姆斯特朗三世是一家在美国证券交易委员会注册的投资咨询公司投资者解决方案公司的创始人和总裁,这家公司位于佛罗里达州的迈阿密。弗兰克曾是美国空军飞行员,在越南执行过250项作战任务,随后在东方航空公司工作了19年。他是一位有40多年金融业从业经验的金融"老兵",著有4本关于投资理论和退休规划的书籍。

这个世界不会就此终结,
这个公司的股票不会就此一路下行,
这艘船也不会解体。
要想到达目的地,
你必须待在船上。

弗兰克·阿姆斯特朗

驾驶舱投资法则

我曾是一名空军飞行员，退役之后成为一名航空公司飞行员。我从飞行员生涯中所学习到的规则直接适用于之后的投资咨询工作。

43年前越南战争结束，我从东方航空公司退役，之后我选择了投资咨询师作为自己的新职业。为了尽可能平稳地完成职业转换，我利用自己经济学、商学方面的大学学位找到了一份为小企业主设计养老金计划的工作。随后，我的工作慢慢演变成了完全的财务规划服务，最终，我借此开始走上了注册金融咨询师之路。发展到今天，投资者解决方案公司在39个州和5个国家为上百个客户管理着超过7.5亿美元的资金。

下面是一些可以直接用于投资组合的"驾驶舱法则"。

1. 早做计划

美国空军战略司令部（SAC）的机组人员曾跟我开玩笑说，SAC的至理名言——"和平是我们的天职",之后要跟一句"但制定飞行计划才是真正的难题"。曾经有一次,我们一艘运油飞机上的4名成员花了一整天的时间计划和填写任务文件,而这项任务只花了6个小时,做计划的时间甚至多于飞行的时间!但是,当我们登上飞机开始执行任务时,我们非常清楚地知道我们要去哪里,我们要做什么,这正是计划的意义所在。所以,尽可能不要去碰运气,不管我们的任务是什么,我们都不能简单地、漫无目的地起飞、飞行。

同样,如果没有详细的计划,你的投资也不太可能有一个像样的结果。

业内人士经常会开玩笑说,尽管一个家庭可能会花数周时间研究平板电视,但他们甚至不会花10分钟来规划自己的退休生活。听起来很滑稽,但事实确实如此。

一份完整的投资计划包括很多部分,例如:

- 你需要多少资金来维持你的生活方式?
- 你还有多少年退休?
- 对于你来说,什么样的退出策略更合适?
- 你怎样才能将你的税收优势最大化?
- 你愿意承担多少风险?
- 对于你来说,合理的预期回报率应该处于什么样的区间?
- 在投资的各个阶段分别应该怎样进行资产配置?
- 什么基金可以最好地执行资产配置策略?
- 社会保障(或者非美国投资者的类似保障基金)可以提供多少帮助?

上面提到的每一点对于投资都是非常重要的变量,会对最终的投资结果产生戏剧性的影响,可能会使投资获得更好的收获,当然也可能会使情况变糟。只要把其中的某一部分搞砸,你可能就会面临一场灾难。

你只有一次机会来积攒你的退休金,所以不能一边参与这个游戏,一边摸索学习。在现实中,你没有再来一次的机会。早期的错误可能永远无法弥补,所以在进行投资之前,请花一些时间对你的投资进行规划。

开始并不痛苦。互联网上有大量的免费资源可以提供帮助。例如，我的公司有超过100款金融计算器，可以帮助你完成从抵押贷款说明到与社会保障结合的退休计划计算的任何事情，我的公司网址是：investorsolutions.com/media/calculator（当然你并非只能选择我的公司提供的资源，你也可以前往谷歌搜索类似的替代品）。

提到金融计算器，社会保障部门的计算器的数据库中已经包含了每个人的收入历史记录、年龄和其他信息，这样就可以根据每个人的年龄提供个性化的社会保障计划，社会保障部门计算器网址是：http://www.ssa.gov/retire/estimator.html。

所以，事不宜迟，现在就是规划家庭未来计划的好时机。如果你自己做不到，或者不想做，那就找一个有能力的金融专业人士来帮助你。不管怎样，提前计划！

2. 找到命中概率最高的射击位置

当两名敌方战斗机飞行员相互靠近时，他们会对对方后方的位置展开争夺。当某一方发现对方出现在自己的六点钟位置时，这场战斗通常就可以宣告结束了，这就是找到一个命中概率更高的射击位置的意义。虽然在很偶然的情况下，飞行员有可能完成正面射击，但这是很难的方式，而且会让飞行员承担更多的风险。如果飞行员尝试正面射击，当他们擦肩而过后，敌方飞行员很可能恰好出现在他的六点钟位置，那么，一切就结束了！所以战斗机飞行员们要学习战术，把这些战术相结合，才能争取到更高的成功率。

无论你是学习篮球、象棋、医学、法律还是做家庭建设，不管做什么，总会有一个最优雅、风险最低、最简单的解决方式。

对于投资者而言，"高概率射击"策略就是要将每一单位自己愿意承受的风险所带来的投资回报最大化。单独使用某一策略可能难以帮助你实现这个目标，但如果把不同策略结合在一起使用，产生的效果就会很强大。下面是一些可以采用的策略：

- 不要承担不必要的以及你不能承受的风险。
- 将你的投资组合划分为风险资产与无风险资产。这两种资产的组合应该反映你的风险承受能力、流动性需求以及投资目标。
- 将两个投资组合进行分散化，以避免令人不快的意外事件，以求获得市场回报率。全球分散化投资是投资的黄金法则。
- 使用低成本的集体投资方式，如指数基金和ETF基金，它们在提供市场收益率的同时只需承担最小的成本、风险和税收成本。
- 尽可能利用免税或可以享受税收递延的交易账户。
- 尽早开始，因为对于希望积累资产的投资者来说，时间才是最有价值的商品。
- 接受市场回报。不要尝试去进行市场择时或者指望找出错误定价的证券，因为这是失败者的游戏。反对主动管理的证据是显而易见、不容置疑的。
- 考虑在你的投资组合中增加更多小公司、低价股票以及更多的盈利性强的公司的头寸。这样的资产配置倾斜已经被证实可以在合理的时间内有效地提高投资回报。
- 坚持到底。不要对新闻标题、从众心理、市场预测、恐惧或贪婪做出回应。

3.你需要做出承诺

在跑道上驾驶一架动力不足、接近最大载重量的飞机，这对于加油机机组人员来说是非常正常的。但如果你想与鹰一起翱翔，首先要做的就是离开地面。

随着飞机慢慢加速，我们会在跑道上花费很长时间。在跑道结束前的一两秒钟飞机才离开地面，这并不罕见。

所以我们把所有的注意力都集中在了起飞上，起飞的飞行计划是一个非常严肃的问题，处理这个问题会产生几十个数据，其中最重要的是关键发动机故障速度或者称为S1速度，这个数据决定了是继续飞行还是停止飞行。如果4个引擎中有一个在达到S1速度后从机翼上掉下来，继续起飞远比在剩下的轨道上尝试停下来更好。我们做出承诺坚持执行！除非出现灾难性的失误，否则我们会坚持飞行。

如果在计划之后，你得出了一个可以满足你特定投资需求的、设计良好的全球资产配置方案，一旦你投入了你的资金，你就做出了承诺。如果最初的计划是正确的，那么每隔几分钟就改变想法不会是一个可行的选择。意外总会发生的，但如果你做好了准备，坚持到底几乎总是正确的选择。中途插入和退出都不太可能优化你的投资组合。

投资者承诺的另一个部分，是他们必须完成资本退出。美国的退休储备情况是相当糟糕的，这反映出了一个巨大的储蓄问题。可以享受保障性养老金的日子一去不复返了。如果你不及早进行储蓄，即使是最好的投资顾问或资产配置策略也帮不了你，你将永远无法舒适地退休。换句话说，计划和执行对成功的任务而言是必要的。

4. 在你的预期中考虑动荡的情况

回顾之前的生活，不担任战斗机飞行员之后，我在东方航空公司工作，驾驶空客300号飞机。尽管专业飞行员们看起来是傲慢自大的，但其实他们非常关心他们的乘客，甚至愿意牺牲自己去保护乘客的安危。尽可能让乘客安全、舒适、开心和轻松对他们来说是最重要的任务！

在飞行中，颠簸是不可避免的，生活中也是如此，这会让乘客脾气暴躁。所以，作为飞行员，我们花了相当多的时间来避免颠簸的发生，但有时又必须忍受它。除了放弃工作、待在家里，我们所能做的就是尽可能安抚乘客。没有哪家航空公司能保证旅途中不会偶尔遇到颠簸。如果飞行员在第一次颠簸之后就选择转身离去，那么旅程永远也完成不了。如果选择等到大气完全平静，那我们永远都无法离开航站楼。

飞行员们通常会在他们的预期中考虑到颠簸情况的存在。在经历过几千小时的飞行之后，他们知道这是正常的，偶然情况下大气的确是颠簸的，所以有什么大不了的呢？飞机本身是相当稳定的，即使遭遇大气的冲撞，它也可以恢复到原来的平稳状态。飞机是相当稳固的，甚至曾经有几架商用飞机承受住了相当于自身设计承受力5到7倍的碰撞。

所以，当飞机颠簸的时候，飞行员最关心的是不要把咖啡洒出来。他当然不喜欢颠簸，但他所担心的，只有乘客是否舒适这个问题。

但在驾驶舱门的另一边，情况可能有所不同。大多数乘坐过飞机的乘客会直接睡过去——但少数乘客会看到一个不同的世界。他们被困在一个巨大的铝管里，以每小时500英里的速度在离地面7英里的地方疾驰。在第一次经历颠簸时，他们总是会带着焦虑不安的目光，随后瞪大眼睛，觉得一切都失去了控制，心想："飞机很快就会坠落吧？飞行员一定是疯了！他为什么不让我们降落到地面上？噢，我多希望从来都没见过飞机！"

从事客机飞行员的经历对我之后的投资咨询师生涯是非常好的训练，投资咨询师就像是飞行员，投资者就像是乘客，而市场下挫则相当于大气颠簸。

作为一名投资咨询师，我同样会把偶然的市场低迷考虑在内，它确实存在于整个系统中，不可避免。我并不喜欢它的存在，所以我尽我所能地避免它，让它的影响尽可能小。但有时我不得不忍受它，市场低迷是金融领域中令人不快的一部分，但它的存在确实是正常的。

我们经历了1987年和1989年的股市崩盘、2000年的科技股灾难、2008年的金融危机。市场经受住了考验，恢复了元气，并继续创出新高。

我们的经济非常强劲、稳定、有韧性，但市场必须偶尔下跌才能正常运作。

世界上并不存在可以预测到市场何时低迷的方法，所以要想获得超额收益来实现人生目标，我们必须接受一定程度的风险（市场波动）。

很多投资者在市场出现波动时会感到不安，他们会觉得一切都失去了控制，总是会在脑海中想象各种最糟糕的情况。他们的安全就是抛弃一切，用现金来寻求庇护。这就出现了经典的"高买低卖，然后纳闷自己为什么在股票市场中赚不到钱"的行为。那些遇到情况就恐慌、跟随大流的投资者是不可能成功的，因为这是失败的秘诀。

这个世界不会就此终结，这个公司的股票不会就此一路下行，这艘船也不会解体。要想到达目的地，你必须待在船上。

5.持续进行维护

如果不进行维护，飞机就无法长时间地飞行，这里的维护既包括每个夜晚的快速检查，也包括将飞机完全拆除进行检查然后重新组装。要让飞机的上百万个移动部件在50年的预计使用寿命中保持适航状态，需要花费一些功夫。部件总会老化、磨损，必须对这些部件进行替换，而其他部件即使没有损坏，也需要进行及时更新以利用逐渐改进的设计和效率。

顺便说一下，飞机机械师是经过美国联邦航空局（FAA）认证的专业人员。在你把你的家人送上飞机之前，你希望这架飞机的飞行员在被确认为"适航"前，经过了足够的培训、测试、认证，并且具备足够的经验来照看你的家人。

你的投资组合同样需要持续的维护。显然，你希望避免灾难性的失败，但避免崩溃只是问题的一部分，保持它以最佳的效率运行将极大地提高未来的安全性。这包括：

- **对投资组合进行持续性的再平衡以保持原有的风险状况。**当投资组合中所包含的不同类别的资产以不同的速度上升或下降时，一个设计良好的投资组合会随时间进行调整。卖出已经升值的资产，然后买入表现不佳的资产似乎是违反直觉的，但再平衡强调低买高卖的原则，随着时间的推移，这个原则会为你带来相当大的价值。

- **在投资组合中加入新的理想资产**。每年都会出现成千上万种新的投资产品，这些投资产品中的大多数是已有产品的复制品，或者只是一个糟糕的产品换了个名字又重新出现在市场上。很少有新的投资产品可以提供有价值、可以随着时间的推移提高投资收益、降低风险的分散化优势。我们更偏向于把经受住时间考验的新产品加入到投资组合中。我宁愿晚一点采用一种新的资产类别，也不愿在我完全理解它之前把它加入投资组合，因为它很可能会"咬伤"我的客户。

- **选择更廉价的资金来源**。共同基金和ETF基金的盛行，大大改善了市场对于不同资产类别的定价。现在的内部费用和交易成本只是当年我刚进入证券行业时的很小一部分。如果没有税收成本和低交易成本，那么拥有一个低成本的投资组合总比拥有一个昂贵的投资组合要好。成本可以产生很大的影响，从长期来看，增量成本的小幅降低可以对投资表现产生很大的影响。

- **避开股利**。ETF基金和共同基金会提前宣告预计发放股利，这些股利会带来额外的税收成本。如果将应纳税投资组合在宣告分红之前卖出，成本会比确认接受股利更低，这显然可以节省资金，从而使你能够生存下去。要计算出成本和收益的净额需要进行一些计算，但由于税收是投资者所面临的最大支出，所以花费一些努力来进行计算是值得的。把钱留在投资中，尽可能地避免税负，可以带来巨大的回报。

- **利用亏损的抵税效应**。投资者的投资价值有时会出现下跌，当这种情况实际发生时，确实让人非常心烦。但这给了投资者一个确认应纳税损失的机会，应纳税损失可以用来抵减投资组合中的其他收入。如果他暂时没有所得，那也可以选择将这部分应税损失储存起来，用于抵扣未来的应税所得。同样地，我们需要进行一些计算来确定长期收益和短期收益，但对于长期绩效来说，这是一件非常有意义的事情。亏损就像酸溜溜的柠檬一样，但你完全可以把它做成可口的柠檬水。

- **把短期收益转化为长期收益。**当你必须卖出所持有的某种证券时，你必须考虑到这笔交易对于税收的影响。如果该证券享有短期收益，那么卖出这只证券需要承担的税负大约会是你持有至符合长期收益条件时再卖出的两倍。也许你应该卖出另一只税收成本更低的债券，或者简单地等到这只证券满足长期收益条件。

在投资中考虑税收是复杂且乏味的，除非你可以利用精密的软件来实现对投资组合的每日跟踪。但是，流向税收机关的每一块钱都不会再回来，也不能用来再投资或者进行消费。所以你必须采用税后的数据作为业绩衡量标准。

投资组合的维护并没有什么神奇之处，它只是基本的检查，用来优化投资组合，使它在长期表现得更好。

每一个买卖证券的决定都涉及多种权衡取舍，许多投资者不能也不会花时间和精力将这样的权衡取舍纳入他们的长期战略。如果是这样的话，他们最好找个专业人士来帮他们完成。保护自己拥有的珍贵资源是第一要务。毕竟，你的投资就是你的未来。

6. 祝你旅途愉快

当机组人员在世界上任何地方相遇时，他们经常以"祝你们旅途愉快"作为分别时的祝福，这同样是对于生活的隐喻。如果你在投资中做好规划，遵循一些基本规则，运用你的判断力和纪律性，那么你的生活和投资经历将会变成一段美好的旅程。

所以在最后，让我对你说一句："祝你旅途愉快！"

格伦·阿诺德
Glen Arnold

格伦·阿诺德博士曾是一名投资学教授，在从事学术工作后，他得出了这样的结论：学术生活与在金融市场投资赚钱相比，既不够有趣，也不能带来智力上的挑战。作为一名富有的投资者，他现在大部分时间都在莱斯特郡郊区的一家办公室里管理自己的股票投资组合，在这里他可以远离伦敦金融城的喧嚣。

格伦在学校所做的主要是，基于历史上伟大投资者的观点、学术领域的发现以及公司战略分析的视角，研究投资中究竟是什么在起作用（格伦所做的研究可通过www.glen-arnold-investments.co.uk进行浏览）。虽然他曾在伦敦金融城教授这方面的课程，但现在他更愿意专注于实际的投资分析，他确实解释了自己的投资选择，并在网站newsletters.advfn.com/deepvalueshares 上讨论了他的投资理念。

格伦是很多投资书籍的作者，其中一些书还一度成为英国的畅销书。他最新的作品是《沃伦·巴菲特的交易》（第一卷）（The Deals of Warren Buffett-Volume 1）。

接受市场对股票的定价
相当于放弃思考的责任。

一位从事专业投资者培训的
个人投资者的投资信条

1. 买入之前先确保你足够了解

如果你还不了解这只股票,那就不要买入。把股票看做对一家企业所有权的一部分,而不是在你几乎不了解规则的机会博弈中充当赌客的筹码。做一个企业分析师而不是股票分析师。

投资者群体经常会被"病毒"席卷,导致大家跟风将大量资金投入到他们完全不了解的事物上。投资者经常会在对金融科技或生物制药等行业一无所知的情况下,押下巨额的赌注,希望能有一个好的结果。

回顾一下2017年Snap的首次公开发行,股东收回自己的投资遥遥无期。Snap年报中披露的年度收入为4.05亿元,亏损却超过了5亿元,但它现在却仍以18倍的市盈率在市场上交易,公司股票总市值超过了300亿元,甚至超过了知名谷物早餐和零食制造商家乐氏(Kellogg's)。想问一句,Snap的股东们了解他们投资的这家公司未来10年所面临的竞争吗？

如果"病毒感染者"们所投资的公司成为主导网络或者轰动一时的药品供应商时，他们会感到焦虑、情绪高涨，然后忽视那些简单易懂的传统行业公司，但是，恰恰是这些公司才能产生利润。当然，尽管这些普通的公司有经过验证的记录和可观察的历史收益数据，但它们有些枯燥无趣，每个人都有持有一家没有盈利记录的公司的股票然后大赚一笔的梦想，没有什么比这更让人兴奋的了，谁也说不准这家公司会不会成为下一个微软。

当然，这些公司中的大多数并不能成为"那一家"，他们将会一败涂地。

20世纪20年代也曾出现过类似的流行趋势，当时的新技术包括电力、无线、电影和电话。客户根本不需要了解商业模式或竞争环境，不需要知道一家公司是否拥有强大有力的特许权和定价权，也不需要根据股票的价格来判断这些因素的质量。所有这些都不需要！他们需要知道的是，公司未来的销售额会增长，然后利润会自动产生，对吗？

在买股票之前，你需要对公司进行分析。它的价值是多少？你需要的是事实，而不是价值预期和希望。你需要的相关事实包括多年来产生的收益，因为这些事实很可能会揭示未来将发生什么。资产负债表同样也很重要，例如净资产是否大于市值？公司是否负债累累？这些都是定量事实，但更重要的是定性的事实：公司的市场位置是否因为它能提供差异化产品而收取相对于成本更高的定价，比如博柏利或迪士尼？公司管理者是否有能力、善于创造财富？他们是诚实正直、公平对待所有股东的人吗？公司在行业动态、竞争优势（如果有的话）和财务结构等方面是否处于稳定的地位？定性和定量因素应该被放在一起进行权衡，投资者应该区分出什么是噪声、什么是关键的价值决定因素。

着手准备的意愿比赢得胜利的意愿更重要，投资者着手准备的方式正是去理解公司的商业模式。这个任务是艰难的。这就是为什么这么多伟大的投资者宣称他们没有掌握足够的事实，也没有足够的才智来评估许多或大多数公司。沃伦·巴菲特建议我们保持在自己的能力范围内，他在1996年《致股东的信》

中提到:"作为投资者,你的目标应该是以一个合理的价格,买入一家容易理解的、收入在未来5年、10年或者20年内必然会上升的企业的部分权益。"

2. 小规模投资者可以比专业投资者做得更好

一位深思熟虑、完全把自己投入到投资中的个人投资者可以比专业的基金管理人表现得更好,因为她具备很多的优势,例如,她可以专注于一个投资组合、选择承担与大多数人不同的风险、避免制度性的约束以及从日常的生活与经验中挖掘良好的公司。

小规模投资者不应该害怕专业投资者。基金管理人受到的限制较多,而且容易出现逻辑上的错误和性格上的缺陷,因此,一个准备周全的小规模投资者只要能够做到遵循一套健全的投资原则,完全可以表现得比他们更好。我曾经帮助培训了很多基金管理人。虽然他们非常擅长定量分析——毕竟他们拥有CFA资格,但当涉及更重要的定性分析以及遵循简单而合理的投资原则(而不是投机原则)时,好吧,我们姑且这样说,他们中的很多人都差了那么一些。

高智商并非必要条件。伟大的基金管理人彼得·林奇曾经说过:"股票市场中所需要的数学知识都是你在小学四年级时已经学到的。"此外,他还宣称,"在我看来,真正的天才都过于迷恋理论上的思考,永远被股市的实际行为所背叛,股市的实际行为比他们想象的要简单得多。在无法获得完全或者完美信息情况下进行决策的能力同样是非常重要的。"大量的数据会导致一些人对不必要的东西进行详细的检查和综合。股票投资是一门艺术,它融合了历史、心理学、社会学、商业战略分析、经济学和政治学以及过去的数据"事实",仅仅使用量化方法是远远不够的。

详细谈谈专业投资者的劣势

1. 专业投资者沿着边际吸引力曲线移动的距离更长

设想一下，每个投资者根据不同股票所具有的吸引力来进行投资。所有可以投资的股票清单中，第一只股票是一笔非常划算的交易，它的价格相对于预期可产生的股东未来现金流来说是很低的。第二只股票也是一笔不错的交易，但比第一笔要稍微差一些。以此类推，直到第三十五只股票，这只股票的吸引力比之前那些股票低得多。投资组合中所持有的不同股票数量越多，新增的股票的吸引力也就越低，而专业投资者必须将投资组合分散到超过35只股票，某些投资组合甚至持有100只股票。在这种情况下，他们在边际吸引力曲线上所处的位置是非常低的，他们投资组合中新增的那一只股票真的不那么具有吸引力。

2. 专业投资者比想象中表现得更像羊

在大型基金管理公司尚未谈论过的公司和行业中，总能找到廉价交易。一旦有一两个人听说前景不错，消息就会在基金经理圈子里迅速传播，然后羊群就会朝着同一个方向移动，热门股票的价格就会被哄抬，最后，这就不再是一笔廉价的交易了。个人投资者可以避开时下流行的主题，关注被专业投资者忽略的领域。

3. 不能投资于小型公司

我几乎可以确定地说，当我在施罗德集团教学时，基金管理人在用客户资金进行投资时，可以选择的最小公司市值规模也必须达到2亿英镑。类似的规则在其他大型基金管理公司同样适用。但在英国上市公司中，有超过半数市值不足2亿英镑，这意味着小公司经常会被专业投资者忽视，从而导致存在价格被低估的情况。

4. 专业投资者所掌握的知识过于宽泛

设想一下，假如你管理着一只基金，这只基金投资了一百只股票，这一百只股票涉及了从原油、零售到媒体等30个行业。你怎样才能变成所有这30个行业的专家？当然，不可能。一个热衷于研究一个行业或对几个行业都有所了解的敏锐型小规模投资者，他所能取得的投资结果比大多数的全行业投资的专业人士更好。

此外，专业投资者的活动范围被限制在办公室中，他们失去了获得某些意外发现的机会。相反，小规模投资者在每天的生活中会偶遇很多绝佳的机会，比如在几个北部小镇发现一家在世界范围内经营良好的连锁餐馆，或者发现一家有着优秀气质和才能的小型医疗公司。

5. 行政管理和规章制度的阻碍

基金经理们花了大量时间进行市场营销、撰写报告来证明他们的收费是合理的。即使认为某只股票被高估了，他们通常还是会一直把交到手中的钱投资在这只股票上，而小规模投资者却可以在市场不活跃时选择把资金留在手上。如果专业投资者的资金分配与标准分配差得太多，他们会面临职业风险。此外，他们还被禁止过多持有他们坚定认为会出现上涨的股票。

3. 市场是为你服务的，而不是指引你的

很多投资者都把市场价格作为股票价值的指引，但事实上，市场是一个躁郁症患者，它总是会设定出远远偏离真实价值的价格。所以，尽可能独立地完成你的估值，从而做到利用价格，而不是被价格牵着鼻子走。

鉴于市场总是对股票进行错误定价，接受"市场价值"就意味着放弃了自己的思考，不去评估企业的基本面，而是接受了股票买方和卖方对于股票估价的平均值。然而，价格并不等同于价值，你需要确保你所支付的价格低于价值。

价格并不是简单地对公司发生的事情做出反应，而是对公司、行业或经济可能发生的事情的共识做出反应，然而，这种共识可能是非常离谱的。

伟大的投资者是非常自律的，他们总是可以把市场看作是不存在的，但有一个重要的方面除外，他们会检查市场是否在做傻事。有时，市场会对一家公司或一只股票感到消极，小题大做、把商业周期中正常的下挫夸大成对企业的重创，然后会非常愿意把股票以低于真实价值的价格卖给你，你需要做的就是利用这个机会，大胆买入。

而在其他时候，市场会欢欣鼓舞，把价格定得高于任何合理的价值评估。在这种时候，很多赌客会跟着加入到这个朝着天空而去的市场。他们喜欢在价格上涨的时候买入，这样可以让他们从其他兴奋的人那里得到宽慰（社会认同总是令人宽慰的）。同样地，真正的投资者会利用这个机会，把股票卖给那些愿意付出更高代价的人。

4. 记住投资与投机之间的区别

投资和投机的区别不取决于购买的证券类型，也不取决于持有的时间长度，而是由购买时的心态所决定。投资者进行彻底的分析以了解基础业务，只在对所承诺的本金的安全性感到放心时才买入，其目的仅仅是获得令人满意的回报

率，而不是追求超过正常界限的惊人回报，不符合以上要求的操作被定义为投机性的。投机者们往往更倾向于猜测相对较短时期内的价格走势。

事实上，许多自称是投资者的人都是投机者，这并不是因为他们买入了通常被认为是投机性工具的金融产品，比如金融衍生品，也不是因为他们只在短期内频繁购买和持有证券。他们被视为投机者，因为他们没有做投资者才会做的三件事：

1. 进行深入、彻底的分析
2. 在买入时构造安全边际
3. 目标仅限于获取满意的回报率

我最初制定的投资规则涵盖了透彻分析这一点，但只有在阅读了本杰明·格雷厄姆的一句名言之后，我才加入了其他的两点，正是他提出了投资者的以上三个特性。格雷厄姆的这句名言是：

"处于投机当中的公众是无可救药的。在金融术语中，不具备以上三个特性的公众算不上投资者，只能算投机者。如果市场看似有某种'势头'在推进，投机者会不惜一切代价买入任何东西，这适用于所有被认为涉及'特许权'、电脑、电子产品、科学、技术等某种特定的风头正盛的公司。"（出自《聪明的投资者》）

上面引用的这段话看似很新颖，但事实上它是格雷厄姆在1973年写下的。

构造安全边际是所有桥梁工程师都会做的事情，他们不会建造一座刚好能承受预计风力或预计承重的桥，而是会确保留有足够的额外承受力。同样地，在对股票进行估值时，第一步要预期一个内在价值的合理波动范围，而不是直接确定某一个具体的价格。第二步是通过安全边际来保护你自己，这样即使你的分析包含了某些错误或者市场变迁导致价格下降，你也得到了合理的保护。比如，如果合理波动范围是2英镑和3英镑之间，当价格是1.95英镑时，不要买入，因为安全边际不够大。

安全边际考虑了下行风险。风险被恰当地定义为对资本保全和长期资本的适度回报率（不是 β 系数和 σ 系数）的威胁，风险的威胁程度取决于影响企业基本面的问题和被税收和通货膨胀夺走的购买力。

不要指望在股票市场中暴富，如果这么想的话，你会做出一些冒险的举动，比如借款或者把钱投入到热门板块，最后危及你的资本。这么做的话，也许你会走运一两次，但最终你必然会亏损。所以，要对股票市场的回报有合理的预期。

把握市场时机，试图预测短期走势，在股价上涨前买入或在下跌前卖出，这样的举措是投机性的。对市场进行过长期观察的人都知道，这样的行为是徒劳无功的。

5. 不要支付过高的费用

在管理投资组合时，不要让资金以交易成本、税负和费用的形式从你的手中溜走。当雇用他人管理你的资金时，确保你所支付的费用没有挤占投资收益的大部分。

导致投资者表现不佳的一个原因，就是过度交易。要想建立一个良好的投资组合，不断进行买入和卖出操作是不必要的，而简化操作可以降低投资的成本。只有在经过透彻的分析和思考之后才进行投资，意味着可以减少提交给经纪商的交易指令，从而节省费用，并且做到只有在确保掌握足够的安全边际的情况下才进行投资。此外，如果你不经常进行交易将利润套现，从而允许复利毫无间断发挥它的神奇作用，确保税务人员不会定期从你的收益中拿走一部分，那么税收系统就会对你有一个促进作用。

如果你选择把钱放入基金的话，对于成本的控制就需要更加谨慎。典型的基金经理平均每隔18个月就会把基金当中所持仓的资产进行完全更新，考虑到交易佣金和交易产生的税负，很容易就会让客户支付0.8%的年化交易成本。慷慨地说，由于股票回购、股息再投资等原因，这种交易是必要的，因此实际的

"超额交易"的成本只有0.4%。这听起来并不多，是吗？

但是，让我们来做一些简单的数学计算：

如果一只总净值为100 000英镑的基金以年化7%的潜在收益率增长，20年之后它的净值将变为386 968英镑。

如果同样的基金也以7%的速度增长，但需要每年扣除0.4%的常规交易成本，20年之后它的净值将变为359 041英镑。

考虑由于过度交易导致交易成本上升的情况，如果交易成本提高到0.8%，这只基金在20年后的净值为333 035英镑。仅仅因为过度交易，基金持有人的财富就减少了26 006英镑，这还没有把资本利得税和基金管理人费用考虑在内，这两者的影响通常比过度交易更大。

一些基金管理人收取1.5%的年化基金管理费用，把这与0.4%的年化交易成本结合起来，20年后基金的净值只有270 430英镑——基金净值的收入比所投资的对应股票的收入低了41%（从286 968英镑下降到170 430英镑）。

情况甚至可以变得更糟糕：一些领取养老金的人会选择把他们的钱交给财富管理人，财富管理人最高会收取1%的管理费。1%的财富管理人费用，加上1.5%的基金管理人费用以及0.4%的交易成本，最后会导致100 000英镑在20年后只增长到223 365英镑。

6.将你的投资分散化，但不要过于平庸

如果只投资于一只或者两只股票，你会变得非常脆弱，所以尽可能地让你的投资组合分散化。但是当投资组合中的证券超过10种时，进一步分散化所带来的好处会变小——你对不同股票的了解会被分散。与其分散到你不了解的领域，不如集中精力在你有分析优势的、能力范围内的股票。

任何一个投资者都会犯错误，最伟大的投资者也不例外。投资者在进行投资时应该进行分散化，这样才能避免出现被一个错误拖垮的情况。但除此之外，

正如菲利普·费雪所说，"要格外小心，不要拥有最多的，而要拥有最好的，一小部分好的永远不可能比少数最好的更好"。过度分散化意味着：

（a）把资金投入到没有足够吸引力的投资标的上；

（b）不能对所投资的所有公司进行有效监测，以检查公司基本面是否发生变化。

7. 研究股票市场的错误定价

留意学术界关于市场能否被打败的研究，确保你能了解到是否有针对这个问题的惊人发现。通常来说，他们都会得出结论：要想比市场更聪明是非常困难的（比买入一系列涉及范围广泛的投资然后不管它、睡上10年甚至20年获得更高的投资收益）。然而，学术术语和错综复杂的统计数据中隐藏着一些金块。学术界的这些发现为许多伟大投资者几十年来告诉我们的事情提供了有力的证据，在某些情况下，他们还会更进一步。

利用数以百万计的数据进行的股票投资回报研究向我们显示了学者们所谓的"异象"——不符合有效定价模式的投资回报水平。我把这些异常现象中最令人信服的称为"股票市场无效"。如果之前出现的无效一直持续下去，就给你提供了一个走上获取超额收益之路的机会，你只需要遵循特定的规则对特定公司的股票进行特定的操作。在很多情况下，通过观察数据所看到的"异象"会消失，在这样的情况下进行投资就没有什么意义了。在其他情况下，系统性的错误定价是由人类内心深处难以摆脱的决策缺陷造成的。当这种心理问题在投资者群体中普遍存在时，我们就有更多的理由去相信，这种"异象"将会一直持续下去。当然，任何一家特定公司都要接受关键的质量检验，包括对业务前景、管理能力、诚信和稳定性等方面的检验。

8. 阅读伟大投资者的投资哲学

从最好的投资者那里可以学到很多东西。你可以从他们所犯的错误中吸取教训——如果你犯了跟他们一样的错误，你不可能在市场中活得太久。你可以从他们辛苦得来的经验中学习究竟什么是有效的，什么是无效的。

伟大的投资者总是以一种独立思考的方式遵循着自上而下的分析原则。他们对公司利润、资产负债表、现金流、商业战略和人员抱有非常大的好奇心，他们通过花费更多时间进行阅读和思考，而不是简单地操作来学习和不断改进。他们总是在尝试去扩大自己的能力范围，而不是试图去超越它。

在投资的王国中，存在大量备选的投资方法，下面是一些例子：

- **相对过去的收益来说，股价较低**，无论收益是最近的还是过去许多年的平均值。
- **股价随价值增长**。菲利普·费雪对股票市场的彻底分析，让他能够成功地预测到收益的迅速增长。
- **相对于价值指标的组合而言，股价较低**。本杰明·格雷厄姆是这方面的专家。
- **流动资产净值**。使用这个方法的有本杰明·格雷厄姆、沃伦·巴菲特和沃尔特·施洛斯。
- **利基投资**。着眼于在具有高潜力的利基市场上快速发展的中小型企业，这些企业往往具有强大竞争地位和财务实力，这一投资方式的代表人物是彼得·林奇。
- **经济特许经营投资**。沃伦·巴菲特和查理·芒格擅长寻找那些拥有强大商业模式的公司，这些商业模式可以抑制竞争、提升定价能力和提高回报率。
- **全球价值法**。约翰·邓普顿在世界各地寻找廉价交易，这种投资方法需要对社会、政治和经济力量有特别的认识。

9. 控制你的情绪

投资者最大的敌人很可能就是他自己——他的感觉、冲动以及决策上的缺陷。当关键时刻到来时，由于兴奋、恐惧、不耐烦、贪婪和其他情绪的干扰，一个合理的投资策略可能会遭到破坏。气质、性格上适合投资，远比智商、掌握的会计知识或者对经济或股票市场的了解重要得多。

防范以下几点：

1. **陷入细枝末节**，结果忘记了过程必须尽可能简单这一点，投资者需要做的，只是把平常的事情做好。

2. **方法和思想僵化**。查尔斯·达尔文曾经指出，可以生存下来的往往不是最强壮的人，也不是最聪明的人，而是最能适应变化的人。不断地去挑战和修正你认为最好的想法，识别和调和不确定的证据。

3. **过于乐观**。乐观可能导致人们对希望下赌注，而非确凿的证据。

4. **贪婪和不耐烦**。如果你觉得自己应该每年都获得两位数的回报，那么你可以放弃在投资中保持审慎的态度，通过借款、在高风险领域下注、积极地投向最新的热门主题或为了获利而快速卖出等方式来追求高额回报。当你坐拥大量现金，等待的是最佳的投资机会而不是平庸的投资机会时，你需要耐心；如果你挖掘出的具有投资价值的机会没有被市场所认可，同样需要耐心。

5. **在股市下跌时惊慌失措**。下跌的市场提供了最好的投资机会，特别是当股票由于宏观经济的冲击而被不分青红皂白地抛售时。正如巴菲特所说："恐惧是追涨杀跌者的敌人，却是基本面投资者最好的朋友。"

6. **害怕失败**。投资者总会经历很多失败，但有些人却不能接受这些常规的自尊心打击，从而放弃了进一步的尝试。

10. 享受你的旅程

享受旅程和旅程中所带来的回报，因为旅途是你生活的地方。如果你不喜欢投资，那就雇用别人来为你做这件事（一个值得信赖的人，并且这个人不会凭借平凡的表现就收取昂贵费用——当然，如果表现出色还是值得给予较高回报的）。

投资可能会耗费大量时间，有时还会让人情绪低落。此外，时间还有很多有趣的使用方式，它可以用来和家人、朋友共处，可以用来完成有目标、有成就感的工作，考虑到以上这些因素，也许对于很多人来说，投资并不是一条正确的道路。

HARRIMAN'S NEW BOOK
OF INVESTING RULES

马丁·班福德

Martin Bamford

马丁·班福德是一名特许理财规划师、特许财富管理师以及CFP专业人员,他在知情选择（Informed Choice）投资公司担任总经理兼董事,这家公司坐落于萨里,是特许理财规划师协会的成员,曾屡获殊荣,班福德在这家公司负责管理2.5亿元的客户投资资产。他是几本畅销理财书的作者,包括《杰出的投资：最佳投资者了解什么、做什么以及说什么》(Brilliant Investing: What the Best Investors Know, Do and Say)。

> 你应该将风险承受能力视为投资决策的安全阀。

英国最热门的理财规划师
如何看待风险与回报

当我们在与客户谈论投资的资金时，风险总会占据谈话内容的一大部分。

风险与收益之间的联系已经被充分证明；不论这听起来有多理想，你都不可能在规避掉其中一个的情况下获得另外一个。如果你想要获得更高的潜在收益，你就必须接受更高的资本风险。

每一名投资者应该都很熟悉一句名言：投资的价值可能下降，也可能上升。从某种意义上说，这就是投资的意义所在——投资就是通过把你所拥有的钱暴露在更大的风险之下，以获取更高收益的能力。投资者应该获得"风险溢价"，作为承受超过持有现金的风险的回报。

自20世纪50年代初以来，投资者就能够在投资时参考诺贝尔经济学奖得主哈里·马科维茨（Harry Markowitz）提出的模型了。他的研究通过分析各种可能的投资组合的不同结合方式来帮助选择最有效的投资方式。

正是由于马科维茨，我们才有了"有效边界"的概念，这个概念表明，每个投资组合在给定的风险和潜在回报水平上都有一个边界。以有效方式构建的投资组合正好与这个界限相切，而无效的投资组合则会落在边界线之下，这就意味着，投资者可以承受更小的风险来获得同样的回报，或者在维持风险水平不变的情况下获得更高的期望回报。

自马科维茨提出这个模型以来，有关投资风险的决策已经发生了很大的变化。今天，当我们和客户交谈时，总是会讨论关于投资风险的三个不同方面：风险态度、风险承受能力与投资目标。根据我的经验，以下三条规则涵盖了投资者应该如何看待以上三个方面。

1. 找到让你感到舒适的投资水平

你对投资风险的态度是投资风险的一个方面，这决定了你晚上的睡眠质量。评估风险态度的方式已经发生了很大的变化，从把投资者对号入座地评估为"谨慎型、平衡型或者激进型"，发展到利用有研究支持的心理学工具来真正地理解投资者的风险态度。

在整个投资过程的这个阶段中，心理测量分析是非常有价值的，因为它可以有效识别投资者的某些特性，例如，对模棱两可的事物的容忍程度、对利润的渴望程度以及过往投资经历。

所有这些因素都会影响使投资者感到舒适的风险水平，在做其他事情之前找到适合自己的这个风险水平是非常重要的。

但事情到这里还没有结束，你还不能停下来。

2. 确保你还能养得起猫

围绕投资风险的决策并不随着个人风险态度的确定而结束。在评估完风险态度之后，我们来到了理解风险承受能力这一步。风险承受能力研究的是发生任何投资损失可能会对你更广泛意义上的财务状况产生怎样的影响。如果你的投资组合价值下滑了20%，你还能养得起你的猫吗？

要理解风险承受能力，重要的是考虑你的投资持续时间、你可以承受多大程度的损失以及在发生紧急事件的情况下你需要多快地把投资变现。

那些准备投资较长时间，或者即使投资组合承受较大程度的损失也不至于造成现有生活方式发生剧烈改变（或者在发生财务上的紧急情况时还有其他的资金来源）的投资者，通常被视为具有较高的风险承受能力。

如果一个投资者考虑的投资期限较短，并且无法承受大量的资本损失或者没有其他金融资源可以调用，那么他的风险承受能力通常要低得多，这可能会对风险水平产生一定的限制。

尽管风险承受能力不会改变你对投资风险的态度，但会对它产生一定的限制。你可能会发现你属于激进型投资者，却没有足够的风险承受能力来承担风险。

因此，你应该把风险承受能力看作你投资决策的一道安全阀，它可以阻止你承担你的风险态度倾向于承受却没有能力承受的风险。

3. 把你的投资组合和投资目标联系起来

关于风险的第三个部分——把你的投资组合和投资目标联系起来——经常会被投资者所忽视。

你是出于什么样的目的来将你的钱用于投资呢？毕竟，为了投资而投资并不是一个好主意。相反，你应该为实现特定的目标来进行投资。

这些目标需要进行细化，并且不能局限于谋求资本增长、收入或者两者兼而有之的传统投资方式。

你甚至都不需要进行投资，事实上这是完全可能的！在我作为理财规划师的职业生涯中，最令我满意的时刻是与一位客户的一次谈话，我分析了她的情况，得出了她不需要承担任何投资风险来实现她的目标的结论。换句话说，她已经拥有了足够的财富以实现她的人生目标，在她接下来的生活中耗尽她所拥有的资金的可能性非常小。

确定投资目标的最佳方式是进行终身现金流预测。通过考虑你的资产、负债、收入和支出——包括现在和你对未来的预期——可以为你的余生建立一个稳健的模型。

该模型运用的是一套关于未来的现实假设，其中包括价格通胀水平、投资回报和预期寿命。这些假设需要进行定期审查和调整，以使它们在预期条件实现时仍能保持正常。

在使用终身现金流预测时，并不能保证你的生活轨迹会保持不变，或者不会发生意外支出或资本损失。除了预测，考虑一系列"灾难性场景"以及它们对目标实现的影响也是应该的，常规的灾难性场景包括死亡、残疾和市场崩盘这些情况。

将你的投资组合构建与你的理财目标联系起来，可能会导致你需要用你的钱承担较少的风险。在某些情况下，它可能意味着你需要承担更大的风险，以获得实现同样目标的现实机会。

如果需要承担更高的风险来增加实现目标的可能性，做出决定就会相当艰难。如果选择承担更高的风险，你是否会超过根据你的风险态度和风险承受能力所制定的最佳风险水平，或者你需要考虑换一个更容易实现的投资目标。

在进行投资决策时，要摆脱相对简单的风险态度问题，在决策中考虑承受损失的能力和投资目标设定等因素，让投资者有机会做出更合适的投资决策，这些决策应该是由需求和相关约束驱动的，而不仅仅是舒适水平。

约翰·巴伦

John Baron

  约翰·巴伦是英国投资信托领域的顶尖专家之一,他是投资研讨会的专栏作家和演说家,也是英国《金融时报》投资信托指南栏目的作者。

  约翰·巴伦是Equi Ltd的董事,该公司拥有投资信托网站www.johnbaronportfolios.co.uk。该网站汇报了7个真实的投资信托投资组合的进展情况,包括当日交易细节、新的投资组合权重和收益率。这些投资组合追求一系列战略和收入目标,相对于评价基准,这些投资组合有着令人羡慕的业绩记录。

  自2009年,约翰还在他广受欢迎的《投资者纪事报》(Investors Chronicle)月刊专栏中报道了其中的两个投资组合,相关的报道收入被他捐给了慈善机构。

  在过去的35年里,约翰一直以个人和专业的身份使用投资信托基金进行投资。大学毕业、服兵役之后,他先后担任亨德森私人客户公司和罗斯柴尔德资产管理公司的董事,负责运营种类广泛的投资组合。离开伦敦后,他还帮助慈善机构监督它们的基金经理。

一名成功的投资者
必须做好成为一名逆向投资者的准备,
只有当你的投资组合构成背离业绩评价基准时,
你的投资表现才能击败业绩评价基准。

来自投资信托专家的真知灼见

判断投资者情绪和基本面何时出现分歧,是一个好的投资决策的本质。这不是一项容易的任务,但对于投资信托基金来说,它能带来双重回报。它们的特殊特征,包括封闭式结构、调和能力和较低的成本——所有这些都有助于说明它们优于单位信托基金——为投资者提供了大量机会。

* * *

然而,任何成功的投资之旅的先决条件都是明确财务目标和风险承受能力。

1. 决定你的目标

从很长的一段时间来看,股权投资总是能产生比债权投资与持有现金更好的收益,但这条路并不是一条坦途。市场修正是投资周期的一部分,这是采用长期投资方式的重要原因之一。

这也是为什么从一开始就必须确保投资组合的构建方式真正反映出投资者的投资目标、风险承受能力和时间跨度，其他需要考虑的因素还包括货币敞口和收入要求。

选择适当的基准和时间尺度来监控投资组合的表现也有助于实现财务目标。然而，永远不要让业绩评价基准决定投资组合的构成——如果只是简单地照搬，你永远也无法击败业绩评价基准的表现。

此外，在进行长期研究的过程中，要记住任何有意义的表现对比都需要至少5年的时间。从短期来看，在最好的情况下，业绩评价基准应该被视为监测投资组合进展的参考点。

* * *

投资者对投资目标、风险容忍度和所需的时间跨度的了解程度可以通过运用一些经过测试和检验的投资原则得到提高。

2. 停留在市场中比市场择时更好

一旦进行了投资，保持原来的投资方式是重要的，因为这样可以维持你的投资目标和风险概况。很多投资者尝试着进行市场择时，但只有少数人可以成功，对于大多数长期投资者来说，保持自己的投资是更好的选择。

有确凿的证据显示，一个人投资的时间越长，他就越可能获得一个正向的收益。富达（Fidelity）最近的研究显示，1980年至2012年期间，投资全球股票达12年或更长时间不会产生负收益。相比之下，如果投资期限是5年，会有16%的可能性产生负收益。

此外，几年前富达的研究还显示，如果错过从2002年12月31日起的10年时间里摩根士丹利资本国际全球指数的10个最佳交易日，其回报率将为-4.6%，如果一个投资者错过的最佳交易日天数达到20天，那么负收益将扩大到-32.1%。

撇开运气不好的情况，有证据进一步表明，一些投资者倾向于在市场出现上涨后买入，在市场下跌时卖出，然后持有现金的时间过长，最初的错误被额外的成本进一步加剧。事后对这样的行为进行批判是很容易的事情，但在当时却很难对其进行反驳。

然而，正是在这样的时候，市场最容易出现反弹，即，在坏消息反映在价格中时。在过去10–15年中，最佳单个交易日是2008年11月24日，当时，在不断膨胀的信贷危机所导致的金融冲击波中，英国股市上涨了9.2%。

全球规模最大的银行及金融机构巴克莱银行还强调，试图预测1992年至2009年股市走势的投资者，与那些仅仅坚持持有的投资者相比，所获得的投资收益低了20%。所以，不要理会这些噪声和喋喋不休。有证据表明，停留在市场中比市场择时更好。

3. 不要使用股利，除非你必须这么做

保持投资的另一个理由是可以确保充分获取股利，正是股利占据了市场长期回报的绝大部分。传奇投资家杰里米·西格尔（Jeremy Siegel）曾在2005年做过计算，在过去的130年里，97%的股票收益来自股利再投资。1871年的1 000美元投资到了2003年已经价值243 386美元，如果股利可以进行再投资的话，这个数字将进一步上升到7 947 930美元。

上面所列的数据所传达的信息很清晰：不要使用你获得的股利，除非你必须这么做。随着时间的推移，对股利进行再投资是增加财富的最佳方式——要完全获得这些股利，投资者必须保持投资。

然而，这条规则也有一个缺点：在市场中停留的时间越长，市场下挫的可能性就会越大。如果一个人即将实现理财目标——尤其是在经历了一段漫长的投资之旅之后——这个情况的出现可能尤其令人难堪。把分散化投资和定期进行投资组合再平衡这些策略进行综合使用，可以帮助减轻这类事件所带来的影响。

4. 分散投资来降低投资组合风险

不相关资产是指在同一时间区间内不会以同方向进行变动的资产，而分散化投资的目的就在于通过投资不相关资产来降低投资组合风险。

股票、债券、商业地产、可再生能源、大宗商品、基础设施、"实物资产"（如黄金、老爷车、稀有邮票或精品葡萄酒）和现金，在不同程度上都是不相关资产的例证。虽然很少有投资能够毫发无损地躲过市场大幅回调，但通过股票以外的资产进行充分分散化将有助于减少损失。

这一重要的投资规则经常被忽视，尤其是在新兴市场。关于分散化投资的节奏和程度并不存在固定的规则，投资者的风险状况、时间跨度、收入要求和投资目标都是关键因素，但也存在一些有用的普遍性原则。

投资信托网站www.johnbaronportfolios.co.uk介绍了四只"季节性"投资组合（春、夏、秋和冬）如何随着时间变更，这个例子最好地说明了，随着时间的推移，我们应该如何逐渐在投资组合中提高分散化程度。

开始时，集中投资在股权类资产上是有道理的，因为它们有优越的历史收益。所以，春季投资组合仅仅由股权类投资构成，因为较长的投资期限会让投资者对波动性产生更高的容忍度。然后，随着时间的推移，投资组合会变得越来越分散化。

投资者在分散化投资中经常使用的一种资产类别是债券，因为投资组合会对政府债券持有较为谨慎的态度，所以选择的债券以公司债券为主。债券通常会对股票起到不错的平衡作用，这两者是被不同的经济力量驱动的，经常会出现一个价格上涨、另一个价格下跌的情况。债券在夏季、秋季、冬季投资组合中分别占据5%-10%、15%-20%和25%-30%的权重。

随着投资的推进，其他可以采用的不相关资产也逐渐清晰，这些资产包括商业地产、可再生能源、基础设施以及大宗商品。网站www.johnbaronportfolios.co.uk上的基础资料和分散化情况页面有更多的细节介绍。

那么一个投资者应该采用多少种资产才合适呢？答案是，就像一般性投资一样，要保持简单，只需要4或5种就足够了。正如沃伦·巴菲特曾经说过的："广泛的分散化只是在投资者不了解他们正在做什么时才使用。"过度的分散化投资也会增加成本。

同时，随着时间的推进，除了更大程度的分散化投资以外，这个网站中的投资组合进一步的目标是产生更高、持续增长的收入。商业地产、基础设施、可再生能源、更多集中于高收益的权益投资以及投资组合中股票投资的权重逐渐降低，这些都有助于实现这一目标。

相应地，秋季、冬季投资组合目前的收益率分别为4.4%和5.9%。这样资产类别配置帮助股利投资组合达到了4.9%的收益率。当然，应当牢记一点，当收入水平随着时间而上升时，收益也同样是投资组合价值的函数，因此，随着投资组合价值的变化，收益率也会发生变化。

5. 对投资组合进行再平衡——但不要过于频繁

投资组合再平衡是首要的投资原则之一，但它却经常被忽视。这是一个简单的概念，一个按照60/40的股权/债券比例进行分割的投资组合很可能会因为股票表现良好而变成按照70/30的比例进行分割。有证据表明，如果一个人的风险状况和投资目标保持同步，那么再平衡是值得的。

《福布斯》的数据显示，1985年，在美国以60/40的股权/债券比例进行了1万美元的投资，并每年进行一次再平衡，2010年的投资价值为9.7万美元，而不进行再平衡的投资组合价值仅为8.9万美元。然而，需要再一次强调：不要过于频繁地进行再平衡。保持投资相对简单、以低成本进行交易——对于大多数投资者而言，按年度进行再平衡通常已经足够，这取决于市场如何表现。

此外，有时人们会忘记，在接近投资期限的时候，处理投资组合、进行变现的过程应该被给予同样多的关注，就像投资组合的运行一样。随着投资期限的临近，以再平衡的方式逐步进行变现是一个可行的方法，当然还有别的方法。不要低估保持内心平静的作用，尤其是在长期投资的终点！

* * *

除了经过试验和测试的投资原则之外，经验带来的洞察力通常有助于管理投资组合。

6. 做好成为一名逆向投资者的准备

约翰·邓普顿爵士曾经说过："除非你做一些与大多数人不同的事情，否则不可能产生卓越的表现。"正如前面提到的，一名成功的投资者必须做好成为一名逆向投资者的准备。只有背离评价基准，才有可能击败它——而且应当记住一点，这可能涉及表现不佳的时期。

但我们还应当记住，随着时间的推移，坚持一个总体战略也会是有益的。尽管知道一个投资组合在任何时点都可以包含不同战略和偏好的混合，网站www.johnbaronportfolios.co.uk运营的投资组合的总体目标是寻找并持有那些价值正在增加并可以创造财富的公司——通常是通过解决问题。

随着时间的推进，这种特有的投资方式已经超过了市场总体发展的脚步。通过继续关注这种方法，投资者可以更好地将波动性视为机遇，并从中获利。

7. 抓住优势

一些人认为，个人投资者很难与包括养老基金、银行投资机构和财富管理公司在内的专业基金管理公司竞争。但个人投资者也有很多优势，最重要的是，他们拥有更多的时间。

很多专业的基金管理人被3个月一次的受托人或精算师会议所限制，这导致了他们会偏向于复制基准组合的资产配置方式，而个人投资者并不会受到这个限制。他们可以承受更长时间的观望，然后获得更好的发现市场错误定价、利用错误定价的机会。

要想从这种自然优势中获益，耐心是重要的。不被喜欢的资产需要花费一定的时间进行调整，但当它们完成调整之后，你所获得的绝不仅仅是对失去的时间的补偿。沃伦·巴菲特曾说过这样的话："股票市场的机制就是把钱从急不可耐的人手里转移给有耐心的人。"

8. 保持简单

与此同时，重要的是投资者要记住一点：投资最好保持简单，这样才能成功。复杂过程通常伴随着增加成本、承担混乱风险和抑制投资收益。在对投资组合进行分散化时，不要使用太多的资产类别，越简单越好。但也许更重要的是，投资者应该避免过于复杂的投资，尤其是在难以搞懂它们的情况下。

因此，我们网站上的投资组合避开了对冲基金、绝对回报基金、结构性产品、多管理人基金以及任何其他高成本、低透明度的投资工具或方法，它们中的许多往往达不到预期的收益。

在保持投资简单的同时，投资者也在降低成本。选择复杂或昂贵的产品很容易就会花费超过1.5%的年化费用，这听起来可能并不多，但它会在实质上影响最终的回报金额。一个每月固定投入100英镑、年化收益率为5%的投资，在40年之后会价值150 000英镑，但如果扣除掉1.5%的年成本，最终的投资组合价值将会下降到只有105 000英镑，这两者差别是非常大的。

9. 对"专家"的预测保持怀疑态度

至少，要对达成共识的预测提出质疑。著名经济学家J. K. 加尔布雷斯曾说过:"专家进行预测不是因为他们知道,而是因为他们被问到。"成功的投资者往往持怀疑态度,毕竟,做逆向投资者的先决条件之一是对共识保持质疑。

在对共识提出质疑时,这些投资者会问哪里出了问题——他们在这时候通常是不持有股票头寸的。这与那些更关注短期相对表现、担心被同行甩在后面的基金经理们形成了鲜明对比。对他们来说,在所有影响投资决策的因素中,怀疑主义退居其次,因为他们不持有股票的可能性比个人投资者更小。

10. 利用爱因斯坦的第八大奇迹

投资者绝不应该忽视掉复利的魔力,这被爱因斯坦称为"世界第八大奇迹"。复利是指定期将利息或股利重新投资到原有的投资总额中,并且随着时间的推进,创造出更高的总回报(资本加收入),充足的时间和合理的回报率可以使这一概念得到充分的发挥。

经过20年的时间,每月100英镑、年化收益率为3.5%的固定投资(不考虑股利、利息的情况)将产生32 912英镑的最终投资组合价值。如果收益率上升到7.5%(美国股权类投资的平均收益),最终的数字会上升到135 587英镑。这里最大的挑战是怎么获得更高的收益率。再一次强调,这里所要传递的信息非常明确:请尽早开始,保持耐心,不要打断复利发挥它的魔力。

* * *

在认识到投资原则和洞察力的重要性后,大多数投资组合在寻求股市收益时,都将受益于使用投资信托基金。

11. 利用投资信托基金的潜力

投资信托基金非常适合个人投资者。尽管不太为人所知,投资信托基金和它们更知名的表兄妹——单位信托基金和开放式投资公司——相比，有更好的投资表现记录。无论是按地区，还是按国家进行划分，投资信托基金的平均表现都超过了大多数全球投资基准，而单位信托基金和开放式投资公司并没有做到，部分原因是投资信托基金收取的费用更低。

另一个原因是它们的结构。投资信托基金是封闭式的，因此，它们对外发行的份额总数是固定的，就像M&S或BP这样的其他上市公司一样。不同的是，它们并不专攻服装或石油的管理，而是专注于金融资产的管理，所管理的通常是其他上市公司的股票。与其他上市公司一样，投资信托基金的单位份额价值并不总是反映资产价值，通常会处于折价状态。

这使得投资者可以利用折价的变动，而折价的变动通常会受到投资者对于投资信托基金所进行的投资或者潜在投资组合的看法的影响。实际上，市场通常是机会和风险共存的，而折价的波动往往会放大这些机会和风险。这就是投资者的机会。

对于刚接触投资信托基金的人来说，第一步是完成一笔购买，而理想的购买应该发生在，由拥有良好长期业绩记录的基金经理管理的某信托基金，折价幅度高于平均水平时，折价可能是由于市场波动或者是行业和/或经理失宠。明智的做法是忽视那些短期的噪声，专注于影响长期的因素。如果市场情绪好转，投资者将会从潜在资产的价格上涨和折价收窄两方面受益。

理想的销售应该发生在，折价相对平均水平大幅收窄、某些因素显示投资者需要保持谨慎态度的时候，这些因素包括基金管理人的变更或者潜在市场前景的变化。如果一个投资组合当中所包含的资产价格出现下跌，投资者可能会进一步受到折价扩大的影响。不用说，这类交易存在许多细微差别。

封闭式结构的另一个结果是，与其他封闭式公司一样，投资信托公司可以通过借贷来购买更多的资产。从历史上看，这对单位份额价格有利，因为市场倾向于上涨，而这种杠杆作用也提高了优质基金管理的回报。但杠杆的存在可能会导致单位份额价值出现波动，这是监控折价水平、债务水平、债务成本和债务期限以及将投资信托视为长期投资的另一个原因。

判断一个投资信托基金的价值，需要考虑的其他因素包括，基金管理人和投资机构的声誉、底层策略、行业或地区的前景、该信托基金相对于其他信托基金的优势、该信托基金所持投资组合相对于其他大量投资组合的估值情况、管理水平、投资表现绩效费用、投资组合的收入是否覆盖了信托基金的股利以及信托基金收入储备的范围（特别是投资于收入的情形）。

这些因素中的大部分发生变化会在不同程度上影响投资者的情绪。在短期内利用这种波动是有利可图的，然而应当记住的是，最好在刚开始长期持有时采用这种方法。与试图捕捉短期价格走势的持续交易相比，选择并坚持持有一家有良好业绩记录的信托基金往往能带来更好的长期业绩。

网站的投资组合

言语和理论只有在付诸行动后才能得到检验。网站www.johnbaronportfolio.co.uk汇报了7个真实的投资信托投资组合的进展情况，包括当日交易的详细情况、新的投资组合权重和收益率。当网站更新时，会员会收到电子邮件通知。这些投资组合追求一系列的策略和收入概况，同时遵循之前提到的投资原则和见解。

其中4个投资组合反映了一段随着时间变动的投资，因此以季节命名。春季（Spring）投资组合完全由股票组成，目标是获取相应的资本增长。随着时间的推移，债券和"其他"不那么相关的资产类别的比重会增加，这既能带来更高的收入，也有助于分散持有的资产类别，从而保护过去获得的收益。在撰写本文时，冬季（Winter）投资组合的收益为5.9%。

剩下的3个股票投资组合追求的目标截然不同。终身个人储蓄账户（LISA）投资组合帮助较小的投资组合利用政府的终生个人储蓄账户（LISA）提议，因此，可以被视为4个季节投资组合的前奏。主题（The Thematic portfolio）投资组合只集中于特殊情况。与此同时，股利投资组合寻求高水平且不断上升的收入，它的收益率为4.9%。

虽然并不感到自满，但不得不说，这些投资组合的表现相对于它们各自的评价基准来说都是不错的，这一点在网站的投资表现页面有更详细的说明。与此同时，基本原理和分散化页面都有投资组合的统计摘要以及其他投资组合页面的概述，而订阅页面则详细提供了获取7天免费访问该网站限制访问页面权限的方法。

安迪·贝尔
Andy Bell

安迪·贝尔是AJ BELL（ajbell.co.uk）的首席执行官和联合创始人，AJ BELL是英国最大的在线投资平台和股票经纪服务提供商之一。1987年，他从诺丁汉大学获得数学一级学位，1993年获得精算师学会会员资格，两年后，他与尼古拉斯·利特费尔一起创办了AJ Bell。

安迪是公司业务的主要驱动力，他越来越关注未来的战略和增长机会。此外，他还出版了指导投资者自己动手进行投资的畅销书——《DIY投资者》(The DIY Investor)。

挑选基金比你想的要简单。

如何成为一个成功的 DIY 投资者

在英国，成千上万的人都面临着同样的困境，那就是把自己辛苦挣来的钱投资到哪里，以获得足够的回报来实现自己的财务目标。

那些刚刚养成储蓄习惯的个人是如此，已经积累了大量财富的人也不例外。

我不需要告诉你为未来存钱的重要性，关于退休后没有足够的钱有多危险这个话题，媒体发表了很多文章。相反，我的任务是确保人们以最轻松的方式找到合适的产品，做出匹配他们个人目标的投资。

找到合适的投资需要一个过程，但遵循这个过程并不复杂。很多人只是需要在投资旅途中获得一定帮助，他们很快就会发现，投资是相对简单的。

互联网的发展推动了 DIY 投资者时代的到来，反过来，这也带来了大量关于为什么投资、怎样投资和投资什么的信息。

请求援助的呼声不只来自刚开始为未来进行储蓄的人，如果进行一些观察，你会惊讶地发现，拥有一定数量的资金却仍不知道该把他们的钱放在哪里，以产生超过通货膨胀率的投资回报，这样的人不在少数。

近年来，人们获得了自主选择是否购买养老金的权利，这彻底改变了这一格局。退休时不被强制购买年金，越来越多的人开始对投资产生兴趣。

把范围缩小一点，一些人可能会得到一笔丰厚的现金，这笔钱可以从固定福利养老金计划中转移出来，他们需要知道把这笔钱放在哪里最好。

对大多数人来说，可以自由支配包括养老金在内的储蓄是一种解放，但同时这也很伤脑筋。其实，不一定非得这样。

走投资基金的路线

在我看来，任何缺乏投资经验或者投资信心的人都应该从投资基金开始，而不是直接投资个股。

你会从大量资产的分散化投资中获益，这意味着，你的基础投资组合中有很多东西可以缓冲单个资产遇到的任何问题。如果你持有单独的股票，其中一只股票在坏消息的影响下出现大幅下跌，那么你会直接感受到痛苦。

市场上存在很多不同种类的基金，有一些被动地跟踪某一个指数，其他则是由专门的资产管理公司中的个人或者团队进行主动管理。

在本书的这一章中，我将重点介绍主动管理的基金，主要包括单位信托基金和开放式投资公司OEICs。我讨论的大多数原则也同样适用于投资信托基金。

主动管理意味着某个人每天都在做投资决策，这个人就是我们所说的基金管理人。你的工作就是找出一只投资策略与你的投资目标、投资时间和风险偏好相匹配的投资基金。这并不是一个简单的任务。市场上有成千上万只基金，基金管理人的素质各不相同。我稍后将解释如何对这些基金和基金管理人进行筛选。

基金管理人之间为实现最佳业绩而展开的竞争非常激烈。基金越成功，基金管理人赚的钱就越多，这意味着他们的利益和你的利益是一致的。

如果你不能确信是否拥有足够的时间、精力或者意愿来投资于个别公司的股票，通过基金进行投资是接触到全球范围内所有类别的市场的有效方式，包括股权类投资（股票、股份的另一种说法）、债券类投资、商业地产和许多其他的资产类别。

即使是经验丰富的DIY投资者，也会经常在投资组合中使用基金，哪怕只是为了进入行业或地域，这也是一种比单独购买公司股票更容易的投资方式。举例来说，如果你希望投资于一个快速增长的新兴市场，那么基金就是最好的投资方式之一。

现在，我将向你介绍五个重要步骤，帮你挑选出最符合你需求的基金。

1. 问问自己：你想实现怎样的投资目标

挑选基金比你想象的更简单。一旦你建立了一个满足你需求的产品清单，就需要一个系统的方法和少量的时间进行深入研究。

你应该从写下你的投资目标和实现目标的时间开始，换句话说，写下你为什么想投资、你想赚多少钱、何时你要拿到这些钱。

例如，假设你是一个40岁的人，你想要建立一个投资组合，在10年内支付你孩子的大学教育费用；或者，你可能是一个50岁的人，希望在15年内拥有一个规模可观的ISA账户，以支持工作场所的养老金。

然后你需要建立自己的风险偏好。例如，如果你不得不在5年的时间里依靠这些钱来支付某些账单，那么购买一个持有高风险资产的基金，比如生物科技公司或矿业公司就没有什么好处。这些类型的企业可以产生高收益，但如果药物试验失败或大宗商品价格疲软，它们也会蒙受巨大损失。

相比之下，如果你需要12%以上的年回报率来实现你的投资目标，那么购买风险非常低的基金可能并不合适。你需要在承担足够的风险以产生预期的回报和保持谨慎以防止损失一大笔钱之间找到平衡。

重要的是，如果你的财务目标要求你承担过度的风险，你可能需要重新考虑你的投资时长。最好是投资较长的时间，而不是寄希望于一切不会出错，孤注一掷地进行高风险投资。

稳定收入、资产增值或者两者兼得

投资者分为不同的阵营。有些人，特别是那些退休的人，希望通过他们的投资，获得一笔稳定的收入。其他人现在不需要收入，只是希望随着时间的推移增加投资的价值。还有一些人两者都想要。

很容易看出哪些基金提供稳定收入、资产增长或两者兼有，因为它们要么在产品名称中包含了产品风格，要么在其网站上有明确的解释。许多投资平台也会有基金筛选系统来帮助你对基金进行筛选。

2. 不要只局限于购买过去表现良好的基金

在这一点上，人们将面临一个诱惑，去选择那些过去拥有最好业绩数据的基金。许多人认为，过去表现良好的基金在未来将继续保持良好表现，他们也可能会直接忽视那些表现不佳的基金，认为它们是劣质产品。

不要犯这个错误。你需要了解更大的图景，即更广泛的市场表现是怎样的，以及一只基金是否因为其投资策略的风格而表现良好或表现不佳。

我会研究至少5年的离散年度绩效数据，10年甚至更好。这将向你展示，一只基金的回报是否相当一致，或者它仅仅是在过去10年里有一到两年获得了良好业绩，使它的头条数据（也称为累积数据）看起来很有吸引力。

例如，假设一只基金在10年内上涨了80%。它可能经历了8年的负面或平淡表现，但也经历了令人惊叹的2年（或许是因为市场在整体飙升），在这样的情况下，以10年来看，它完成了非常可观的投资表现。

重要的是要认识到，并非所有表现不佳的经理人都做得不好，这很可能是因为他们的投资风格不符合当时的市场风向。

他们可能是价值投资者，只在股价确实很低的时候才买进股票，因为他们相信市场对它们的定价是错误的。当市场追逐增长型股票，甚至是估值较高的股票时，他们可能会陷入困境。

当这样的基金投资风格重新受到青睐时，它将有机会获得更强劲的表现。

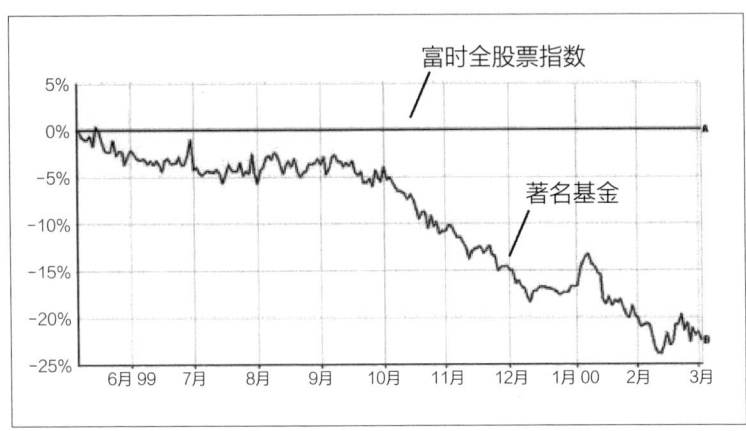

上图显示，一只著名的基金在不到一年的时间中，表现比股票市场整体走势低了22%。当你对市场进行筛选时，如果它出现在你的列表中，你会选择买入这只基金吗？也许很多人会说不。这将是一个错误的决定，正如下图所示：

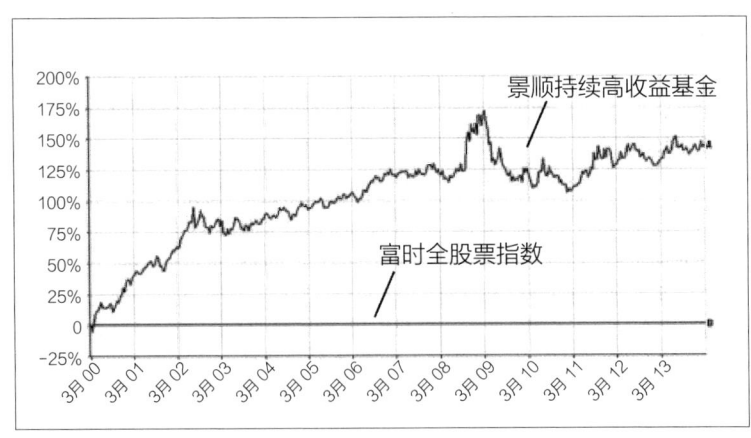

上面提到的"问题"基金是景顺持续高收益基金，在随后的10年里，这只基金获得了超过市场143%的回报。

当时这只基金的基金管理人是尼尔·伍德福德，他现在管理着包括伍德福德股票收益基金（Woodford Equity Income fund）在内的一些知名基金。

3. 了解每只基金的投资流程

这就是你需要做一些类似于跑腿的工作的地方。了解基金经理如何使用你的钱是最重要的，你必须了解他们的投资流程，即他们想要实现什么，以及他们将如何实现。

我会避开那些无法合理解释其投资过程的基金。你需要对基金经理抱有最大的信心和信任；那么，你为什么在不知道他们将如何使用这笔钱的情况下，就把钱交给他们呢？

关于投资流程的例子包括：

- 支持那些有潜力在未来变得更大、可能颠覆传统市场的年轻公司
- 寻找那些能从它们的投资中获得高回报的公司
- 寻找与投资主题相关的公司，比如从人口老龄化中获利的公司，然后用这些公司建立投资组合

我非常尊重那些有纪律并且对他们想要的投资有一个清晰计划的基金经理。

例如，资产管理公司狮固（Liontrust）以在其网站上公布详细的投资流程为傲，这家公司认为，这样做有助于投资者了解其团队如何管理资金以及该流程是可预测、可重复的。

在你进行投资之前，对一只基金的投资流程进行了解是很有帮助的。优秀的基金管理人很难找到，在你充分肯定他们能够跑赢大盘的时候再对他们进行投资，否则就选择ETF这样的被动投资策略。

4. 识别情况说明表中哪些是重要信息

监管层已经引入了一份两页的名为KIID的情况说明表，它更广为人知的身份是《关键投资者信息文件》（*Key investor information document*），它旨在以一种通用的格式为投资者提供一个透明和简洁的基金概述。

它的目的是帮助澄清事实，帮助你对某只基金能否满足特定投资目标这个问题有一个更深入的认识。

它详细描述了该基金试图实现的目标以及如何实现目标，尽管与一些资产管理公司在其网站上讨论投资过程的方式相比，你可能会发现这些信息非常基础。

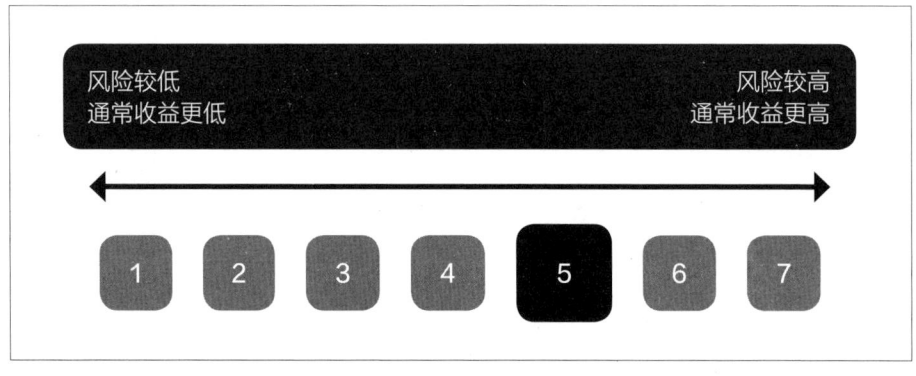

KIID会显示出基金的年度费用，并给出风险概况，从1（最低风险）到7（最高风险）进行评分，它还将显示基金过去的表现数据。

诚然，KIID看起来非常枯燥，尤其，它还是一个文本量很大、视觉上不吸引人的文档。然而，我希望你们阅读其中包含的所有信息，因为它确实提供了关于基金是如何运作的、拥有基金的成本的宝贵见解。

你可能会发现情况说明表所参考的资料，这些资料或是由基金经理制作一份篇幅更长的文件，其中包括对基金表现的评论，以及一份最大持股的清单；或者，它们将链接到有关该基金业绩、历史数据和图表的各种数据源，比如晨星提供的数据。

你可能还会看到一个叫做夏普比率的指标，这是一个帮你快速思考你是否因承担风险而得到了充分回报的方法。

如果一只基金承担了很大的风险，并且你得到了很好的回报，它很可能有一个很好的夏普比率。如果基金承担了很大的风险，而你没有得到很好的回报，夏普比率就会低得多。

根据经验，夏普比率高于1.0的基金可以被认为表现得很好，超过2.0的比率则会被认为是极好的。

5. 看看"最受欢迎的基金"名单

对基金进行研究并没有想象中那么困难，但很多人并不想进行研究，只是想要拿到一份现成的优秀基金清单，对此我也很理解。

幸运的是，有很多地方向我们提供了帮助。首先，看看各种金融服务提供商列出的"顶级基金"清单。

例如，AJ Bell Youinvest有一个"最受欢迎的基金"清单，其中包括50只主动管理的基金，它们因为低成本、物有所值、有良好的业绩记录和高素质的基金管理团队等原因被选入这个清单。

创建这些类型的清单需要做很多工作。一些更大的金融服务公司使用的标准涵盖数学分析、对基金经理的采访和由投资专家组成的评审团投票等。

你也可以看看晨星和理柏等公司给基金的评级。最后，你还可以阅读报纸和专业杂志/网站的个人理财版块，比如shares（www.sharesmagazine.co.uk）和Money Observer（www.moneyobserver.com）。

阿利斯泰尔·布莱尔

Alistair Blair

在牛津大学获得PPE学位后,阿利斯泰尔·布莱尔创办了一家渔业公司,但3年之后就倒闭了。他通过曼彻斯特商学院的MBA学位恢复了自己的就业资格,在伦敦金融城工作了10年——为希尔·塞缪尔提供企业融资服务,之后还在富达投资工作了一段时间,从事企业融资性质的工作。

在与老板发生争执后,他转而从事新闻工作,为《投资者纪事报》《金融时报》和其他许多出版物做自由撰稿人。他写了一本关于股价图表攻略的畅销书,还因此获得了年度商业作家奖,并在《投资者纪事报》上创立了"无免费午餐"专栏,他每周都在这个专栏发表文章,时间长达15年,直到2012年。

在此期间,他还创办了一家新的渔业公司,并最终发展到需要他全身心投入的程度。他继续经营这个公司,同时密切关注着他的SIPP。

我在年轻的时候，
　尝试过进行市场择时，
　发现自己不太擅长这个。

给时间有限的个人投资者的 11 条建议

我经营的唯一一个投资基金是我自己的SIPP，这是我10年前建立的，结果相当令人满意。我在自己的公司全职工作，每月只花几个小时在SIPP上。

1. 你持有它的时间越长，你就越了解它

我进行的是长期投资。我不会买一只我不希望至少持有几年的股票。这减少了监控投资组合所需的时间——这对时间有限的投资者来说是一个重大优势。你持有它的时间越长，你就越了解它，这种立场也会让人对股票很挑剔。

2. 卖出股票的时候确保你很清醒

不管你购买股票时处于什么状态，在卖出股票的时候，你需要头脑清醒。因为错过一只一年内翻3倍的股票是令人遗憾的，所以卖出股票时总是会犹豫。

错误是模糊的，在现在的时点上判断一个投资是否错误是很困难的，但我尽力对那些失去价值的股票持现实态度，因为暂时失去价值意味着我在几个月内对股票前景的初步分析从根本上说是错误的。

3. 在投资组合中加入15-25只股票已经足够

通常，我持有15到25只股票。如果我处在这个范围的上界时发现一只新的吸引我的股票，我会卖出目前持有的一只股票，然后买入这只新的。我的目标是在股票公布其年度业绩时可以对我的持股重新评估，持股数量达到25个（或一个月进行两次评估）就会占用我所有的时间。另一方面，持股数量在15以下的投资组合太容易受到市场的冲击。

4. 不要让单笔投资超过你投资组合的15%

即使是成功的选股，在它接近投资组合价值的15%时，也会受到冲击，所以它应该被削减到这个水平。

5. 不要进行市场择时——只需持有一家良好的公司几十年

我时时刻刻都是满仓投资的。我在年轻的时候，尝试过进行市场择时，发现自己不太擅长这个。现在我的投资时长是几十年，我很乐观地认为，长期来看，经营良好的产品或服务、管理良好的公司将会兴旺发达。

6. 不要恐慌，进行重新评估

正常商业下滑可能会导致股价突然崩盘，不要因此而在恐慌中卖出股票。

你最初的投资主张总是建立在长期的基础之上，因此，你需要做的是，对最初的投资主张进行重新评估。如果你认为长期的主张仍然有效，那么这次股票下跌只是给你提供了一个增持的机会。记住一点：你持有它的时间越长，你就越了解它——你身上长出的疣和其他一切东西都是如此。

7. 遗忘那些股价下降的股票，不要买入

永远不要购买股价正在下跌的股票，这就像试图抓住一把刀。但是（就像第6条一样）一定要评估那些股价走势图上形成了一个形态良好的、长达数月的底部的股票，需要考虑的条件还包括至少最近几周处于持续上涨态势。

8. 对IPO说不

永远不要买入刚刚完成首次公开发行（IPO）的股票，这些股票所提供的信息很可能是被操控的。

9. 对低质量的资产负债表保持谨慎

不要买入资产负债表质量糟糕的股票，这不是投资，这是投机。

10. 公司管理层很重要

通过公司的商业主张对公司管理层进行独立评估。看看他们的历史以及他们已经在一起工作了多久。通常来说，应该避开刚刚建立管理层团队的公司。即使是建立已久的团队，如果你不相信他们会认真对待外部股东的利益，也不要被纯粹的商业吸引力所迷惑。

11. 不要急于买入

你已经找到了一只令人激动的新股票？在你初步评估之后，它看起来仍然很好？它很有活力，不是吗？不要立即行动。如果你打算持有它几年的时间，你不需要急着去买。下周再来看看。

最后，祝你好运！

迈克尔·范·比玛

Michael van Biema

迈克尔·范·比玛是范·比玛价值合伙人有限公司的创始人。1992年至2004年，范·比玛先生是哥伦比亚商学院的教员，负责教授MBA和EMBA项目通识公司金融、资本市场、证券分析、价值投资和创业融资等课程。除此之外，他还曾担任阿尔弗雷德·P.斯隆基金会资助的一项价值数百万美元、为期数年的服务业生产率研究项目的负责人。

他在普林斯顿大学获得电气工程学士学位，在哥伦比亚大学获得博士学位。在哥伦比亚商学院任教之前，他还曾就职于数家初创企业。

范·比玛先生曾出版过许多著作，包括一篇发表于《哈佛商业评论》的题为"服务业生产率管理"的文章，以及联合出版了书籍《价值投资：从格雷厄姆到巴菲特及其他》（Value Investing: From Graham to Buffett and Beyond）。他一直在世界范围内讲授价值投资的课程。

通常来说,
时间是投资者的敌人,
但有一种方法可以让时间成为
你的朋友。

六个简单的步骤完成集中价值投资

1. 最重要的是你取得投资所支付的价格

现代投资的一个基本原则是风险决定收益，投资者承受的风险越高，取得的预期回报率就越高。这似乎很合理：如果我正在下赌注，我获胜的概率越低（我的风险越大），我的收益就应该越高（我应该得到的回报越高）。

然而，这种思维已经被运用到了投资领域，就有了这样一种理念，即投资的波动性越高（最终结果可能的范围），预期回报（支出）就越高。

这也是合理的，除了考虑某些特定因素的情况下。

这些特定因素中最首要的就是时间。在一个人下赌注的时候，赌局对这个特定的时间点是有效的，那个时间点是由他正在玩的游戏决定的（例如硬币翻转、投骰子、旋转转轮）。在投资中，一个人在一个瞬间就可以下注，但游戏只有在投资者决定卖出时才会结束。

此外，你的"筹码"——你的投资的实际价值——可能比你购买它时想象中的要少，但也可能更多。问题是，一直到游戏结束，你才能知道自己的价值到底是多少。

因此，将投资的波动性与其风险等同起来，对于短期投资者或可能被迫抛售的投资者来说，或许是一个有用的概念。但对于一个拥有长期投资期限和必要资本支持、不会被迫抛售的投资者来说，将波动性视为风险的概念是有缺陷的。对于长期投资者来说，风险应该更准确地被定义为投资资本永久损失的概率。这就是为什么大多数长期投资者强调安全边际概念是他们投资方式的一部分。

一项投资的安全边际可以定义为，如果出了问题，可以返还给投资者的合理估计金额。我最喜欢的例子是一家制作简单金手镯的珠宝公司，它的股票可以以每股10美元的价格买入。假设一个人把公司的库存消化掉，然后单纯地以黄金的价值卖掉，如果黄金对应的价值是每股9美元，那么公司的安全边际将是90%。因此，购买这家公司股票的风险并不取决于股价的波动，而是取决于每股收购价格与公司存货的每股价值之间的差异。事实上，如果这家公司的股票波动性变得更大，此时有人能够以每股8美元的价格购入该公司的股票，那么这项投资的风险就不会更高，相比之前的情况，风险要小得多。

换句话说，投资中真正重要的是付出的代价。

2. 让时间成为你的朋友

一般来说，时间是投资者的敌人。想出一个主意所花费的时间越长，实现的回报就越低。许多投资者把自己局限在那些需要很高要求的投资想法上，至少要求在理论上满足投资在时间上的定义。然而，有一种方式可以让时间成为你的朋友。你可以找到值得你等待的投资机会。

即使不满足实现价值的硬性要求，某些投资也会产生有吸引力的现金回报，所以人们可以顺其自然地等待出现均值回归。通常，这种现金流入是以股利的模式产生的，但在特定情况下也有可能以其他形式出现，比如股票回购和清算补偿。让时间成为你的朋友还有一个重要因素，那就是把精力放在那些资产负债状况良好的公司上。一个高杠杆的公司可以让你进入艰难的境地，而这正是你作为一个长期投资者想要避免的。

3. 如果不想只获得指数收益，那你需要一个集中化的投资组合

投资组合风险是风险的另一个维度，投资者必须对其进行有效管理。对投资组合风险进行管理有两种方式，分别为分散化和集中化。通过分散化投资管理投资组合风险是简单而有效的。它只有一个明显的缺点：它很有可能只能产生指数收益。持有一个由15只股票组成的投资组合，你有25%的机会可以获得超过市场的回报，但如果持有一个由250只股票组成的投资组合，那么这个机会就会下降到2%。一个集中化的投资组合是更加难以成功管理的，波动性也会显著增大，但对于长线投资者而言，它不太可能产生指数收益。

4. 不错的投资想法可以有很多，但绝佳的相对来说几乎没有

引用马克·吐温的一句话："我写了一些长的东西，因为我没有时间写短的东西。"投资首先是一个需要严格自律的领域。就投资组合管理而言，这意味着少即是多。尽管我曾与人合著过一本以投资组合集中化为主题的书[①]，但也许这本书所带来的最重要的信息，是大多数管理者在构建投资组合时并没有做到精挑细选，高水平的回报通常是通过更高程度上的集中化实现的。

通常，一个人在分析一家公司时会投入大量时间和精力。在投入了时间和精力之后，人们自然会想要将这家公司纳入自己的投资组合中，并因此实现收益。

---

① 《集中投资：巴菲特和查理·芒格推崇的投资策略》，中国青年出版社，2017年10月出版。

要放弃之前所做的努力、继续前进是很困难的，但似乎这种继续前进的意愿或自律会对经理人的长期回报产生重大影响。

5. 时机介于很难和不可能之间

正确地把握事情的时机本质上介于非常困难和不可能之间。因此，如果一项投资的成功与否取决于时机，那就得小心了。许多投资者进行投资似乎都基于一个隐含的假设：自己可以正确地把握投资的时机；这可能是非常危险的。

6. 投资每一只股票时都问自己三个问题

最后要说的是，在投资时，对于投资组合中的每一笔头寸，你都要问自己三个问题[①]：

1. 我觉得它值多少钱？
2. 为什么世界上其他人不觉得它值这笔钱？
3. 什么可以让它变得物有所值？

对于这三个问题，如果你没有好的答案，你的投资组合的健康可能就会受到危害。

---

① 我非常感谢阿兰·卡恩（Alan Kahn）在采访我们的经理时提出这些问题。

约翰·C. 博格

John C. Bogle

约翰·C. 博格是先锋集团的创始人，也是博格金融市场研究中心的总裁。

先锋集团是全球最大的共同基金组织，由370多只共同基金组成，流动资产总额超过4万亿美元。世界首只指数型基金先锋500指数基金由博格于1975年创立。博格先生以"杰出的成就、卓越的实践和真正的领导力"获得了AIMR杰出职业奖，也是固定收益分析师协会的名人堂成员。

1999年，他被《财富》杂志评为投资行业四大"20世纪巨人"之一。2004年，他被《时代周刊》评为"世界上最具影响力的100人之一"。

在投资管理这个领域,
狐狸总是来了又走,
但刺猬却会一直留在这里。

管理4万亿美元的投资家的投资见解

1. 不要逃避风险

一旦你决定把钱投入到致力于积累长期财富中,你就必须做出决定,不是要不要承担风险,而是你希望承担什么样的风险。"做你想做的事,资本是危险的",就像谨慎人规则让我们确信的那样。

没错,储蓄账户里的美元是安全的,但这些安全的美元很容易被通货膨胀严重侵蚀,这种风险几乎可以让你确定,你无法实现资本积累的目标。

另外,投入到股票市场的资金在短期内的确是非常危险的,但是,如果分散化做得足够好,从长期来看,应该会表现出高度一致的显著增长。

2. 买正确的东西,然后紧紧抓住

你所面临的最关键的一个决定是,如何在你的投资组合中取得适当的资产配置——在投资组合中，股票用于谋求资本增值和收入增长，债券用于资本保全和维持现期收入。一旦你找到了正确的平衡，就紧紧地抓住它，无论贪婪的股市涨得多高，也不管恐惧的市场跌得多低。只有当你的投资状况发生变化，才改变你的资产配置。首先考虑50/50的股票/债券余额，如果发生以下情况，就提高股票的配置比例：

1. 你还有很多的时间可以进行财富积累。

2. 你所拥有的资金是有限的（也就是说，这是你对一个企业储蓄计划的第一笔投资）。

3. 你对于现期收入的需求很小。

4. 你有勇气泰然自若地度过繁荣与萧条。

如果这些因素是相反的，那就相应地减少股票的配置。

3. 时间是你的朋友，冲动是你的敌人

从长远的角度考虑问题，不要让股价的短暂变动改变你的投资计划。股市的日常波动中充斥着很多噪声，这些往往是一个个由白痴讲述的故事，其中充满了喧哗与骚动，毫无意义。

股票可能多年来一直被高估或低估。你必须意识到投资最大的罪恶之一是被市场的诱惑所吸引，在股票飙升时买入股票，在股价暴跌时卖出。冲动是你的敌人。为什么？因为进行市场择时是不可能的。即使某一次在下跌前卖出股票的行为在之后被证明是正确的（发生的可能性非常之小），可是恰当的重新买入时间究竟又是什么时候呢？做出一个正确的决定已经够难的了，要做两个正确的决定几乎是不可能的。

时间是你的朋友。如果在未来25年里，股票投资可以产生7.5%的回报，而储蓄账户只能产生微不足道的1%的收益，那么把10 000美元投入到股票上将增长51 000美元，而储蓄不足3 000美元（考虑2.5%的通货膨胀率，股票投资的收

益是24 000美元，储蓄账户则损失3 000美元）。把你可以提供的时间都投入进去吧。

4. 现实的期望：百吉饼和甜甜圈

这两种不同的烘焙食品象征着股票市场回报的两种截然不同的要素。把由股利收益和收入增长组成的投资回报比作股票市场中的百吉饼一点都不牵强，因为股票市场的投资回报反映了它们的基本特征：营养丰富、外皮硬和耐煮。

出于同样的原因，投机回报——由投资者愿意为每一美元的收益支付的价格的任何变化所带来的——是市场上松软的甜甜圈，反映了公众对股票估值的看法正在发生变化，从乐观的柔和甜蜜到悲观的酸味。

投资实质上类似于百吉饼，这种经济效应会产生收益是几乎不可避免的，但投资者脆弱的、像甜甜圈一样的情绪却是不稳定的——有时富有成效，有时会适得其反。

从长远来看，投资回报才是最重要的。自20世纪初以来，投资年化收益率为9%，几乎与股市9.5%的回报率相当。在20世纪70年代和21世纪初，投资者对经济前景感到失望，市盈率的大幅下降带来了负的年度投机回报率——平均为-5.3%，把稳定在7.6%的全年投资回报率拉低到了只有2.3%的市场回报率水平。另一方面，在20世纪80年代和90年代，前景变得更加美好，而不断飙升的市盈率比率带来了7.4%的年度投机性刺激，带来了10.1%的投资回报。结果在连续的20年中，股票每年平均回报率为17.5%。

教训：享受百吉饼的健康营养，但不要指望甜甜圈的甜味能给你带来额外的营养。

结论：对未来10年的现实预期暗示，投机回报率将远低于市场的长期平均水平。

5. 为什么要大海捞针？直接把海买下来

塞万提斯曾告诫过我们："不要大海捞针。"尽管这句话在我们的语言中已根深蒂固，但它尚未得到大多数共同基金投资者的认可。太多的人花了无数的时间研究基金记录，从新闻文章和电视采访中获取信息，从夸张的基金广告和善意的基金评级服务中获取信息。我们花费了全部的时间和精力尝试去购买正确的股票、在正确的投资风格上下注、挑选正确的基金经理——在每种情况下都是如此。

当我们这样做的时候，我们很大程度上依赖于过去的表现，忽略了一个事实：昨天奏效的，明天却很少奏效——过去上演的未必是序幕。投资股票要面临四种风险，分别是个股风险、投资风格风险、管理人风险和市场风险。前三种风险可以很容易地消除，只要拥有整个股市——就像拥有大海一样——并永远持有它。

是的，股票市场风险依然存在，而且相当大。那么为什么还要把其他三种风险叠在上面呢？如果你不能确定自己的判断正确与否（那又有谁能确定呢），那就对你的投资组合进行分散化。

拥有整个股票市场是最大程度的分散化。如果你找不到针，那就把海买下来。

6. 把支付给赌场经营者的费用最小化

把股票市场和赌场进行对比并不牵强。的确，股市是一场正和游戏，赌博则是一场零和游戏，但这仅限于扣除每一场比赛的费用之前。在扣除支付给各类金融中介商的沉重成本（佣金、管理费用、税金等等）之后，击败股票市场必然会是一场失败者的游戏，就像在赌场经营者的耙子落下之后，击败赌场必然是一场失败者的游戏。所有投资者作为一个整体，在扣除交易成本之前必然可以获取市场收益，在扣除成本之后，则会以成本的确切数额输给市场。

因此，你获得市场回报的最大机会，就是把赌场经营者的费用减少到最低限度。在你阅读股票市场回报数据时，你必须意识到，金融市场并非随时交易的，除非在一个高价位。这个区别非常关键。如果扣除交易成本之前的市场收益率是7.5%，中间商的成本大约为2%，最后投资者可以赚取5.5%。如果复利50年，5.5%的收益率可以让10 000美元的初始投资增长到145 000美元，但如果收益率是7.5%，最终的数值会跃升至372 000美元——超过原来的2.5倍——而这仅仅是因为刨除掉赌场经营者的费用。

7. 不要打过去的仗

太多的投资者——无论是个人投资者还是机构投资者——都在不断地根据最近甚至是过去的经验做出投资决策。他们会在科技股出现胜利的曙光时开始搜寻科技股，在通货膨胀被公众认为是妖怪时开始感到担心，在股票市场暴跌后开始买入债券。

你不应该忽视过去，但也不应该假设某种特定的周期性趋势将永远持续下去。没有人应该这样。你不应该仅仅因为一些投资者坚持要打上一场战争就要求自己也这么做。这样做的效果不会持续太久。

8. 艾萨克·牛顿爵士对华尔街的报复——回归均值

纵观历史，投资一直遵循着一种万有引力定律：上升的必然会下降，下降的也必然会上升。当然，事实并非总是如此（死亡的公司很少再活过来），也不一定是绝对意义上的，而是相对于整体市场而言。

例如在一段时期内，股票市场回报率大大超过了收益和股息所产生的投资回报，在接下来的一段时间里，它们往往会恢复并远低于这一标准。就像钟摆一样，股价会摇摆到远高于其潜在价值的位置，然后又回到潜在价值，接着又远低于潜在价值。

另一个例子是，从1997年开始到2000年3月，纳斯达克（NASDAQ）股票指数（+230%）出现飙升，涨幅超过了纽约证券交易所（NYSE）股票指数（+20%），但最终却戛然而止。在随后的一年里，纳斯达克股票指数下跌了67%，而纽交所的指数只下跌了7%，又回到了所谓的"新经济"和"旧经济"之间的原始市值关系（1到5倍）。

在金融丛林中，回归均值的现象随处可见，因为均值是一块强大的磁石，从长远来看，它总会把一切都拉回到它的附近。

9. 刺猬比狐狸强

希腊诗人阿奇洛科斯（Archilochus）曾告诉我们，"狐狸知道很多事情，但刺猬只知道一件伟大的事。"狐狸——巧妙、狡猾、精明——代表着对复杂市场和精确营销了如指掌的金融机构。刺猬——当它蜷缩成一团时，它的尖刺给了它几乎坚不可摧的盔甲——只知道一件大事：长期投资的成功建立在简单的基础之上。

金融世界中狡猾的狐狸们通过宣扬一种观点来证明自己的存在，即投资者只有凭借自己的专业知识和技能才能生存下去，所以投资者必须依赖于专业投资者进行投资。唉，这种外界的援助并不便宜，它所带来的成本往往比最狡猾的狐狸所能提供的价值还要高。最终的结果：通过共同基金之类的金融中间商进行投资的投资者所获得的年回报率平均不足股票市场回报率的80%。

另一方面，刺猬知道，真正伟大的投资策略之所以可以成功，不是因为它的复杂或精明，而是因为它的简单和低成本。刺猬会广泛地将投资组合分散，会买入股票然后一直持有，以求把费用维持在最低水平。终极刺猬——全市场指数基金——以最小的成本运作，而且将投资组合周转率维持在最低水平，实际上保证了市场对投资者的100%回报。

在投资管理这个领域，狐狸总是来了又走，但刺猬却会一直留在这里。

10. 坚持到底：投资的秘密在于没有秘密

当你考虑前面的9条规则时，要意识到它们不是魔法和骗术，不是对不可预测的事情的预测，不是对长期的、最终无法克服的可能性的押注，也不是关于学习成功投资的一些伟大秘诀。投资不存在秘诀，只尊崇简单。这些规则是关于基础的算术，关于根本性的、无可争辩的原则，以及关于所有特性中最不寻常的部分，常识。

通过指数基金拥有整个股票市场，在整个投资过程中，将纯债券投资市场指数基金的权重调节至合理水平，以对你的投资组合进行持续的平衡，充分利用市场指数基金成本效率、税收效率以及它可以保证市场收益等优势，从定义上来说，这是一个成功的策略。如果你只遵循一个成功投资的最终法则，也许所有投资智慧的最重要原则就是：坚持到底！

安东尼·波顿
Anthony Bolton

安东尼·波顿毕业于剑桥大学三一学院，在投资管理领域工作了40多年，其中大部分时间都在伦敦金融城。他被称为英国最成功的基金管理人之一。

他的第一份工作是在一家小型商业银行——凯泽·乌尔曼银行，随后他去了一家由南非所有的投资公司。1979年，他加入了富达国际——波士顿富达集团的分部。他刚加入的时候，富达国际正专门为英国投资者推出首批4只基金，他管理其中一只基金——富达特殊情况基金——长达28年。在此期间，该基金的平均年回报率略低于20%，成为英国投资者可以购买的最大的基金之一，拥有逾25万投资者。2010年，他移居香港，担任富达中国特殊情况公司的董事四年。他于2014年退休，但仍是富达的董事和顾问。他还写了一本关于投资的书，名叫《安东尼·波顿的成功投资》(Investing Against the Tide)。

安东尼今年69岁，住在西苏塞克斯，他的妻子是萨拉。他们有3个孩子——38岁的艾玛、35岁的奥利和31岁的本，还有4个孙子。安东尼喜欢听音乐，尤其是歌剧，他的爱好是作曲。

> 我宁可选择一家
> 由普通管理层团队管理的伟大企业,
> 也不想要一家
> 由明星管理层团队管理的糟糕企业。

来自传奇基金管理人的长期教训

投资并不是一门精确的科学,据我所知,每一个成功的专业投资者都需要经历投资路上等待着他们的陷阱,并从中获得一些经验和教训。在我管理富达特殊情况基金28年的过程中,我有足够的时间来思考什么才是成为一名成功选股者的重要因素。以下是我从这段经历中学到的一些经验:

1. 理解企业的特许经营权以及它的质量

企业在质量和可持续性方面有很大的差别,重要的是要了解这家企业,知道它如何赚钱以及它处在什么样的竞争地位。与沃伦·巴菲特一样,我的理想是找到一家掌握着有价值的特许经营权的公司,它所拥有的特许经营权能够确保维持企业多年业务。我问的一个简单的问题是:这家公司在10年后有多大可能仍出现在这里?它比今天更有价值的可能性有多大?

2. 理解推动商业的关键变量

识别影响公司业绩的关键变量，特别是那些它无法控制的变量，如货币、利率和税收变化，这对于理解股票的动态非常重要。在我看来，一家理想的企业很大程度上掌握着自己的命运。我记得有一个反例，一家我在许多年以前遇到的英国化学公司。当汇率处在某一个水平时，这是一家繁荣的公司，但当汇率上涨到更高的水平时，它就没有业务可做了，完全失去了竞争力。

3. 喜欢简单的企业而不是复杂的企业

如果一个企业是非常复杂的，那么就很难判断它是否拥有可持续的特许经营权，要找出企业的缺陷可能就需要借助专家的工作了。有能力产生现金流是一个非常吸引人的属性：事实上，这是所有属性中最有利的一个。在其他条件都相同的情况下，需要大量资本支出才能继续发展的公司比那些不需要资本支出的公司吸引力要小。一位私募股权投资专家曾告诉我，股票市场总是高估成长性而低估产生现金流的能力，私募股权投资者所做的与这恰恰相反。在这方面，我是站在私募股权投资者这一边的。

4. 直接听取管理层的意见

坦率和不夸夸其谈是投资者需要寻求的关键的管理特性。根据我的经验，二手信息总是不如第一手资料。多年来，我在不同的行业遇到了数百家公司，我最看重的是，听到一个关于企业的坦率、客观平衡的观点。这意味着你会同时听到企业的优点和缺点（所有企业都是两者皆有）。我喜欢那些没有过度承诺的基金管理人，但他们的表现总是比他们所指出的要多一点。对那些喜欢空谈的人保持最大程度的谨慎，他们极有可能不能兑现他们的承诺，也就是说，我是沃伦·巴菲特阵营的一员，我宁可选择一家由普通管理层团队管理的伟大企业，也不想要一家由明星管理层团队管理的糟糕企业。

5. 不惜一切代价避免"不靠谱"管理

我曾经认为，一个看起来很强势的企业动态甚至会弥补"不靠谱"的管理。在投资几家后来"炸飞"了的企业之后，不道德或者管理风格风风火火的管理层对我来说就成了禁区。我了解到，即便有了公司治理检查和外部审计师，资深人士也有太多欺骗投资者的方式。许多年前，一个意大利人告诉我，出于这个原因，不要碰帕玛拉特。这是一个很好的建议。正如沃伦·巴菲特所说，在公开场合误导他人的首席执行官最终可能会在私下里误导自己（正如你现在很了解的一个事实，我和许多人一样，都是巴菲特的忠实粉丝。伯克希尔-哈撒韦公司的年报是投资建议和理财智慧的宝库）。

6. 比大众早尝试、早思考两步

努力找出今天被忽略的事物，它们在未来可能重新激发人们的兴趣。股票市场并不是超前太多，所以像下国际象棋一样，只要比别人看得稍微远一些就可以获得回报。我认为我很擅长了解那些会让投资者兴奋的情况，在那里，未来会有"一片蓝天"。我会试图寻找那些目前被忽视、但会在未来再次影响投资者心理的公司。

7. 了解资产负债表风险

如果选股者只能上一节课，那了解资产负债表风险一定是最重要的了。如果投资需要限制负面影响和避免灾难，那么承担资产负债表上的风险就只能睁大眼睛了。资产负债表风险已成为我最糟糕的投资背后最常见的因素。根据我的经验，大多数分析师都不善于评估这种风险，甚至很多分析师根本不分析资产负债表。除了分析各种形式的债务之外，我们还需要能够分析养老基金赤字，并对转换可能性极小的可赎回可转换优先股进行估值，这两者都与常规的负债有很多共同特征。

8. 从广泛的来源中寻找灵感

我喜欢从我认为对特定公司或行业非常了解的信息来源那里获得大量的灵感。可供选择的越多，你找到赢家的机会就越多。最明显的来源并不总是最好的。我尤其喜欢没有被大多数机构广泛使用的信息来源。另一方面，我并不会因为从竞争对手那里获得一个主意而自豪，在我看来，这和从股票经纪人那里得到一个主意是一样的。

9. 密切关注公司内部人士的交易

没有一个指标是绝对正确的，但公司董事的交易是一个有价值的确认或否认工具。特别要关注大量交易。董事的买进通常比卖出更重要，一些董事的业绩比其他董事要好。

10. 定期对你的投资理论进行重新检验

投资管理就是为投资机会建立信念，然后随着时间的推移重新审视这个信念，尤其是在新信息出现的时候。信念或感觉的力量很重要，应当得到支持。然而，信念不能发展成固执。如果证据改变了，人们的观点也会改变。在任何时候，你都应当能够用几句话总结出你持有某家公司股票的原因。

11. 忘掉你为买入股票而支付的价格

你付出的代价完全无关紧要，这一点在心理上很重要。如果形势发生变化，毫不犹豫地进行止损。一个典型的例子就是德国的工程集团德意志·巴布科克，它涉足了许多领域，其中包括造船。一天早上，我们的一位股票分析师非常激动地来到我的办公室。这位分析师告诉我，这家公司令人钦佩、有良好业绩记录的首席执行官即将离开公司，并且计划对这家公司最好的部门——造船部门——进行管理层收购，而这个部门正是我们投资这家公司的主要原因。我立即通知我们的交易部门卖掉所有头寸，如果需要的话，越快越好。尽管我们在这笔头寸上损失惨重，不过，几个月后我们就知道这笔交易是划算的了。

12. 为过去的表现寻找原因通常是在浪费时间

如果说人生就是犯错误，然后从中吸取教训，那么股市也是如此。为过去的业绩寻找原因——以某个指数或者基准为参照，对基金管理人"押注"的某只股票或行业进行详细的分析——变得越来越流行。然而，它就像在看后视镜，并不会告诉你前面会发生什么。

我认识到，在平衡托管的情况下，适当地进行原因分析是必要的，此外，例如养老基金受托人这样的顾客的确需要它。然而，人们往往倾向于相信不久之前的过去会在未来重演。当一个人做得不好时，经常被顾问提醒这一事实几乎不会带来什么帮助，事实上，这样的提醒很可能会适得其反！在投资中，心性是很重要的。如果你是狂躁型抑郁症患者，不要考虑成为投资者。冷静地对待成功和失败是很重要的。另一方面，分析自己的错误（"为什么我错了，有没有预测这种情况的方法？"）和对业绩进行归因是不一样的，非常值得一做。

13. 注意绝对估值

投资者需要某种现实检查，以避免在股市繁荣时期被吸进一只股票。在这种情况下，注意绝对估值会有所帮助。我喜欢买那些在未来两年内可以预见到其市盈率为个位数或者有一个高于当前利率的自由现金流收益率的股票。你如果只看相对估值、关注不同股票的对比情况，就会误入歧途。

14. 使用技术分析作为补充指标

技术分析在投资专业人士中激起了非常广泛的不同观点。有些人是热情的拥护者，而另一些人则认为这不过是骗人的把戏。我把它看作一个可以帮助进行决策的理论框架，可以帮助我决定赌注大小。我把它作为一个确认或否定的因素。如果技术分析的观点对基本面分析形成了支撑，我会准备持有一个更大的头寸；如果相反，我会选择一个更小的头寸。如果技术分析的情况出现恶化，我也会对基本面分析观点进行再次检验，以检查我们是否遗漏了某些东西。我发现，公司的市值越大，技术分析的效果就越大。

15. 避免进行市场择时和在宏观因素上押注

我想把赌注押在我认为有竞争优势的地方。多年来，许多评论人士都曾撰文指出，要始终把握好市场时机是很困难的。在管理特殊情况基金的28年里，我只对市场的水平或方向有大概5到6次的强烈看法。在我管理基金的末期，有如此强烈的观点的情况（2003年3月看多，2006年3月看空）似乎变得更为频繁——也许是因为老了！但即便如此，我也肯定不会把我的全部基金都押在这样的观点上。如果我发现处于同一个行业之中的两只股票在基本面方面都具有吸引力，但却只能买其中一只时，我就需要在两者之间做出权衡取舍，在这样的情况下，我也许会引入一个宏观因素。宏观的观点可能是购买哪一只的决定性因素（比如一只股票会从强势美元中获益，另一只则不会）。

16. 成为一个逆向投资者

如果一项投资让你感觉很"舒服"，那么你很可能已经来晚了。试着与大众做相反的投资。避免在股价上涨时变得更加看涨。当几乎每个人都对前景持谨慎态度时，他们可能是错误的，事情将会变得更好。同样地，很少有人担心的时候，正是最需要警惕的时候。我发现，对我的一些经验不足的同事来说，我最有帮助的时候是市场极度乐观或悲观的时候。在这时，我会提醒他们股票市场存在一个完美的折价机制。当每个人都在担心某件事的时候，这通常是价格最合理的时候。投资者需要被不断提醒，这就是市场运作的方式。

耶罗恩·博斯

Jeroen Bos

荷兰投资者耶罗恩·博斯自1978年以来一直生活在英国。他拥有苏塞克斯大学的经济学学位，整个职业生涯都供职于金融服务业，主要在伦敦金融城。他在股票经纪公司帕姆尔·戈登工作了多年，正是在这里，他对价值投资产生了兴趣。1987年10月股市崩盘后，这一进程加快了。在此期间，他从本杰明·格雷厄姆的《聪明的投资者》(Intelligent Investor)一书中获得了灵感。

2013年底，耶罗恩加入了教会屋投资管理公司（Church House Investment Management），负责管理CH深度价值基金（CH Deep Value，注册于巴哈马），这只基金2012年3月更名为CH深度价值投资基金（CH Deep Value Investments Fund）。耶罗恩是《深度价值投资》(Deep Value Investing)的作者。

耶罗恩目前定居在苏赛克斯，已婚并育有三个儿子。

> 我是荷兰人,
> 全世界都知道我们在花钱时很谨慎。
> 对我来说,
> 价值投资马上就有了意义。

如何深潜价值，以低价购入股票

1. 只有便宜是不够的

我第一次听到"价值投资"这个概念，是在20世纪80年代初，那时我刚加入位于伦敦金融城的股票经纪公司帕姆尔·戈登，开始我个人的职业生涯。我是荷兰人，全世界都知道我们在花钱时很谨慎。对我来说，价值投资马上就有了意义，一个可以让我得到比我付出的更有价值的东西的想法，听起来就非常吸引人。

我很快就遇到了许多小型金属制造公司和纺织公司，它们的股价与资产净值相比有很大的折价。当时市场上有很多这样的股票，我急切地买进了。不幸的是，它们经常被证明是可怕的投资。它们的交易价格将大大低于资产净值（NAV），而且通常在较长一段时间内都处于亏损状态，公司所持有的营运资本头寸变得越来越受限。它们看起来很便宜——不幸的是，它们会一直保持这样的状态，或者变得更加便宜。

我继续买进这类股票，因为被它们表面上的廉价所吸引，但我的投资业绩充其量也只能算是平淡无奇。我毫不气馁，在任何能找到的地方，我都在寻找新的价值投资机会。从这个过程中，我至少学会了快速阅读资产负债表——从那以后，这被证明是有用的。然而，我的投资或多或少都延续着同样的故事：它们似乎在以巨大的折价进行交易，而且在我买了它们之后，它们继续快乐地进行着折价交易。

我遗漏了某些东西——只有便宜是不够的。

2. 阅读本杰明·格雷厄姆的著作

因此，除了研究一份又一份的资产负债表，我还阅读了可以找到的所有关于价值投资的文章。我的"觉醒"时刻在1987年，当时全球的股权市场都崩盘了，我的一个客户对我说："这是再次阅读《聪明的投资者》的理想时机。"

如果你可以从这一章节中获得一件东西，那就是去阅读本杰明·格雷厄姆这本奇妙的著作。它会让你变成一个更好的投资者，甚至你都不需要真正去尝试。

让我们回到1987年，当时我立刻出去买了这本书，从头到尾读了一遍。从那以后，我又读了很多遍。它帮助价值投资者建立一个合适的投资框架，并涵盖了在思考投资时需要考虑的大量问题。书中的一页，对我产生了尤其重要的影响（我仍然引用客户陈述中的最后一句话）。

格雷厄姆提到了关于价值投资的一个经典例子——大西洋太平洋茶叶公司（the Great Atlantic & Pacific Tea Co），这个例子是很多年之前的，但它对我们来说仍是非常有魅力的，因为它结合了公司以及投资经验的许多层面。正如格雷厄姆所说，"故事是这样的"：

"大西洋太平洋茶叶公司的股票1929年开始在'场外交易'市场——现在的美国股票交易所——进行交易，最高股价曾达到494美元。到1932年，公司的股票价值下跌到了104美元，尽管公司在那灾难性的一年中的收入几乎和之前一样高。1936年价格波动的范围处在111—131美元之间。接着在1938年的商业萧条和熊市中,公司的股票价格创造了新低——36美元。"

"这个价格超乎寻常。这意味着,公司所有的优先股和普通股在以1.26亿美元的价格出售,尽管公司刚刚发布报告说它持有的现金就达到了8 500万元,而营运资本(或者说是净流动资产)是1.34亿元。大西洋太平洋茶叶公司即使不是世界上最大的,也是美国最大的零售企业,拥有着持续多年、令人印象深刻的巨额盈利记录。但在1938年,华尔街认为这家出色的公司的价值低于其流动资产——这意味着,它作为一家持续经营的公司的价值,要低于它被清算时的价值。"

上面引用的最后一句话开启了我的投资生涯。一家以低于其净营运资本头寸的价格进行交易的公司,市场对于其作为一家持续经营的公司的定价似乎比被清算时还要低。这与投资于以低于净资产价值进行交易的廉价股票相比,拥有更为广阔的前景。

3. 营运资本为王

寻找股价相对于资产净值有较大折价的股票并没有什么错,但相对资产净值的折价只是向我们讲述了投资故事的一小部分。格雷厄姆在这里强调的是营运资本的重要性。

营运资本实质上是指流动资产(即现金、债券、存货等)与流动负债(应付交易款、应交税费、准备金等)之间的差额。流动资产应该是具有非常强的流动性,相当容易估值的,流动资产与公司总资产的比例越高越好。

拥有高资产价值固然是件好事,但如果资产价值中的绝大多数都是由固定资产(产权、土地和机器设备等)所构成,这些资产本质上都是非流动的,它们在会计上被赋予的价值可能与它们在现实中的价值大不相同(土地的实际价值可能要高得多，但这取决于具体情况）。

公司需要进行严密、独立的分析，这一衡量方法不足以选出值得投资的价值型股票。假设我们正在考虑投资两家老式金属铸造企业：其中一家拥有巨额固定资产，而另一家则拥有非常高的营运资本头寸。两家公司都有相同水平的净资产价值和股价，而且两家公司都处在亏损状态。我总是倾向于拥有更高营运资本头寸的潜在投资公司——这家公司的资产负债表应该有更强的流动性。这是一个更有吸引力的起点，也是一个更好的迹象，表明你可能已经找到了一笔真正的价值投资。

还有比发现以低于营运资金的价格进行交易的公司更好的事情。在极少数情况下，我们不仅可以发现以低于其营运资本的价格进行交易的公司，甚至还可以发现（如格雷厄姆在大西洋太平洋茶叶公司的例子中所强调的）实际上是以低于其清算价值的价格进行交易的公司。

在这种情况下，公司的流动资产减去流动负债和非流动负债，得出的数字比公司的市场价值更高。理论上，我们可以买入该公司发行在外的所有股票，然后对它进行清算，在支付完公司的所有负债后，可以从清算过程中获取一定的利润。这个投资过程已经获得了它的回报，在这种情况下，我的计算甚至都没有提到固定资产——实质上，我们免费获得了它们。固定资产是蛋糕上的糖衣，可以是实质性的。

以低于清算价值的价格进行交易的股票被称为"廉价证券"或"净净值股票"，因为它们的股票市值低于其扣除流动负债和非流动负债后的净值。它们只出现在某些特定的时候——当市场极度悲观或某只股票受到一场完美风暴的冲击时。

它们是稀少的，但的确是存在的。

4. 寻找新的52周低点、呈现下行趋势的图形，然后研究资产负债表

那么，你该如何寻找廉价证券或者净净值股票呢？当你找到潜在投资时，你该如何对它们进行分析呢？每一个潜在投资都存在自己的问题，公司所有这些问题都需要单独进行考虑，但接下来这些是我在进行投资时所使用的关键性的实际起点：

- 我寻找股价创造52周新低的股票。
- 我想看到这样一个价格图表：它代表了一个长期的、陡峭的下降轨迹。股价的横盘变动并不值得关注。
- 然后，我会看一眼资产负债表，并问一些重要的问题。这家公司的股票是净净值股票吗？它是否至少具有合理的流动性、相对资产净值有较大的折价？它在过去是盈利的吗？（如果不是，那它就很难令人兴奋。）它能产生现金流量吗？它的负债情况如何？（是否在可管理的范围之内？是长期负债还是短期负债？）在股东名目里是否有机构投资者的身影？（如果事情开始出现问题，股东需要向管理层汇报，这一点可能非常重要。）这家公司聘请的审计师是否知名？（如果不知名，那会不会是像麦道夫那样的人？）

我寻找的是这样的公司：拥有足够的流动性资产、交易价格相对于资产净值有一定折价、拥有产生未来利润和现金流的前景以及债务负担处在可管理范围之内——如果股东中有一些机构投资者、公司聘请的审计师是信誉良好的，那就非常理想了。如果我能找到一家净净值公司，那就更好了。在此之后，我会更深入地研究公司及其市场和竞争对手，以评估其在某一时刻扭亏为盈、给市场一个惊喜的机会。然后，我会决定买还是不买。

耶罗恩·博斯 ●

深度价值投资的实际操作

下面的这个真实的例子可能是展示以上规则的最好方式。

在本章的开头，我提到，在20世纪80年代，我在位于伦敦的股票经纪公司帕姆尔·戈登开始了我的职业生涯。在我加入它的时候，它还是合伙制的，但在20世纪80年代，形势变化得非常快，尤其是在1987年的大崩盘时期。这家合伙企业先是被出售给了一家来自北美的区域性银行，之后又卖给了德国的兰德斯银行，随后又再次被出售了。这种不愉快的过程一直持续到2005年4月，该公司在伦敦证券交易所上市。

我在2015年末将这家公司视为一项潜在投资，此时它的价格图表显示，它在2013年股价曾高达225英镑，此后几乎一直呈现下降趋势。当我遇见它时，它的股价只有100英镑左右。

我们来看看刊登在2015年9月29日发布的半年报上、在当时来说最新的财务结果。资产负债表显示，截至2015年6月30日，公司的净净值为16 471 000英镑。当时发行在外的股票总数为15 545 473股，这意味着每股净净值为105英镑。因此，它的交易价格在净净值估值的正确一边，这意味着：我们有了一个好的开始，我们发现了一只廉价证券。

这家公司产生了边际损失，这并不是一个真正的问题——在那之前的几年里，它一直在盈利。它有许多机构股东，这是另一个好迹象。现金流入与流出方向很多——这对这些企业来说并不罕见——但净现金流仍然是正的，而且公司没有债务。

所以，这只股票可以在上面提到的大多数条件前的方框里打上钩了。股票经纪业务即使在行情最好的时候也是不稳定的，但我们应当记住，这家公司已经存在了大约140年，这应该是有意义的。但还有其他一些东西，没有立即显示出来，只是经过进一步调查后才公布出来：它夸耀自己拥有140个客户的企业客户名单。这也是该公司在市场上享有盛名的原因之一。更重要的是，我认为，在合适的市场环境下,这对公司来说可能是一个巨大的收益驱动因素。

与其他伦敦上市股票经纪公司相比,帕姆尔·戈登是仅有的两家股价出现大幅折价的公司之一,但另一家上市股票经纪公司缺乏足够数量的企业客户,这限制了其在景气时期(一旦它们再次到来)的盈利能力。其他经纪公司的股价要高得多,这就是我们对它们不感兴趣的原因。

我们决定购买这只股票,最终获得了3%的股份,这是根据市场规则正式公告的。我们为了买入这些股票所付出的平均价格是64.5英镑。这只股票在我们买入后很长一段时间内表现平平,在2016年达到了每股45.5英镑的低点。当然,这没有什么不寻常的——当我们买入一家公司时,它在那个时点很难为我们带来盈利(或者它不会那么便宜,也不会被愿意以低于其价值的价格出售)。在深度价值投资中,花一些时间来解决事情并不奇怪。当然,也不能保证一定会得到解决。但这就是购买交易价格相对于营运资本有一定折价的股票之所以很重要的原因:只要你的安全边际——支付的价格与公司潜在价值之间的差异——仍然存在,你就可以做一个愉快的持有者。

让我们快进到2016年9月,该公司发布了中期业绩,其中显示利润出现回升,企业客户相当活跃,在观察期间一共进行了29笔交易。我们仍然是快乐的持有者。管理层的主动性和周期性的上升有助于帕姆尔·戈登朝着正确的方向前进。

当公司在2017年3月17日宣告它已经以100英镑每股的价格完成了一笔并购时,我们在这家公司上的投资真正地被推动了——相对于我们的原始投资,获得了55%的利润。

乔纳森·博伊尔

Jonathan Boyar

从康奈尔大学获得应用经济学和商业管理学士学位后，乔纳森·博伊尔开始了他在GAMCO投资公司的投资生涯。他后来加入了博伊尔公司，在那里创立了博伊尔的另一种观点（Boyar's Alternative Viewpoint），这是一项专门为14亿美元的全球分析师研究项目设计的研究产品。这项获奖的研究产品的购买者包括德意志银行、贝尔斯登、瑞士信贷、雷曼兄弟、摩根士丹利和美林等大型银行。

2004年，乔纳森从卡多佐法学院获得了院长奖学金。毕业后，他在全国公认的医疗事故辩护律师事务所马丁·克利尔沃特&贝尔担任诉讼律师。

2008年，他重返博伊尔公司，现任博伊尔内在价值研究公司总裁、博伊尔资产管理公司负责人。乔纳森曾接受《巴伦周刊》（Barron's）、独立研究周刊《华尔街漫步》（Welling on Wall Street）和价值投资网站大师聚焦GuruFocus的采访。他还曾是伦敦价值投资者会议（London Value Investor Conference）和大师聚焦价值会议的主持人。

那些根据你的短期业绩
来判断你的投资者
实际上是
你和你的其他投资者的障碍。

耐心造就完美

博伊尔价值集团自1975年来一直在提供独立股票市场研究和资金管理服务。因为我们为一些世界领先的投资者发布我们的研究报告,所以,我们可以听取他们对我们投资理念的反馈。不断为此类精英群体提供研究(当他们认为我们错了的时候会毫不害羞地告诉我们原因),使我们能够不断地改进我们的技术。

1. 要有耐心

通过寻找被其他事件影响而不受关注(比如资产剥离或者破产后重组)或者不被市场所偏好(由于某些你认为是暂时的情况)而产生的投资机会,个人投资者的表现有可能超过专业人士,因为许多专业人士都会受到客户的影响,如果他们在短期内表现不佳,客户就会解雇他们。对于普通投资者来说,这是一个重要的竞争优势——你需要回应的唯一"客户"就是你自己。如果你把每只股票都当作你想要持有多年的东西,而不去关注每天的股价波动,你将提高投资成功的可能性。

作为一名价值投资者，往往需要采取逆向操作。这在心理上是很难做到的，因为与人群中的主流"智慧"逆向而行，这可能是相当孤独的。价值投资者通常需要很早就进入，但如果你执行了适当的研究，发现给定的公司目前正在以相对内在价值较大的折价进行交易，倘若你足够耐心，它能给予你相当丰厚的回报。正如传奇投资家杰西·利弗莫尔曾经说过的："在我多年的投资生涯中，我发现大钱从来都不是在买卖中赚到的，而是在等待中赚来的。"

2. 确保你拥有正确的客户

对于一个专业投资者来说，如果按照上面所说的做，必然结果就是拥有"正确"的客户。根据你的短期业绩来判断你的投资者实际上是你和你的其他投资者的障碍。你需要找到真正的合作伙伴，他们相信你的策略，并允许你进行以年为单位而不是以月为单位的投资。

在互联网泡沫时期，我们的公司没有购买任何一只互联网股票，也正是因为如此，我们被称为"恐龙"。我们被告知市盈率和市净率这样的传统估值指标将不再重要，取而代之的是"眼球集中度"这样的可靠指标。

看着没有盈利、未来前景可疑的公司成为市场的宠儿，而拥有坚实资产负债表和良好长期发展预期的公司却被抛之脑后，这真的很令人沮丧。然而，我们坚持自己的投资理念，虽然我们没有参与到股市的上涨中，但当互联网泡沫破裂、我们的投资风格再次流行起来时，我们却弥补了之前所有的不佳表现。

今天，我们开始体验到了同样的孤独感，因为特斯拉和Netflix这样的股票成为了市场的领头羊，我们的投资风格却表现不佳。我们打赌，历史将再次重演，以低于其价值的价格买入公司将被证明是长期投资的最佳方式。

乔纳森·博伊尔

实践中的耐心等待

在全球金融危机后不久举行的一次特别令人难忘的会议上，我认识到耐心以及拥有合适的客户的好处。我拜访了一位成功的对冲基金管理人客户，他想知道我们对股票的两个最高信念。

"我们现在最喜欢的两个想法是家得宝和麦迪逊广场花园。"我告诉他。然后，我对这两家公司的投资案例以及我们为每一家公司所确定的多种"催化剂"进行了分析。

我讨论了麦迪逊广场花园最近是如何被从Cablevision剥离出来的，我们认为，它被低估的原因之一是它几乎没有得到卖方的媒体报道。根据我们的计算，如果把它的"战利品"资产——包括尼克斯队、游骑兵队和花园本身——提取出来，它们的价值远远超过公司目前的企业价值。

对于家得宝，我们认为，糟糕的行业基本面情况掩盖了首席执行官弗兰克·布雷克领导下的业务进展。此外，你有一定的安全边际，因为我们估计，该公司拥有的房地产在其当前市值中占相当大的比例。

这位基金管理人很感兴趣。他问道："催化剂是什么呢？"

我解释了家得宝将如何从最终的房市复苏中获利，因为这将导致新建房屋和现有房屋业主接受大范围房屋改善项目，而这两种情况都能显著提高销售额和利润。

我解释说，麦迪逊广场花园正在进行一场耗资巨大的装修工程，我们认为，这掩盖了公司真正的现金流创造能力，因为资本支出被暂时提高了。新球场将帮助尼克斯队和游骑兵队获得更高的票价，并创造获得高利润率赞助收入的机会。此外，在可预见的将来还可能会发生其他的剥离业务，我们认为，麦迪逊广场花园的所有者詹姆斯·多兰的终极目标是进行私有化。

"那么，需要多长时间呢？"——这是这位对冲基金管理人的下一个问题。

我告诉他，提供一个确定的时间范围是不可能的。所有这一切都需要时间——但与此同时，他拥有的巨额资产，相对于内在价值的折价幅度相当大。投资的价值得到市场的认可只是时间的问题。

他本应该同意这两个投资想法的，但他并没有。

"假如我表现不佳的情形持续了一两年，我的投资者就会离我而去，"他说，"你说的这两个都是完美的投资，当然只是对我的孩子们来说。"

在随后的几年里，麦迪逊广场花园的价值增加了大约400%，而家得宝的价值增加了大约350%。

结论就是，耐心会有回报的。

HARRIMAN'S NEW BOOK
OF INVESTING RULES

阿斯顿·布拉德伯里
Ashton Bradbury

　　阿斯顿·布拉德伯里1988年在查特豪斯·蒂尔妮股票经纪公司的利物浦办事处开始了他的职业生涯，1991年他移居伦敦，加入了希尔·塞缪尔投资管理公司，专攻小规模公司投资。在希尔·塞缪尔和汇丰资产管理公司工作一段时间之后，阿斯顿在2000年加入了欧德共同资产管理公司（现已更名为欧德共同全球投资者基金），并建立了欧德共同英国中小规模投资团队，随后成为公司股票业务主管。

　　阿斯顿在其职业生涯中获得的行业奖项包括1997年库博&莱布兰最佳小型公司基金、1998年《投资顾问》杂志颁发的年度基金经理奖、2002年的Citywire奖和2007年的《投资周刊》投资周最佳投资业绩奖以及2009年的投资周最佳投资业绩奖。

　　阿斯顿于2014年12月正式退休。

你很难看到这样的交易声明：
'公司业绩表现不佳、交易环境艰难，
没有机会得到改善了。'
尽管这通常是事实。

阿斯顿·布拉德伯里

自上而下、自下而上并举，以获得更好的投资回报

基金管理人的工作应该是很容易的，你所要做的就是买进价格会上涨的股票，卖出价格会下跌的股票，然后长期这样做。当然，所有工作中棘手的部分是找出哪只股票该买进，哪只该卖出。

如果说我在职业生涯中学到了一件事，那这件事就是：做这份工作没有单一的方法，没有完美的风格或黄金法则。一种方法并不适用于所有情况，每种情况都是不同的。然而，重要的是找到适合你个人的方法。如果你天生就渴望快速的回报，那么不要购买深度价值型的股票，因为这些股票的价值可能只能在长期内才会实现。如果你知道当投资开始出现问题时，你会有恐慌的倾向，那就早点恐慌——不要在第三次或第四次利润预警之后才恐慌。

所以，在我开始解释对我有用和没用的一些投资指引前，我会向你描述我个人的性格特征，以便你把我的方法引入到具体情境之中。

我有很强的好胜心，很难接受成为第二名。我通常缺乏耐心，但在压力之

下可以保持冷静，有担忧的倾向，通常会在考虑正确的情况之前先考虑什么会出错。我喜欢获取所有可获取的信息，我会很快做出决策并且我不惧怕改变主意。最后，我有轻微的强迫症，我发现这很难改掉。

这些性格特征中的很多都意味着我本应该从事除基金管理人以外的任何职业。

1. 把自上而下和自下而上的投资结合起来，以谋求最好的结果

在投资界，关于自上而下的投资风格相对于自下而上的方法的优势的讨论一直存在。

支持自上而下的投资的人关注全球经济或主题趋势，并寻求投资于将从中受益的企业。拥护自下而上的方法的投资者关注的是单个公司的价值，他们希望随着时间的推移，这些公司会因其独特的产品或特殊的市场地位能够胜出。他们声称很少关注更广泛的经济背景。

我认为最好的办法是把两者结合起来，但要认识到，在经济和市场周期的不同阶段，应该分配给其中的一方更多的权重。毕竟，在一个理想的世界里，我们都会选择创造这样一个投资组合：投资组合中所包含的公司可以受益于有利的经济条件，同时也拥有强大的市场地位和独特的产品！

我总是对当前和可能的未来经济状况抱有自己的看法，尽管这些看法并不总是正确的，我仍会希望确保我的基金总体头寸与这种看法保持一致。因此，如果我认为英国消费者将享受一段收入强劲增长的时期，从而可能会增加支出，那么我希望在零售商、酒吧公司和住宅建筑商等方面有良好的敞口。这并不是一蹴而就的。然后，我将尝试从这些集团中识别出那些能够借助独有优势来获取尽可能高回报的公司。这就是把自上而下和自下而上的投资方法进行结合的例子。

在周期的大部分时间点，如果我在一个我并不特别喜欢的行业中发现了一家真正出色的企业，我仍将准备进行投资，因为我认为，这家企业的卓越品质将弥补一些微不足道的宏观或经济因素的欠缺。

所以对我来说，投资就是把这两种不同的方法结合起来以得到最好的结果。这里有一个警告，那就是，如果你真的认为我们正处于经济周期的一个主要转折点，那么自上而下法应该主导你的思想。举个例子：如果我们正走向衰退，即使是最弱的公用事业公司也可能比最优秀的建筑商做得更好，原因很简单，那就是它更容易受到经济背景的保护。

在这些情况下，自上而下的投资法的权重应该高于自下而上驱动的股票选择的影响。幸运的是，这些戏剧性的转折点并不经常发生，但在1999-2000年、2002-2003年或2007-2009年（仅举几个这样的时刻），市场上的任何人都可以保证正确对待这些转折点的重要性。

2.你有理由可以同时成为一个价值型和成长型投资者

在我的职业生涯中，我一定被问过无数次："你是价值型投资者还是成长型投资者？"答案是："为什么我不能两者兼备呢？"

我一直不明白为什么这么多人把它们视作相互排斥的投资风格。如果我能够确定一家具有良好长期增长前景（成长型股票）的公司，我当然也可以确定一家尽管存在潜在的短期问题但从基本面来看是被低估的公司（价值型股票）。毕竟，在进行任何类型的投资之前，必须满足的先决条件是将市场对企业的估值与公司的长期前景联系起来。如果不这样做的话，就相当于是说公司的估值不应该被引入到投资决策当中，显而易见，这是非常荒谬的。所以，例如一家公司正在以未来收益25倍的价格进行交易，显然这是昂贵的，但如果你真的确信从长期来看，这家公司可能产生15%-20%的复利收益增长率，那这个价格就代表了一个令人信服的价格。这是一家成长型企业、价值型股票，或者更合理地说，是一家具有良好估值的快速成长公司吗？

对准备投资的公司类型保持开放的心态，可以拓宽投资机会的范围，让投资专业人士有机会在预期市场环境会发生变化时调整投资组合的平衡。如果你认为市场将专注于高增长的股票，那么确保这些股票在基金中得到了很好的体现；相反，在经济周期的早期阶段，"价值型"股票通常会有自己的价值，你需要对这类公司有良好的敞口，才能让基金表现良好。如果一名基金管理人出于哲学上的原因决定只投资于其中一种类型的公司，这只是限制了他在经济和市场周期中表现良好的能力。你为什么要这么做？

我曾有过因为做错了而表现不佳的时期，但我从未接受过这样的说法，即"我是一个成长型投资者，所以我表现不佳是因为市场青睐我不投资的价值型股票"，尽管它在投资界很常见。我从来都不明白为什么这么多的客户和投资顾问会接受这一点。当然，基金管理人的工作是在各种条件下表现出色，而不仅仅是在一切都对他们有利的时候。

总之，作为一个个人投资者，你不需要试图年复一年地打败市场和竞争对手，因此，如果你个人倾向于投资成长型公司，或低迷且不被看好的股票（价值游戏），那么你就选择你最了解的股票。

3. 只有在你能识别出超额表现的来源时才买入（或者持有）

如果你投资一家公司，希望其表现优于市场（就像一个专业投资者一样），超额表现只会来自少数几个方面：

- 在很长一段时间内，公司的利润增长会比市场快吗？
- 公司是否会被市场重新正面评价？
- 公司是否会带来积极的惊喜，比如利润高于市场预期？

超额收益的来源可能是一个家喻户晓的品牌、出色的市场地位和全球影响力，但如果它至少不能做上述三件事中的一件，那就不要投资它。你最好买一个指数跟踪基金。

在一个理想的世界里，你发现一家公司能做到这三件事，然后你就能赚到真正的钱。然而，这样的公司很少，而且很遥远。

如果你理解当初为什么买入股票，那么你也可以对何时卖出股票做出明智的判断。问问你自己：你当时为什么要买入？如果你足够聪明，能够识别出一家被低估的廉价公司，随后股票又重新定价到了市场平均水平，从那之后，你又可以做些什么呢？它实现你当初买它的意图了吗？如果你认为被低估的股票复苏这种情形已经奇迹般地将其转变为下一个伟大的成长型股票，那你就掉进陷阱了。很有可能这是一只复苏的却又仅限于复苏的股票。卖掉它，用这些钱做些更好的事情。

4.公司的胜利并非偶然，也不会永远持续

我总是喜欢一直持有赢家，放弃输家，这是有充分理由的。公司赢得胜利并非偶然，这总是有原因的。它可以是一个伟大的产品、一个高质量的管理团队、一个有利的经济形势、一个有利于它们的结构变化，或者是所有这些的某种组合，这就是为什么做得好的公司往往能长时间保持良好状态，直到某些因素发生变化。

当然，反过来也是对的：如果一家企业因为经营不善、面临富有挑战性的经济背景、市场地位薄弱或者处于一个衰落的行业等原因表现不佳，如果没有一些根本性的改变，它不会神奇地开始表现得更好，这是我以后要谈的话题。

然而，永远不要忘记，即使是获胜的公司通常也不会永远胜出——因此，不要对长期持有的和深受喜爱的（通常是因为它们的价格上涨）投资沾沾自喜。不管你何时或以什么价格买到它，正确的问题（按照规则3）应该是："在今天的价格、今天的情况下，我将从哪里得到回报？"

5.在大多数情形中，经济形势会取胜

永远不要忘记，大多数企业至少在一定程度上会被其经营的总体经济形势

所影响；即使是一家普通的企业，如果在顺风顺水的情况下经营，也可以让它看起来像一个伟大的企业，直到这种情况发生变化。

如果你感觉公司所经营的行业或部门的交易环境可能会变得更加困难，那么请注意，只有真正出色的企业才能扭转这一趋势。疲软的经济背景通常需要花费大量的时间才能过滤出一家公司，但最后也总是可以得到结果。所以，请注意以下语句："尽管我们行业的条件更具挑战性，但我们的业务复原力强，而且继续表现良好。"这可能暂时是正确的——但最终，在大多数情况下，经济形势会胜出。股市喜欢快速波动，但现实世界需要更长的时间！

6. 当心这些迹象，可能该卖出了

要想在一个良好的时机卖出，你需要发现那些在未来可能会影响公司的问题，在它们被公之于众之前发现它们，即使这些问题只是表明，尽管公司前景不错，但该公司的估值已经过高了。

显而易见，这并不容易。然而，如果你准备去看的话，通常会有一些蛛丝马迹：

- 对于那些有会计偏好的人来说，要去寻找那些意味着利润增长不乐观的迹象：现金流萎缩或准备金的使用增加都是很典型的早期警示迹象。

- 分析公司报表中所使用的语言。根据我的经验，当公司的一切都运行良好的时候，公司的报表是清晰、简洁的。相比之下，存在一些令人担忧的情况时，报表会变得更长、更不具体、更模棱两可——好像几乎每个词的作用都在提交书面报告之前被权衡、检查和重新考虑过一样。公司的首席执行官并非偶一为之。

- 注意那些看起来不符合商业策略的奇怪决定。如果一家有着长期强劲系统增长历史的公司突然开始进行并购，问问自己这是为什么。这可能是出于合理的战略原因，但同样也可能是因为该行业的增长潜力将很快放缓。总是会有原因的。

- 想想为什么在一家成功的企业里，一位备受尊敬的首席执行官决定辞职。这绝对可能是长期退休计划的一部分，也可能是为了有机会进入更大的公司。然而，你需要问问你自己：如果你是这位首席执行官，你认为你的公司在接下来的几年会有非常光明的前景，公司的股价很可能会出现大幅上涨，你还会辞职吗？首席执行官通常会对何时离开或者何时进入一家公司有一个良好的判断，所以把这个记下来。

- 之前我已经谈到了宏观经济，但如果你看到与你所持有的投资处于类似行业的公司的报表流露出越来越谨慎的态度，不要忽视这个情况。即使你所投资的公司宣称所有的事情都进展良好，低谷到来、对它们形成侵蚀也可能只是时间问题。最弱的公司最先感受到这一点——但总体而言，一个行业的低迷最终将影响到所有公司。

7. 永远、永远、永远不要担心反弹

永远不要仅仅因为担心股票在你卖出后会反弹而决定继续持有有问题的股票。一旦你卖出了，你在这只股票上就不再有任何经济利益了，所以无论它发生了什么都与你无关。重要的是，你如何使用卖出股票所收回的资金。如果你卖出了某个事物，随后它的价格翻倍了，但你已经把卖出的资金再次投到了某个价格翻3倍的事物之上，那么你就做出了正确的决策。

专注于眼前即将发生的事情，而不是过去已经发生的。

8. 动量投资出了什么问题

加入欧德共同基金后不久，我记得公司的一位量化基金经理（他的脑子有

一个小星球那么大）曾问过我关于投资风格的问题。他对我的方法描述得很不恰当，之后，他这样评价："好吧，那你不就是一个动量基金经理吗？"然后走开了。

定了定神，我想了一下："好吧，我真的不'只是'一个动量基金经理——但即使我是这样的人，它能起作用，那又怎样。"

定义是什么动量是非常重要的，因为有两种类型迥异的定义。

第一种观点认为，有积极价格动量的股票（股价正在上涨）倾向于在接下来继续表现良好，所以上涨的股价本身也是一个良好的买入信号。相反地，有消极动量的股票（股价正在下降）应该被回避。这背后的想法是，这个城市充满了非常聪明、见多识广的人，因此，如果他们准备以更高的价格购买一只股票，从而创造积极的股价趋势，那么这一定是一个企业经营良好的信号。相反，如果这些聪明的人准备以更低的价格卖出一只股票，那一定是有麻烦的迹象。

毫无疑问，如果一只股票在股价图上从左到右有非常良好的股价走势，那么买入、持有这只股票能够给你一种温暖的感觉，但是请记住，呈现这样图表或动量模式的股票总是有一个非常可怕的习惯，那就是会在你意想不到的时候崩盘。如果你只根据股价的动量来做决定，至少要弄清楚是什么原因导致了股价的上涨，这样你就有机会弄清楚股价的走势。

在同样的谈话中，人们还会经常谈到另一种动量形式——利润动量，这种形式往往更有价值。这种观点认为，如果一家公司公布的利润高于市场预期（在其他条件相同的情况下，股价会上涨），它很可能在一段时间内多次出现这种情况。反过来也同样成立，一个负面的盈利预警常常导致另一个负面的盈利预警。

这在一定程度上反映了人性：如果一家企业拥有强劲的交易势头，那么自然的保守主义表明，它不会立刻在利润预测中得到充分反映。反之亦然：如果一家企业表现不佳，人们会有一种自然而然的倾向，即认为事情会有所改善，即使并不存在明确的理由可以说明为什么应当改善。这可能导致利润预期建立在过于乐观的前提之上，不可避免的结果是，在利润预期达到基本水平之前，必然会出现不止一次的股价下调。你很难看到这样的交易声明:"公司业绩表现不佳、交易环境艰难,没有机会得到改善了。"尽管在许多情况下,这会是对前景的现实评估。

从更长期的角度来看,市场分析师倾向于假设市场会出现均值回归:快速增长的股票将会放缓,表现不佳的业务将会复苏。当然,如果这些趋势本质上是结构性的,那么可能多年内都不会出现均值回归——因此,一次利润的预期上升会导致下一次利润预期上升,一家业绩疲软的企业则会经历一系列的预期下降,对股价产生相应的影响。

对利润动量的识别可以成为你"军火库"中的有效工具。如果你打算使用这种技术,试着尽早发现这一趋势,因为随着市场上越来越多的人开始预期到这一趋势,利润上升预期的力量会随着时间的推移而逐渐减弱,直到价格中已经涵盖了下一次利润上升的预期,趋势已经完全建立。当然,这并不是说这样的公司一定不会是一笔成功的投资——只是你需要一个不同的理由来继续持有它。

9. 管理层的确很重要

企业变革往往能提供最佳的投资机会。我说的不是经济环境的变化——尽管它们总是很重要——而是公司内部的变化。

在业绩不佳的企业中,更换首席执行官通常是走向复苏的第一步。看看即将上任的首席执行官的履历。他过去是否有成功建立或改善企业业绩的记录?如果是这样的话,他很有可能再次做到。时机决定一切,不仅从投资的角度,而且从新CEO的角度来看也是如此。也许他们已经确定了公司业务的关键问题,并且相信他们能够解决这些问题;他们对这个行业非常了解,这也许表明形势即将好转。管理层变动常常发生在周期的底部,这并非巧合。

业绩不佳的企业更换首席执行官并不一定能够保证成功,但肯定会引起投资者的兴趣。对这样的企业进行投资,所获得的回报可能是巨大的。随着复苏的逐渐展开，利润预期出现上升，随着投资者对公司前景的信心开始增强，公司的评级也会随之提高。这些的结合可以导致股价的巨大反转。

时刻注意变化带来的机遇。问问你自己，公司的潜在问题是否是由公司自己造成的以及是否可以得到解决。如果是的话，是否有过往的业绩记录可以证明新上任的管理层能够带领企业做出必要的改变？

10. 了解你自己

我一直认为，基金经理了解自己的长处、短处和行为模式是非常重要的，尤其是他的短处。如果你知道自己的长处和短处，你就有希望扬长避短，避免重蹈覆辙。

比如，我知道我总是对业绩缺乏耐心，所以不得不尝试和抵制经常改变投资组合的诱惑。我很擅长发现潜在的麻烦，通常在它们浮出水面之前就有警觉，但因此我也需要尝试避免对虚无缥缈的事物做出过度反应。

保持谦逊，避免傲慢。当一切进展顺利时，你可能会觉得这是世界上最好的工作——你的基金表现良好，你的信心高涨，你会想："还有什么可能出错呢？"任何一件事情都可能出错！没有人可以一直做对，下一个问题就在眼前。如果你能在一切顺利（或糟糕）的时候保持头脑冷静，你就有更好的机会做出正确的投资决定。

总　结

在我刚搬到伦敦成为一名专业基金经理的时候，我当时的老板对我说："阿斯顿，你要明白，从事这份工作，当你在排行榜上垫底的时候，你会担心被解雇，当你在排行榜上名列前茅的时候，你会担心自己排名垫底。"从将近25年的基金经理生涯退休后，我可以有把握地说，他是对的。

至少，作为一名个人投资者，你不需要承受业绩所带来的持续压力。这让你可以奢侈地以最适合自己的投资时长和习惯进行投资。虽然我希望对我有用的一两件事对你也能有所帮助，但实际上并不存在正确或错误的投资方式。找一种适合自己的方式，然后坚持下去——享受在股票市场中投资的乐趣。

凯瑟琳·布鲁克斯

Kathleen Brooks

    凯瑟琳·布鲁克斯是伦敦金融城指数（City Index）的研究总监。她专门从事外汇市场的研究，并在研究中综合使用基本面分析和技术分析方法。她是《凯瑟琳·布鲁克斯谈外汇市场》(*Kathleen Brooks on Forex*)和《傻瓜式货币交易》(*Currency Trading for Dummies*)的作者，经常在全球媒体上发表文章。她有十多年的零售交易经验。

数据只有在
能够提供更多关于市场运作方式
或资产价格走势的信息时,
才是有用的。

完成五项修正，像最佳交易员一样交易

1. 照看好的你交易设备

这听起来似乎是个奇怪的规则，但随着移动和平板设备交易的激增，在开始外汇市场交易之前，你需要确保你的设备处于最佳状态。设想一下，如果你持有一笔多头头寸，市场走势与你的持仓是一致的，你正坐拥1 000美元的账面利润。你决定进行平仓操作来锁定利润，然而就在你尝试结束交易的关键时刻，你的系统崩溃了，或者你的设备断电了。这是非常令人沮丧的，而且代价可能非常惨重，尤其是如果某些突发消息改变了市场的走向，导致你的交易走向失败。这种情况确实会发生，对于优秀的投资者也不例外。

如果交易是你的爱好，并且你在"现实生活"——工作、上班通勤、接孩子放学——的间隙也在进行交易，那么永远做到以下几点：

- 如果你计划当天使用手机或平板电脑进行交易，请确保你的手机或平板电脑已经充满电；

- 准备一个备用的充电器，如果你的手机没电了、急需充电时就可以用上；
- 确保你的手机有足够的存储空间来存放你正在运行的应用程序或程序（注意运行股价随时变动的大型图表软件会占用大量的手机空间，并且很快就会把手机的电量吞噬殆尽）；
- 使用止损工具，尤其是你在使用移动设备或平板电脑进行交易时，确保电力不足不会让你的账户损失惨重。

2. 成为一名哲学家型的交易员

有时，我们需要阅读的并不是最新的经济学书籍或者MBA案例研究，有时，需要阅读的似乎与金融市场无关。例如，我发现一些东方哲学家给了我关于在外汇市场进行交易最有意义的启发时刻，我写了两本关于外汇的书！孔子的学说中说，世界本质上是不断变化的，宇宙是随机、难以控制的，人是不断进步的。我将这些想法应用到外汇市场中：

1. 每日交易量达到5万亿美元的外汇市场总是处在不断变化的过程中，并且它的变化方式并不总是和我精心设计的交易计划一样。这就是为什么我会把任何一笔交易中的一小部分拿出来冒险，而把重点放在交易计划上。

2. 因为市场是规模宏大、反复无常、不留情面的，所以如果我没有成功抓住一个交易机会，我不会强行跟进。一个好的策略是等待市场回调，然后抓住时机在一种货币上做多，这样就可以以一个诱人的价格进入交易。由于严格地坚持这条规则，我错过了一些在外汇市场赚钱的机会。然而，我如果总是根据市场的情绪进行交易，我知道我会比现在损失更多的钱。此外，通过决定什么时候进入一项交易，我在笨拙的外汇市场上掌握了一点点控制权。

3. 孔子会说，你说你自己有强迫症、嫉妒心强或者有同情心，以此尝试对自己进行归类，是徒劳无功的。在不同的时期，我们都会是这样的人，也许远不止这样。这就是为什么我从不承认自己是某一种类型的交易者，尽管按照惯例，我们应该把自己界定为某种类型的交易员。我们要么是技术交易员，要么是基本面交易员，要么是数据分析师。我想说，我三者皆是，有些时候又三者都不是。我发现，随着时间的推移，我需要对我的交易风格进行调整。有些时候，尤其是在市场平静或者进行区间交易时，我决定使用技术型策略；有些时候，当一些地缘政治事件例如美国总统大选即将到来时，我会选择以基本面方式进行交易。有时，我会利用利率，有时我会利用预测模型，还有些时候我会用到以上所有这些方法。以上做法对我很有效，我将坚持下去。

3. 睿智地使用数据

技术对交易的影响不可低估，这就是为什么外汇市场中会发生零售交易。技术也为交易员提供了大量的数据，这其中包括了大数据和小数据。当我们面对数据的海洋时，无论是多年前的历史价格、外汇或资产类别之间的相关性，还是多个输入值的回归模型，在使用之前都要问问你自己："通过这些数据，我想要了解什么？"

数据只有在能够提供更多关于市场运作方式或资产价格走势的信息时，才是有用的。我遇到过的最聪明的外汇交易员之一是一位拥有高等数学和科学学位的统计奇才。然而，他给我的最好建议是，先把数据绘制成图表。如果你想知道挪威克朗和原油价格之间是否存在关联关系，首先画出来。这样做，你可以直观地判断两者之间是否存在关系。然后，借助于绘制出的图表，你可以在不同的时间尺度上看到两者的关系，并决定它是否值得进一步分析。

另外，我想对那些可能被大量的统计分析吓跑的人说，不要害怕。图表通常会告诉你你想知道的东西。例如,英国于2016年6月投票脱离欧盟之后,英镑兑美元汇率和富时100指数(FTSE 100)在图表上呈现出明显的反向相关性。每当富时100指数似乎再次创出新高时,精明的交易员就会抛售英镑。

虽然这种关系并不是永久的,但它存在了几个月。借助它,交易员就不需要花费宝贵的时间在复杂的回归分析上来做出决定。虽然有时复杂的数据建模是必要的,但可以利用数据来确定简单的关系,并根据你的发现进行交易。

4. 对模型进行尝试,但要知道自己的极限

上学时数学并非我的强项,但很快我就认识到,如果想真正地了解外汇市场,我必须对我的数学技能进行温习。外汇市场不仅有规模巨大、流动性强的特点,我还发现,在这个市场,那些拔尖的人更偏向于详尽的数据分析,这也正是我非常渴望去学习的东西。因此,我开始钻研怎么建立数据模型,明白了什么是回归分析以及怎么完成回归分析。我建立的第一个模型研究的是不同国家之间利率差异的变动会对外汇储备产生什么样的影响。这是一个简单的回归模型,需要输入一个值,然后根据输入值决定一国货币的走向。

我在这个模型上付出了很大的努力,所以当它开始输出数据时,我非常高兴。我记下所研究货币的走向(我研究的是USD/CAD汇率),但似乎我得出的结果总是错误的。这很让人沮丧,但我并不愿意就此放弃。我决定建立一个更为复杂的模型,这一次所要预测的变量是美国非农就业月度报告(the monthly US Non-Farm Payroll report,NFP)。我引入了4个输入值来对NFP数据进行预测,如果我可以预测出NFP数据,我就可以把它和经济学家的预测进行比较。如果我预测的数值更大,那我的交易头寸将是美元多头;相反则是美元空头。第一个月,我的模型完完全全失准了,但没有一个经济学家准确预测到了,因为那个月的NFP数值出奇的低。下个月我成功了,我预测数值将会变大,美元会出现反弹。然而,反弹没有持续太久,我的交易并没有获利。

究竟哪里出了差错？我过于信任我的模型了。就像货币不会仅仅因为利差而出现反弹一样，NFP数据也不会总能引发美元的长期反应。我从上面的事情中学到的教训包括：

- 货币市场非常庞大，不可能只有一个驱动因素。
- 模型是非常有效的，但不应孤立使用。
- 确保你的交易是符合大环境的。
- 在交易时，你不应该只运用你的直觉，同样的道理，你也不应该只使用模型来进行交易。

交易员为自己建立的大多数模型关注范围往往较窄，我说的不是数十亿美元对冲基金使用的复杂算法。当你在一个像外汇市场一样有深度、流动性强的市场进行交易时，你的关注范围不能太窄。你需要记住，货币有多种驱动因素，这其中包括经济数据、地缘政治因素、中央银行以及纯粹的供求驱动因素。除非你的模型包含所有这些因素，否则就把模型视作整个市场版图的一部分，而非整个市场。另外，如果模型不能为你所用，不要害怕丢弃它。

5. 外汇交易适合你吗

这个问题是外汇交易新手和那些已经进行了一段时间交易的人都比较关心的，你需要对自己诚实。使外汇交易如此独特、令人兴奋、有时甚至有利可图的因素，也会让交易员感到不安、困惑，最终会赔钱。

外汇市场的独特之处在于，你可以做多也可以做空一种货币，你可以利用杠杆进行交易，你可以进行保证金交易，你可以放大你的最终利润和损失。对于一些交易员（通常是那些有严格的风险管理计划的交易员）来说，这可能是令人兴奋的事情，而且他们永远不会在任何其他市场进行交易。对有些人来说，他们根本不适合外汇交易，所以他们最好就此打住。第二种人应该找到最适合自己的市场，而不是坚持在自己不喜欢的市场中进行交易。

尝试某件事，却发现它并不适合你，这并不遗憾。这就是为什么我告诉那些刚进入外汇世界的初学者从小开始，我建议使用模拟账户进行几次尝试之后，用你的钱真正地去感受一下它是什么样的。一旦你进入了一个实时账户，确保你只使用了一小笔钱，确保你能够承受损失，每次交易只使用10%的可用资本，并且不要尝试同时进行两笔以上的交易。通过这样的方式，你可以测试市场，尝试不同的策略。如果你觉得适合你，你就可以增加你的交易规模。如果不是，你可以在不对你的资产底线造成一定伤害的情况下安然离开。

如果你已经在外汇市场中交易了一段时间，并且正在经历一场特别艰难的失败，那就休息一下吧。这并不意味着你永远不会再进行外汇交易，一旦脱离市场，你就会有时间想起货币是拥有多重驱动因素的，也许你仅仅是过于关注某个货币或者某个策略，而遗漏了其他的某样东西。当你准备回到外汇市场时，你可能会发现，你已经摘掉了有色眼镜，可以更清楚地看到市场。即使是对经验丰富的交易员来说，这也是非常有用的。

迈克·布鲁克斯
Mike Brooks

迈克·布鲁克斯是阿伯丁标准投资公司多元化资产部的负责人。迈克于2015年加入阿伯丁，此前他在贝利·吉福德公司供职，担任分散化增长团队的投资管理人。2008年，他在贝利·吉福德和他人联合创立了多元化增长战略，在投资哲学和投资流程的发展、基金的持续管理以及客户基础的成功扩展方面发挥了主导作用。迈克于2000年加入贝利·吉福德，担任投资风险部主管。在此之前，他是荷兰全球人寿资产管理公司的量化研究主管。此外，迈克还是一位注册精算师。

不是所有可以衡量的东西
都重要，
也不是所有重要的东西
都可以衡量。

如何实现真正的分散化

1. 利用分散化的好处

分散化被描述为投资中的免费午餐。大多数投资者可以通过拥有分散化程度更高的投资组合来显著提高他们的长期回报和/或降低风险。这在我们目前所处的富有挑战性的投资环境中尤其重要,而且很可能在未来数年也将如此。过去30年中支撑传统均衡投资组合回报的债券牛市可能已经结束,而这一趋势在接下来的几年里很有可能会转变为一种明显的逆风。

好消息是,投资者现在更容易获得范围更广的投资,这包括新兴市场债券、基础设施、房地产、高收益债券、贷款、资产支持证券、保险挂钩证券、市场贷款和飞机租赁等资产类别。分散化不仅能让你晚上睡得更安稳,还能提高投资回报,在市场恐慌时让你更理性地思考问题。

2.以长期的视角看待问题

长期投资听起来似乎是一种显而易见的策略,但令人惊讶的是,实际上很少有投资者采用这种策略。我们生活在一个信息过载的世界里,不断有关于短期宏观经济或收益数据的"新闻"。相信这些短期信息是重要的,我们可以成功地利用它们进行交易,这是一种难以抗拒的诱惑。

在现实中,这种短期新闻对于追求良好的长期回报来说,通常是有害无益的。忽视它,把注意力放在中长期的基本回报驱动因素上,会带来更好的投资决策和更高的长期回报。

3.忽视基准和大众

在我的投资生涯中,人们越来越关注相对于基准的风险以及与同行群体的比较,而比较的时间区间通常是在不到3年的时间里。这是根据指数基准判断投资管理人的自然结果。投资管理者想要管理他们被解雇的风险,而任命管理者的委员会想要管理的风险是他们做出的决定事后看起来很愚蠢。

然而,关键在于,这导致许多投资者忽视了一个关键目标:在管理资本损失风险的同时,创造良好的长期回报。

4. 采取务实的方法来承担风险

在过去的30年中,计算能力和数据分析变得唾手可得,随着这一进程的发展,投资行业越来越多地采用了风险模型。这导致许多投资者依赖于保守的模型,这些模型往往关注短期,并将投资风险视为可以通过统计精确衡量的东西。然而,当谈到投资市场的风险时,我强烈地认为,不是所有可以衡量的东西都重要,也不是所有重要的东西都可以衡量。

投资市场是由人类对事件的反应和其他投资者的行为驱动的。市场可以在短时间内从相对平静转向混乱。因此，对风险有前瞻性的看法更为重要。要清楚你能承受多大程度的损失以及投资的时限。考虑一下潜在的风险，以及你承担这些风险所得到的回报。

5. 利用非理性行为

影响投资者决策的行为偏差通常会带来一些最具吸引力的投资机会。利用这些机会的能力将取决于灵活的投资方式和采取反向操作的毅力。一个分散化的投资方法可以帮助你确保在最初的市场下跌中不必遭受大多数投资者所遭受的痛苦，因此，在心理上可以更有准备地弥补自己的弱点。这也意味着你有更多可以利用的机会。

6. 对新的观点持开放的态度，但要保持适度的怀疑

一些投资者把自己封闭在自己的投资方式中，不接受新的观点。同时，其他人可能会立即跟风加入最新的潮流之中。对待新的观点，诀窍在于在这两个极端之间找到合理的中间地带。投资的世界处在不断的演变过程中，一些最富有成效的投资是那些非传统的、需要时间让其他人适应的投资。许多投资者在很大程度上扎根于传统投资，这些投资不会对他们的职业生涯构成风险，他们遵循着"没有人会因为买入IBM而被解雇"的信条。

但同样重要的是，不要仅仅投资于最新的投资故事。科技泡沫就是一个典型的例子，投资者相信"这次不同以往"，并放弃了正常的估值指标和投资规则。成功投资的关键是进行彻底的研究，并确保满足投资案例的基本要素。

7. 忽视短期表现

许多投资者会根据基金经理最近的表现来对其进行判断。然而，在实践中，短期表现更多地取决于运气，而不是技能。要了解技能，应该在5年或更长时间内对其表现进行评估。

学术研究表明，关注短期业绩会导致投资者解雇近期表现不佳的基金经理，转而聘用近期表现良好的基金经理。这样做的最终结果是，投资者产生了巨大的交易成本，但随后的业绩却没有得到改善。证据很明显：专注于短期业绩不利于你的财富积累！

8. 进行透彻的研究

投资是很容易的。知道你在投资什么则完全不同。寻找研究能力具有一定广度和深度、可以做出合理投资决策的基金经理，与他们合作进行投资，这是非常重要的。

9. 在考虑费用时要明智

近年来，资产管理公司收取的费用一直承受着压力，在许多情况下也是如此。太多的基金管理人收取着高额费用，却不能增加价值，指数追踪器的兴起就是对此的自然回应。

然而，把婴儿连同洗澡水一起扔出去是有危险的。在股票和政府（或投资级）债券这些资产类别的长期前景并不看好的情况下，对低费用的过度关注限制了投资者对这些资产类别的投资。进入多样化资产类别往往需要付出一定的成本；通常，这个成本会在收益率前景的改善中获得充分的回报。因此，投资者关注的重点应该放在支付的钱所换回的价值上，而非单纯地考虑低成本。

10. 注意自己的行为偏差

在投资中，我们往往是自己最大的敌人。我们都倾向于受到各种行为偏差的影响，从而导致糟糕的投资决策。正如沃伦·巴菲特所说："投资是一件简单的事，但并不容易完成。"我们所能做的最好的事情就是尝试并意识到这些偏差的存在，并利用纪律性来减少它们的影响。

就我个人而言，我发现了一种分散化的方法可以避免我的大部分偏见。我可能会在自己喜欢的投资中过度押注，而当事情出错时，我又会后悔，进行分散化可以帮助我避免这样的情况。它也给予了我一种更大的能力，让我可以清晰地思考，从而在市场压力下捡到便宜。

大卫·布伊克

David Buik

  大卫·布伊克已经73岁。他是一对贫穷的加拿大夫妇的儿子,他的父母放弃了生活中所有的奢侈消费,把唯一的儿子送到了哈罗公学。但他没有用好自己的特权,所学习的所有学科三次考试都没有达到A。这使得他的父亲——加拿大太平洋轮船公司的常务董事——非常恼怒,后来,他只能无奈地很快安排大卫成为一家著名的商业银行的管理培训生,这家银行也是当时主要的证券发行机构之一——菲利普·希尔,希金森·埃朗格斯。他在这5年中所了解到的关于伦敦金融城的阴谋诡计,可能比他在金融市场中的另外50年都多。

  在PHHE任职5年之后,他每年的收入总和是950英镑,这并不足以支持一个小镇青年过自己想要的生活。当时,他痴迷于成为演艺经纪人的想法。与由格瑞德组织所有的伦敦艺术家协会进行了6个月收效甚微的谈判之后,他匆忙地接受了当时的货币经纪商RP 马丁 & 可提供的一份工作,而这个决定,是在他吃午餐时,在酒精的刺激下做出的,这份工作加上奖金一年可以赚到1 500英镑。而就在他同意加入这个经纪商的第二天，伦敦艺术家协会的CEO罗宾·福克斯、演员詹姆斯和爱德华的父亲向大卫提供了一份年薪2 000英镑的工作！大卫告诉他的父亲他找到了自己梦想中的工作，不会去RP 马丁工作了。他的父亲告诉他，如果他是一个信守承诺的人，他就必须去RP 马丁，如果不是，他就要离开这个家庭。大卫垂头丧气，几乎6个月没有和他的父亲说话。接下来的部分都是历史。

大卫·布伊克在其职业生涯中的大部分时间都在从事英国国内产品及其衍生品的经纪业务。他职业生涯的大多数时间都被用来建立小型精品业务——柯克兰-惠特克、伦敦储蓄机构，最终被卖给了戈德塞尔公司（EXCO）和货币市场机构，这些公司后来成为了普雷博·亚曼全球业务的基石。这些公司受益于70年代欧洲美元市场的发展成果，正是这个市场的发展最终导致了伦敦300家交易银行的倒闭、1980年外汇管制的取消和1986年的大变革。

他的主流职业生涯于1998年在东京结束，在过去的19年里，他重新塑造自己，成为伦敦金融城指数、坎特指数、BGC合伙人公司的市场评论员，最终与雄心勃勃的专注于中小企业业务的投资银行潘密尔·戈登公司进行合作。

'股权'这个词，
我只是会写而已。
但是否对它有一定的了解呢？
我所知道的一个拇指盖
就可以写得下！

大卫·布伊克

对伦敦金融城生活的反思

我非常希望这一章被编排在本出版物的末尾。我必须承认，我并没有很多关于股票交易/研究领域的知识，也不是投资策略方面的老前辈。我本身并没有什么投资规则可供分享——但或许通过回顾在金融领域内和围绕金融领域长期工作的经历，专注于其中一些特别重要的时刻，一些小小的经验教训就会自然而然地出现。

由于在学校里没有取得任何学术成就，我被放逐到当时城里一个主要的接收机构——菲利普·希尔，希金森·埃朗格斯——寻找我的财富，这家机构的超凡能力在新闻和并购活动的世界里非常有影响力。我花了整整5年的时间来学习商业的各个方面，直到我无法再在那里待下去。我被引诱到围绕着相对不为人知的货币经纪世界的蜘蛛网中。欧洲美元市场在20世纪70年代见证了300家银行开办了办事处，它的出现、1980年的外汇管制取消以及随后的大变革见证了我在这个行业建立一些小型的公司。我参与了Exco国际的外围业务，该公司于1980年完成首次公开发行。最后我卷入了普雷博·亚曼的发展，在东京进行了最后一次"骰子"的投掷。我花了38年的时间来从事我的职业，在这个过程中我享受着巨大的乐趣，但却只获得了有限的成功。

1999年我在日本工作时，由于性格上的缺陷，再加上一场改变人生的悲剧和一点点好运，在合适的时间出现在合适的地点，我从一名严肃的国内固定利率经纪-交易商间业务的经理转变为一名市场评论员、历史学家。

当我在日本为普雷博·亚曼工作时，在经历了一段长期的挫折后，我忽略了日本的管理协议。永远不要直接告诉日本管理层商业生活的生硬事实，永远要恭敬地向他们提出建议！在一时的疯狂中，我忘记了第十一条戒律，在没有任何工作机会的情况下被匆忙地遣返回了伦敦。我处于失业大军的不幸地位迫切地需要立即得到改变。尽管我有近40年的工作经验，但货币经纪商还是对我的求职申请报以嘲笑的态度。

我听取了一位德高望重的"再就业"顾问的建议，他告诉我，他可能在9个月内就能为我找到某种工作。我的回答很简短："你只有9天时间！"之后，我收到了ICAP首席执行官迈克尔·斯班赛提供的伦敦金融城指数首席执行官职位的录用通知，主要职责是负责他们的市场营销与公共关系运营，但我必须承认，我对于他们提供的少得可怜的薪水感到相当失望。首先，同时也最重要的是，我不确定金融利差交易是否真的是我的专长。然而，一个乞讨者没有挑三拣四的资格。因此，我开始尝试在一个我以前没有相关经验的金融领域重塑自己。"股权"这个词，我只是会写而已。但是否对它有一定的了解呢？我所知道的一个拇指盖就可以写得下。

1998年，我加入了伦敦金融城指数，与此同时，迈克尔·斯班赛和马丁·贝尔沙姆任命了首席交易员刘易斯·芬德雷——他曾是桑瓦银行一名成功的债券交易员。他是一个富有想象力和创新精神的思想家，在很短的时间内，他在没有外汇敞口的情况下，通过对单一股份的报价将价格分散在单一股份中，将一个非常平均的价差下注函数变成了一个竞争激烈的价差下注庄家。伦敦金融城指数还通过对金融产品报价固定的赔率，增加了产品种类。

我在伦敦金融城指数逗留的时间并不长。坎特·菲茨杰拉德公司出现了一个将更有远见的观点扩展到价差下注的世界中的机会，这是近期"TMT"概念爆炸所带来的。坎特·菲茨杰拉德驻伦敦首席执行官李·阿迈蒂斯一直热衷于价差下注。他还准备用资金来支持自己的判断，尤其是随着在线交易的逐渐发展。坎特指数是行业内首家设置最大跌幅的指数。

我一直不确定自己将在伦敦金融城指数的推广和公关方面扮演什么角色。然而，我很早就意识到，价差交易的资金流是相当可观的，也许电视、广播和报纸会从中获得一些见解。1999年，伦敦金融城指数与包括经纪商和银行在内的金融知名机构的联系是相当有限的。尽管如此，IPO市场仍然呈现一片火热，一个接一个地冲击着市场。Freeserve、Logica、ARM Holdings、Durlacher、Autonomy等公司都来到了这个市场，并在它们无条件地在伦敦证券交易所上市之前，提供了创造"灰色市场"的天赐机会。学习曲线呈现垂直的形态，通常情况下，这些企业的水平被高估了，但在当时进行的价差下注提供了一个极佳的晴雨表，表明投资者将如何接受这些浮动。媒体的反应相当积极，因为没有多少人试图推广市场流动和市场活动的概念。

我和刘易斯·芬德雷、伊恩·詹金斯、蕾切尔·伍德福德于1998年12月从伦敦金融城指数加入坎特指数。有趣的是，我们的调动与1998年至2001年期间股市下跌和波动剧烈的时期不谋而合。在这段时间，财富被创造，然后又湮灭，这些波动主要发生在科技股、Sky、Pearson和Vivendi等媒体股加上沃达丰、英国电信（BT）、德国电信和O2等电信股之中。据我所知，这一时期至少诞生了12位百万富翁，他们中的大多数又把赚到的钱还了回去。许多人会想起，在2000年至2003年间，曾出现过大规模抛售，直到第二次海湾战争爆发。

坎特指数的发展不仅是我职业生涯中最令人兴奋的时期之一，也是信息最丰富的时期之一。尽管在中文中，坎特·菲茨杰拉德和坎特指数的定义之间的区别是非常清晰的，但我从坎特·菲茨杰拉德那些精明的专业人士那里学到的股市知识，比我在菲利普·希尔担任管理培训生的日子中学到的更多，而在这里的3年，我所吸取的知识比我剩下的55年所学到的更多。我喜欢把我收集到的宝贵的知识用于尝试把一个激动人心的故事尽可能生动地描绘出来，这个故事发生在自1986年金融大爆炸以来金融市场演变中最激动人心、最艰难的时期之一。我将永远感谢BBC、ITV、Sky、LBC、Bloomberg、CNN、CNBC、ABC、Channels 4、Channels 5和路透社多年来的赞助。如果没有他们的支持，我早在很久以前就被扔进了金融耻辱史的垃圾堆中！

尽管坎特·菲茨杰拉德1998年在英国并不是一个家喻户晓的名字——除了在国际债券和美国国债市场上的卓越表现——但它是伦敦一家非常高效的经纪公司，能够接触到华尔街的资金流动和活动，这家公司对我而言是物有所值的。很多经验丰富的专业人士都有很好的人脉——大卫·史密斯、比尔·米勒、彼得·阿涅利、丹·戴维斯、保罗·哈钦斯和强尼·哈利迪马上浮现在脑海中。当时，伦敦证券交易所聘用了克拉拉·弗斯担任首席执行官职位。她甚至懒得去和管理层接触，这就是她对那些不在顶层的经纪人的矛盾心理。她和她的管理团队完全低估了CF执行的业务水平。我将永远感激他们的智慧、忠告和知识。他们的贡献很大程度上为坎特指数提供了与IG Group、City Index和CMC Markets等公司竞争所需的动力。

在克服了我的"性格缺陷"之后，我现在必须面对我非凡的变革之旅的悲惨方面。当然，我指的是2001年9月11日，地点是康诺特酒店，时间是下午12时30分。我和我在坎特·菲茨杰拉德（现为BGC）的同事格雷厄姆·考德雷来到这里，与阿斯科特学院的课程办事员尼克·切恩、拉德布鲁克和热情洋溢的"公关之王"迈克·迪伦共进午餐。我们在那里讨论即将到来的圣诞节会议，这个会议坎特公司已经赞助了数年，拉德布鲁克以他们著名的跨栏比赛为当天的狂欢增添了生气。这个场合显然是欢乐的。格雷厄姆·考德雷下午2点准时离开餐桌去开会。

由于某种原因，我没有关掉手机。电话在下午2点05分响起。我很尴尬地接了电话。格雷厄姆告诉我，一架大型飞机撞上了世贸中心北塔（大约是波士顿时间下午1:46)。我不确定他是不是认真的,但他说话的语气和他坚持让我立即回到办公室的态度,足以让我非常不雅地匆忙赶回纽约市的美国广场。

我在回来的路上经过一家迪克森的商店,目睹了电视上对这一暴行的不断重播。我只是无法控制正在发生的事情。我知道这对我和在伦敦和我一起工作的成百上千的人来说是很私人的事情,因为坎特·菲茨杰拉德在世贸中心北塔的办公室在101–105层,而飞机撞击在这一层之下。658名员工、同事和朋友遇难。坎特的附属公司欧洲经纪公司位于84层,有64个不幸的人在废墟中丧生。货币市场非常兼容并蓄,尽管合约很紧,流动性却很强。跨公司之间相互关联的关系是多年来建立起来的。因此,从人类的角度来看,这种损害即使不是无法弥补,也将是持久的。

我终于在下午3点左右回到办公室,看到每个人都泪流满面地离开了大楼——有些人情不自禁地哭泣,充满了悲伤和痛苦。由于该事件可能对总部位于伦敦的公司构成威胁,大楼被清空了。就在一个多小时前,我们的美元和衍生品柜台上的联络员和世界贸易中心的同行们进行了一些绝望的谈话,谈话中充满了强烈的恐惧和不安的情绪。从熊熊的火海中传出了一声声绝望的呼喊。我们的伙伴们知道还在火海当中的人没有求生的希望了,他们所能做的就是把他们爱的信息传递给他们的家人,他们会为此伤心多年。那天下午,所有人都很痛苦,大家看得到。在这种情况下,人类是非常脆弱的。

我怀疑那天晚上没有一个职员睡过哪怕一眨眼的工夫。我们在脑子里翻来覆去地想,到底发生了什么事。第二天早上,每个人都怀着敬畏和恐惧来上班。股票和债券市场会处于什么样的状态?碰巧的是,纽约证券交易所以恢复秩序为目的休市,但稍后将对此进行更多讨论。你可以想象,摄像机和抓拍器成群结队地出现在大楼外。管理层都知道失去员工的痛苦程度,再加上他们有责任为复兴企业制定应急计划,这使我不得不向媒体发表讲话。

事后,我担心自己在十几个电视和广播频道前的表现会很糟糕。我发现很难做到不哭,尽管询问人都尽可能敏感地照顾我的情绪。随着早晨的到来,我意识到一种愤怒和怨恨的情绪已经激发了我们所有人。我们永远不会屈服于恐怖主义。让他们被定罪！几天里，哭泣的人随处可见，但朋友们的回忆却记忆犹新。在这个时候，大家的情谊达到了最顶峰。

在这场悲剧发生时，我们精力充沛、富有创新精神的首席执行官霍华德·卢特尼克恰巧第一次请了一天假，带着他的儿子去上学。感谢上帝，他活了下来。霍华德对重建坎特·菲茨杰拉德的贡献是无价的。幸运的是，华尔街刚刚经历了经济衰退，因此优秀的人才可以重建公司。

在伦敦，会计程序和技术已经得到合理的复制，正是在这里，李·阿迈蒂斯和肖恩·林恩的领导为这家经纪商之间的交易商重新站稳脚跟提供了重要动力。我从未做过比与这么一群杰出的同事共事更自豪的事情，他们不仅为企业的复兴而努力，还在为那些被愚蠢的恐怖分子野蛮屠杀的人们的家属的利益而努力。自那黑暗的一天开始，那些仍留在坎特/BGC的人仍然会流泪，但这场悲剧激发了人们无法想象的决心。

当时，多数观察人士关注的市场是股市。富时100指数在9月10日收于5 033点，在"9·11"事件发生时跌至4 750点，但在2001年9月19日回升至4 550点。纽约证券交易所在世贸大厦倒塌后不久关闭。当天道琼斯工业平均指数收盘于9 605点。交易所于9月17日重新开放交易。道琼斯工业平均指数跌至8 920点，这在当时是一个重大的波动。我记得波音的股价下跌了30%！不过，不到一个月的时间，道琼斯工业平均指数就回升到9 400点。

最后，幸运降临到了我的身上。2007年，在银行业危机爆发之初，我作为坎特指数发言人和市场评论员的职业生涯发生了改变。随之而来的经济衰退，加上严重的信贷危机，是1929年以来全球经历的最严重的衰退。它是由政府不称职、监管不完善、少数银行（但影响力非常大）的贪婪和贪心以及消费者的挥霍所引发的。这种有害的结合使世界经济陷入瘫痪。有经验和知识的人很少愿意发表评论。我就属于没有直接参与其中的那小部分人，但这些人对发生的事情和可能产生的后果有更多的了解。因此，媒体需要我。

5年后，经济歇斯底里的程度开始消退，但愤怒和怨恨并未消退。我的工作是在狂热的活动中运行的，这开始变得不适合像我这样年纪的人。当我进入暮年时，我转而在潘密尔·戈登公司担任兼职市场评论员，我很享受这份工作。让我尤其感到高兴的是，我可以亲眼见证帕特瑞克·约翰逊在将CEO的职位让与伊恩·亚克斯之前，把这家令人尊重的专门服务于中小企业的投资银行扶上正轨。他是卡塔尔和鲍勃·戴蒙德的代表，他们为这家公司注入了新的资本。对于像潘密尔·戈登这样的公司来说，这是一个非常令人兴奋的时代，它有着非常超前和创新的想法。

正如你所看到的，我的职业生涯一直像在坐过山车，但我非常享受这个过程。我可能不是世界上最富有的人，但可能是最满足的人。

罗比·伯恩斯
Robbie Burns

2001年，罗比·伯恩斯成为一名全职交易员，他辞掉了日常工作，每天穿着家居服、抱着笔记本电脑坐在起居室里。他负责《星期日泰晤士报》的"我的DIY退休金"专栏，还为ADVFN.com和《大师投资者》写每月专栏。他还写了一本日记，并在自己的网站www.nakedtrader.co.uk上列出了他所有的新交易。

罗比曾著有畅销书《裸体交易者》(The Naked Trader)，这本书已经出版了四版，还出版了两版《裸体交易者价差下注指南》(The Naked Trader's Guide to Spread Betting)，此外，他的首部小说即将问世。

罗比每年正常工作6天，其间他为交易员和投资者举办研讨会，教授他在市场上生存的方法。他拒绝参加投资者日、演讲、谈话等活动，因为他会想念自家阁楼上的钱。

罗比已经结婚，有一个12岁的儿子。他喜欢糟糕的舞曲、糟糕的电视，喜欢吃很多Twix巧克力条、吐司和果酱。（他的牙医开玛莎拉蒂。）

切下最上面的部分——
就像吃蛋糕一样,
总是会有人不断地烤出
新的一层。

裸体交易者

反叛者的规则

通常来说,我不喜欢规则。我想我喜欢表现得有点叛逆,这也是我成为交易员和投资者的原因之一。我还记得我做决定的那一天,那是在大约20年前的1998年。我坐在一间可以看到地毯仓库和A4马路美景的办公室里,我问自己:"这就是我想要的余生吗?"

(答案当然是:"不!")

所以我采取了行动。我通过一些小生意积累了资金,其中包括非常赚钱的《巴菲吸血鬼杀手》电话信息热线(我能说什么呢?这是20世纪90年代的东西)。当时我在英国天空广播公司(BSkyB)工作,下班后,我用桌上那台闪亮的路透社机器,尽我所能地了解市场。然后在2001年,我放弃了全职工作。

从那以后,我就再也没有回头看(尽管我最终做空了拥有那个地毯仓库的公司)。2002至2005年,我为《星期日泰晤士报》写了一个专栏——"我的DIY

退休金"，在这个专栏中，我设法做到了把40 000英镑翻倍，最后达到了80 000英镑。事实上，在我辞职之后的超过15年的时间中，我以自己的方式，在我的ISA和价差下注账户中运作了超过200万英镑的资金（每年只有很小数额的新资金被投入到这两个账户之中）。这个40 000英镑的DIY退休金最后也成长到了500 000英镑。

我很享受不必遵循别人的规则，因此我写了自己的第一本书《裸体交易者》（*The Naked Trader*），试图帮助他人也可以享受到我所拥有的自由。它的设计目的是让人们登上逃生梯的第一级。在首次问世之后的12年中，这本书已经经历了4个畅销版本——此外还有《裸体交易者价差下注指南》（*The Naked Trader's Guide to Spread Betting*）和我的交易心理学书籍《像鲨鱼一样交易》（*Trade Like a Shark*）。显然，我不是唯一一个寻求自由交易和投资的人。

然而，用交易或投资谋生的确可以带来自由，而我真的不喜欢遵循规则。事实上，你不能随意地进行交易或投资。当然，你也可以选择这么做——但你持续不了太长时间，而且看起来会像个彻底的傻瓜。当然，在你把毕生积蓄捐献给市场之前，没有比你更自由的了。

裸体交易

我来到这里并不是要宣传裸体交易的福音。通过投资来谋生有很多方法[1]。我刚刚找到了一种适合我的方法。它不是基于任何神奇的新理论。它不涉及任何令人眼花缭乱的技术，没有比那些像星际飞船一样的公司使用更多的发光屏幕。我不会整天坐在办公桌前，在电脑上买卖股票。（整天坐在沙发上看《风骚律师》是另一个问题。）

我想，如果你总结一下我的方法，你会把它称为中长期增长投资，重点放

---

[1] 我知道我被称为裸体交易者而不是裸体投资者，但我在进行交易时，我的确更像一名投资者而不是交易员。

在中小型企业上。但我不得不承认，写这样一句话我几乎要无聊死了，只有一杯浓浓的约克郡茶能让我苏醒过来。最终的结果是：

- 我喜欢有增长空间的公司（说得更有技术性一些，我喜欢那些估值在5千万至9.5亿英镑之间的公司，这些公司比富时100指数成分股有更大的增长空间，但我偶尔也会买入富时100指数成分股）；

- 我不喜欢有很多负债的企业（同样说得更有技术性一些，我不会买入负债数额超过3年税前利润或下一年度预计税前利润3倍的任何公司）；

- 我喜欢股利、利润和周转率呈现上升趋势的公司；

- 我喜欢上升趋势中呈现正向形态的股价趋势图；

- 我喜欢那些做有意义的事情并且业务能够被理解的公司，此外，最好市场对其产品的需求可能会增长；

- 我喜欢可以被轻松买入或卖出的股票（也就是说，拥有良好的流动性）；

- 我喜欢不是特别贵的股票（再一次技术性地强调，我喜欢公司市值或者说总价值不超过其利润的15倍的股票。我希望可以收回我的钱——然后再获得一些利润。以我的经验来看，任何超过15倍市盈率的股票要做到这一点都太难了），我有时也会在投资组合中加入一些"颠覆性"公司，这些公司虽然还没有赚到多少利润，但看起来将来可能会赚大钱；

- 我所投资的股票不能有任何疑问存在，如果有，我不会对它感兴趣；

- 我喜欢可以对顾客（和股东）快速做出回应的公司；

- 我对董事们的交易也不太在意（事实上，他们很可能完全被忽视，因为他们无关紧要或具有误导性），不过，如果一位董事正在按他或她已经持有的股票的比例购买大量股票，那么这至少是值得注意的。

（上面所提到的这些要点对于房地产、原油和能源类股票有例外情况，因为很多原因导致它们必须以特别的方式来进行处理，但现在没有时间讨论这个问题。）

基本上来说，我寻找的都是那些满足上面所有条件、不存在任何疑点的股票，我希望从每一笔交易或者投资中获得至少30%的利润。我也很乐意永远持有某一笔投资——尽管在此过程中，我会从这笔投资中把所获得的利润进行套现。我会用股利来覆盖我的交易和投资所产生的交易成本。

正如鲍勃·丁达所说，你应该"像豪猪做爱一样选择股票——非常小心"。我试图用这句话进行交易和投资。

所以我把所有的牌都放在桌子上，把我的规则放在下面。它们来自个人投资者，也属于个人投资者。尽管如此，我相信我的规则对几乎所有的市场策略都是有用的，当然那些荒谬的除外。

以下内容没有特定的顺序：

1. 不要用承受不起损失的钱进行交易或投资

它会让你变成一个糟糕的投资者——例如，当买入的时候，尽管时机成熟你也会因为不愿意接受损失而变得神经紧张（或者过于渴望快速卖出以获得利润）。这样做所带来的风险是荒谬的。我个人不曾做过类似的事情，但在写了几本畅销投资类书籍后，很多人写信告诉我，他们失去了他们的房子，破坏了他们的婚姻，做了各种各样可怕的事情，而造成这些恶果的原因，就是他们用了不能承受损失的钱。（不知道为什么，他们从来没有买过我的书，也没读过我的书——在他们跌到谷底之前，我的书明明随处都可以买到。）

2. 在买入股票之前，对公司进行足够的了解

找出所有关于它的东西。它最近在忙什么？有谁访问过它？它在周末做什么？它自己有什么可说的？你想要像大力士波洛一样对它进行完完全全的了解，

用你的笔记本电脑和光纤宽带。

3. 不要太匆忙地买入股票

永远不要追逐一只似乎已经走远了的股票。就像公交车一样，下一辆很快就会到来，追赶上一辆只不过是被车碾过的好办法。

4. 古老的股票市场格言流传下来是有原因的

及时削减损失、长期经营盈利的投资是个好主意。试图用手抓住一把下落的刀所导致的唯一结果就是，在你的余生中，你再也不能鼓掌或者系鞋带了（如果你尝试了，你的投资组合中不会有任何值得称赞的东西）。

5. 对别人的建议保持谨慎

（最后，是给反抗者的规则！兄弟，那些只是你投资路上的障碍！）基于他人的说法买入（或卖出）股票并不是一个好主意。你应该自己进行研究，自己做出决定，毕竟，每个人都有自己的意图。而且，挑选出一只成功的股票也很困难——基金经理、作家李·弗里曼–肖尔在他的著作《执行的艺术》(*The Art of Execution*) 中发现，即便是华尔街和伦敦金融城最好的股票，也有50%以上的时间会失败。没有理由认为别人比你强。至少，如果你已经建立了自己的加入理由，你就应该知道会发生什么——当事情超出预期时，是时候离开了。

6. 注意流动性

如果你持有一只小规模股票的头寸超过了3 000英镑，对它的市场交易规模进行检查（既然你在像大力士波洛一样用你的笔记本进行操作，这应该没什么难的）。如果股票的市场交易规模低于1 000英镑，之后你可能很难卖出它们。所以要保持警惕。

7. 如果一切都在跳水，穿上你的短裤

当整体市场跳水时——想想全球金融危机或者像2011年8月那样出现明显的问题，在价差交易账户中对富时指数进行做空可以成为弥补投资组合损失的一种简便方法，而不必仅仅因为每个人都在十万火急的状态下卖出就把投资全都抛售（当然，我不会这么做，这是裸体交易者之所以成为地球上最好的投资者的原因之一）。

8. 永远不要买入正在亏损的企业

我是说，你为什么要这样做？哦，是的，因为它可能会出现好转，利润就在眼前。的确，有时候它们是这样，但事实上，大多数时候，它们并非如此，有时候甚至是完全破产。

9. 像鲨鱼一样交易和投资，而不是像米诺鱼一样

我不喜欢把投资看成是一场充满阳刚之气、充满雄性激素的角斗——就我个人而言，我在投资时唯一要纠结的就是奇巧巧克力（KitKat）矮胖的包装——但值得记住的是，股票市场正经历着一场战役。投资是一个零和游戏。如果你获得了胜利，必须有某个人失败。相信我，世界上有大量的人希望你站在失败者的一边——最好是一直站在这一边。你必须记住这一点，然后进行交易或投资。不要做一个傻瓜，对事情保持怀疑，做一条鲨鱼而不是一条小小的米诺鱼

（一条相关的建议：只有傻瓜才会依赖过度的杠杆、快速致富的交易系统、电子公告板的建议、内幕消息提供者，等等）。

10. 注意确认偏误

确认偏误是指当你认为一只股票很好、没有人可以说服你的时候，你会非常喜爱它，然后忽视掉所有负面的东西。在买入之前一定要进行检查：我是否忽视了一些负面因素？最后再回去检查一遍：什么会导致股票价格突然下跌？

11. 对买入的每一只股票都做一个计划

现在如果某只股票出现下跌，我会迅速退出。下跌幅度达到了5%？那我可能就一去不复返了。用止损来作为这个情况的后备，基于目前的价格设置一个良好的止损点位。

12. 对矿业和石油勘探公司给予足够的谨慎

仅仅一份消极的报告就能使这些股票从矿井/钻杆上暴跌。在山上发现有金子，然而后来又发现，呃，并没有金子。我会完全避开它们。

13. 永远记住20世纪伟大的英国哲学家——琼斯下士的话

"不要惊慌！"

14. 切片是很棒的

顶层切片是指通过出售你的部分股份来获取你的部分利润进行套现,而让剩下的部分继续上涨(希望如此)。这就像吃蛋糕一样,你一直在吃,而有人仍在烤制新的蛋糕层,让蛋糕保持同样的大小,甚至可能变得更大。(这也意味着,如果蛋糕从桌子上掉下来,至少你不会饿着。)

* * *

好了,关于蛋糕的讨论到此为止。我要去享受以投资谋生的最大好处了。当然,那就是可以想什么时候吃一大盘蛋糕就什么时候吃。水壶已经打开——感谢上帝,我再也不需要应对老板的谈话(请不要让裸体交易者们看到这段话)。

理查德·巴克斯顿

Richard Buxton

  2013年6月，理查德·巴克斯顿作为英国股权投资部负责人加入了欧德共同全球投资公司的行列，并于2015年8月被任命为首席执行官。他曾在施罗德工作，在那里管理施罗德英国阿尔法加基金超过10年。在加入施罗德之前，他在霸菱资产管理公司工作了10多年。1985年，他在布朗·希普利资产管理公司开始了自己的投资生涯。理查德在2012年晨星公司OBSR颁奖典礼上被授予杰出行业贡献奖。他拥有牛津大学的英语语言和文学学位。

那些上帝想要毁灭的人，
会最先复活。
你做一份工作的时间越久，
你就越会意识到你知道的
还是太少。

投资是一门艰难但回报丰厚的艺术

2012年,在格罗夫纳酒店举行的黑领带颁奖晚宴上,我被授予了晨星OBSR杰出行业贡献奖,这让我感到很惊讶。第二年,我应邀在晚宴前说几句话,谈谈我从投资生涯中学到的东西。我根据一些潦草的笔记说了一番话,但在这里,我会努力将我当时试图向更广泛的听众简要传达的内容充实起来。

1. 投资不是一门科学——它是一门艺术

我喜欢做基金经理这份工作的原因之一是,它体现了两种真实的陈述,而这两种陈述恰好是矛盾的。一方面,"每天都是不同的"——但另一方面,"太阳底下没有新的东西"。

每一天都是不同的。你每天都将面对新的宏观经济数据、公司业绩、交易和新闻流的组合,不断变化的股价、债券收益率、货币价值,以及难以捉摸但至关重要的嵌合体——投资者情绪。根据定义,没有任何两天是一样的,你必须吸收新的信息，然后进行分析、思考、与同事讨论，并逐步调整你的投资观点。

即使是市场所关注的数据类型，也会随着时间的推移而发生根本性的变化。在我职业生涯的早期，债券市场随着定期公布的货币供应数据而起伏波动。这些数据现在是否还会被计算出来是值得怀疑的，但它肯定不会再影响市场。如今备受关注的数据往往是美国的就业数据，再加上对主要央行官员的每一个微妙措辞的极度详尽分析和解读。毫无疑问，这也会随着时间的推移而改变。

但与此同时，太阳底下并没有什么新的东西。显然，没有新发明、新技术、新公司、新竞争者、颠覆性商业模式和新的赚钱或赔钱机会。进行投资所面临的一个挑战是，新信息很多，可以帮助你了解你所投资的公司和行业的额外的东西也非常多——它们正在经历着多大的改变——因此，做出一个决定会面临被自己吓一跳的危险。信息过多会导致投资瘫痪。

你必须帮助年轻的毕业实习分析师克服的一个障碍，是他们在公司或行业的第一次启蒙笔记的持续扩展。他们非常正确地意识到，他们还没有足够的了解——有太多的历史和信息需要理解并纳入到他们的笔记中，缺乏对这些知识的了解，他们不可能得出投资结论或建议。在这时候，你就必须把他们温柔地带到一边，向他们指出总是会有更多他们永远也不会知道的信息。然后轻声告诉他们，这些信息看起来似乎披露了某些交易的秘密，但事实上，它们并没有多么重要——在刚开始的几个月，他们总是要拒绝接受这些信息。他们会明白的。

并不是说总有大量的新东西需要去发现。相反，在股票市场相对有限的历史中——银行业的历史略长一些——市场的基本驱动力并没有什么新的东西。

贪婪和恐惧是通常情况下都会提到的东西，它很好地概括了市场节奏中不可或缺的许多东西。牛市和熊市，市场情绪从兴奋到绝望再回到兴奋的循环，都被广泛地记录下来——而且这都是正确的。整个行业都致力于将投资者情绪指标（或风险偏好）与估值、资金流动、散户投资者参与度、并购或IPO活动等指标，以及GDP增长、企业利润和利润率等实体经济数据结合起来，试图确定我们在经济和股市周期中的具体位置。

历史数据令人恐惧，它表明，在高峰时期进入市场（或在低点卖出）的时机不合时宜，可能会让投资者在一代人的时间里一蹶不振。但反过来也同样适用，在市场或股票处于低位时进场，确实能带来惊人的高回报。因此，难怪这么多的注意力都集中在试图衡量"市场情绪"上，这种情况下，我们处在贪婪和恐惧之间。

这就是每天要吸收的大量新信息（"每天都是不同的"）与当今更广泛的周期性活动节奏（"太阳底下没有新的东西"）之间的二分法的核心所在。这项工作之所以如此引人入胜（也如此困难），是因为对新信息的日常反应过程的本质，使得保持必要的距离和视角来判断绝对估值是否仍然有意义变得具有挑战性。从长期来看，这项投资是否仍然具有吸引力？

这要求成功的投资者不仅要能够站在地面上，同时还要在30 000英尺的高度、以鸟瞰的方式观察市场每日动向，这是一个重要的挑战。这就是为什么，比如在许多公司特定的研究报告中，我也喜欢阅读主题或战略文章。观察的视角越长期，所得到的效果就越好。股票市场回报率的历史数据、以往经济和市场周期的经典著作，都是让你远离当前股价的巨大引力的重要读物。

在我职业生涯的早期，一位从事股票经纪业务的密友曾提到一位睿智的基金经理客户，据说他会把他收到的所有券商研究报告（当然是那些日子里打印出来的和交到手上的）都堆在一起，并等3个月之后才阅读这些报告。许多短期评论可能会立即被抛弃，更重要的是，许多建议已经不值得再花费时间，因为这些建议已经被新的事件所取代，因此，这种过滤过程使他能够专注于那些真正明智的想法。如果一个值得买入的投资案例在3个月之后仍然值得买入，那么它就值得进行更深入的调查。这个小故事也许是杜撰出来的，但这是与日常噪声和长期噪声保持必要的距离的一个最简单的方式。

在我的业余哲学中，我认为这种紧张关系就像以下事实，作为人类，我们发明东西很快，但发展却很慢。发明和技术创新的步伐快得令人难以置信，但人类行为的驱动力几乎没有变化。莎士比亚出生于1564年，而我则出生在1964年，我们之间大约隔了13代人。如果他可以以鬼魂的形式对今天的世界做一次访问，毫无疑问他会被21世纪的世界所迷惑。但他完全可以识别出人类行为、情感和行为动机——这就是为什么400年后我们仍会蜂拥观看他的戏剧。

对我来说，在短期和长期的观点之间保持平衡的关键，是要时刻记住人类的行为。毕竟，人类总会被成功的产品或服务所吸引，从而推动商业的成功。管理你投资的公司的将是人类，他们有着所有人类所共有的弱点、愚蠢和缺陷。此外，正是人类驱动了股票市场，即使我们越来越多地使用了人造技术。人群的心理、对于风险和回报的判断、贪婪和恐惧的驱动因素——你越能理解市场背后的人类行为，你就越能成为一个更好的投资者。

用基金管理巨头富达基金创始人爱德华·约翰逊二世的话来说："我知道这个行业不是科学，它是一门艺术。"

2. 不要过于依赖模型

我最喜欢的投资书籍是《金钱游戏》(*The Money Game*)，该书在20世纪60年代以"亚当·斯密"的笔名出版。在年轻同事开始投资生涯时，我都会送给他们一本《金钱游戏》，我已经记不清一共送出去了多少本。如果你还没有读过，我力劝你读一下，因为它有意地表达了许多奇妙的见解。这本书中曾说过："对数字的研究是理性的，是对真理的追求，而真理被称为价值……但价值只是游戏的一部分——而游戏是非理性的……当我们明白这一点时，我们就会表现得更好。"

在《金钱游戏》还在写作过程中的时候，计算技术的发展及其在投资上的应用还处于起步阶段，但电子表格有很多要回答的问题。显然，投资中会有大量的数字。我们仔细研究我们的模型，努力理解业务和财务杠杆，利用收入或利润假设来为利润带来好或坏的结果。它是那么有趣。

尽管这些模型非常重要，但要模拟出人类行为几乎是不可能的。即使是一个简单的公司预测模型也会存在危险，其危险之处在于，你的销售假设可能过于温和或平滑。如果某些事情发生了，它引起的变动不会仅仅是一个个位数。更糟糕的是，如果消费者受到冲击，他们可以将支出控制得比大多数计量经济学模型所预测的要快得多。某种天生的本能会被群体的本能所强化，使我们不能成为一个局外人，驱使我们在预测中增加人类的因素，无论其所带来的影响是积极的还是消极的。然而，一家公司命运的改善或者恶化程度，尤其是在它或者经济的转折点，总是比人们在电子表格计算单元中所能想到的要大得多。

建模是现代经济的核心，它推动了企业的支出、投资和招聘计划。它推动了财政部对经济增长和税收政策的看法，或英国央行的计量经济模型，后者为英国央行的利率决策提供了依据。央行和监管机构制定银行资本规则的模型，用来监管银行和保险公司的贷款损失或死亡率内部模型。

虽然随着时间的推移，这些模型的创造者确实在从经验中进行学习，并试图将这些见解融入到他们的模型中，但所有关于未来结果的模型的危险之处在于，它们都假设"事情发生了"。麦克米伦那句著名的话，"有事件发生了，亲爱的孩子，有事件发生了"，应该在每个数字表格编辑者的"耳朵"中回响。人类行为是非理性的。我们不可能精确地模拟出人类在未来的行为方式，或者对环境变化的反应。

因此，我的第二个观察，与第一个有关，是对模型的过度依赖保持足够的警惕——不管是公司还是经济的命运。避免出现完全错误而非大致正确的风险，正是模型结果的虚假准确性会导致这种风险。从模型中退后一步，以确保结果是合理的或有意义的。同样，大胆一点，在你的模型中加入看似巨大的改变——想象这样可笑的结果真的会发生。它们的确很可能会发生。

即使所有明智的模型都被用在了金融市场之中，我们仍然经历了2008年的金融危机，在这场巨大的金融危机之后，女王陛下仍然问出了这个问题："为什么没有谁预见到它的到来呢？"

女士，这真是一个公平的问题！

3. 不要让事实妨碍一个好故事

从童年时期开始，我们就都喜欢故事。即使你在成年后从未读过小说，你也可能会喜欢电视剧、侦探剧、肥皂剧、动作片或喜剧片。我甚至可以说，我们都需要故事，在我们日常生活之外虚构的小旅程都有结局，无论它们是好是坏。当我们从"现实"中解脱出来的时候，作为对叙事存在的确认——一段有始有终的旅程——它们帮助我们确信，我们的生活也在进步。我们的存在不是随机的，不像弹球机里的铬球一样，从一根柱子抛到另一根柱子上，在一个没有上帝的世界里，没有方向，可能也没有目的。

我们以线性叙事方式定义自己。在这里出生，拥有这样的父母，在这里长大，在那里接受教育，在这里工作，在那里遇到伴侣，等等。我们努力使我们的历史具有逻辑性和连续性，而不是一个个偶然的结果，否则，这种可能性就太可怕了。记忆是不可靠的，我们重写了我们的历史，把曲折、迂回和混乱变成了"我是如何变成今天的我，以及我将去往何处"的平稳旅程。我们必须感觉到我们完全控制着局面。

股票市场喜欢美好的故事。管理转变的故事、新产品创新的故事、商店或餐馆推出的故事、并购机器的故事、海外扩张的故事、已有基础重新创造收入的故事、世俗的增长故事、新式的故事、中国的故事、印度的故事、成长然后又萎缩的故事、合并的故事，等等。

作为一个投资者，重要的是要知道你买入的是哪个故事，这样你就知道市场会对哪个故事产生兴趣，并据此重新评估。你必须警惕管理层的故事何时发生变化。如果市场决定它一直乐于追随的故事已不再适用，那么要小心了。如果阴谋瓦解，它会严厉对待股票。相反地，你可以从一个非常好的故事的发展势头中赚很多钱。所以，要确定故事是什么，认出它是一个故事，不时地与事实交叉引用，但我的第三个观察——绝不要让事实妨碍一个好故事。

4. 股票市场是一种令人谦卑的机制

如果你曾经认为你已经破解了投资这个游戏，你的盈利数字很棒，媒体对你的正面评论很到位，而且，天哪，你真的很擅长这个——太棒了。市场很快就会给你迎头一击。

你的公司会出现利润警告，你没持有的股票将会被收购，你以高价出售的公司将会重新评估并重新评估到让你震惊的程度，你的廉价周转股票完全没有掉头的迹象。为什么市场不能看到其中的价值，或者不能理解其中包含的大量可笑的好消息呢？

这是市场在做它最擅长的事情——有时让我们所有人都变成傻瓜。但最特别的是，如果我们足够愚蠢，会以为自己在掌控一切。

我害怕媒体的报道，它们给我贴上了"明星基金经理"的标签，或者更糟糕的"摇滚明星经理"。那些上帝想要毁灭的人，会最先复活。你做一份工作的时间越久，你就越会意识到你知道的还是太少。

谦卑是无止境的，而且是至关重要的。

5. 不要进行过度分散化

诚实地承认你可能没有那么多好的想法，或者如果你足够幸运，确实获得了很多好的想法，那就专注于其中拥有最高可信度的想法。我建立了一个大约拥有35只股票的投资组合，但即使如此，它也可能会被描述成略微有些过于"松弛"——学术研究发现，当投资组合中的股票数量超过20只时，你就不再能享受到分散化所带来的任何额外的好处。但在投资组合中加入稍微多一些股票，让我可以睡得更好。这仍然感觉像是把所有的鸡蛋放在一个篮子里,并且非常仔细地观察篮子。

回顾过去,在我职业生涯的早期,我表现得过于积极。每天来到办公室的这个事实,让你觉得你应该去进行交易,以此表明你正在做一些事情。更不用提那些股票经纪人的声音了,他们就像汽笛一样,不断催促你买入这个或卖出那个。现在我喜欢什么都不做。让我换个说法。当然,你还是要会见你的公司、阅读结果声明、讨论研究报告并监控股价,但你不一定要进行交易或改变你的投资组合。

是的,股价的确在进行波动,对一位机灵的盯盘者来说,交易的机会的确可能存在,他也许可以在此刻卖出一些股票,然后在几周的时间内再以稍低的价格将股票买回来。但是,如果你从根本上喜欢一家公司,那么这类胡乱操作的风险在于,你在应该进行回购的时候并没有坐在你的办公桌前。看着你一直想真正持有的股票价格涨到月亮上去了,而你却没有买入,没有比这更糟糕的感觉了。在经过这么多年之后,我还是会经常犯因小失大的错误——为了几便士而尝试调整自己的进入点位,然后错过一波波澜壮阔的牛市行情,而这一切都是为了"巧妙"地调整自己的买入价格。

做到长期、有耐心、低周转,并抵制摆弄你的投资组合的诱惑。一个月过去了,而我没有进行任何交易,我会为此感到高兴——尽管这确实会给每月的客户电话会议带来了一些麻烦!不要做出拔掉花、然后给杂草浇水的事情:如果你的股票持续下跌,不要急于买入更多的股票,除非你真的重新审视了买卖情况以增强你对股票的信心。如果市场对它持反对态度,可能不会急于购买更多。更重要的是,不要急于持续地从你的成功投资中获取利润——伟大的企业可以不断地创造价值。我持有一些公司达到了十几年,对此,我很高兴。

在我早期的职业生涯中有一个阶段,我看着我的同事在服装零售商NEXT的股价在每股13英镑的位置摇摇欲坠时,建立了这只股票的重大头寸。在之后将这只股票以60英镑的价格卖出时,他们感觉自己就像英雄一样,接着这只股票的价格涨到了80英镑。

所以，让你成功投资的股票一直奔跑。

6. 如果你找到了和你相处得很好的人，那就坚持和他们合作

基金管理工作是孤独的，却又是拥挤的。

只有你自己一个人，用你的智慧和判断去对抗市场上其他人的集体智慧，这与成千上万人的观点背道而驰。能有机会用别人的储蓄来支持你的观点，这是非常令人兴奋和荣幸的。

公平地说，基金管理吸引的不仅仅是那些孤独的人、内向的人、古怪的人和"水果蛋糕"——我很高兴地把自己也包括在这些人中。也许必须这样——每个人都必须有足够的信心去认为他们的观点是正确的，他们的投资组合是完美的，其他人都是错误的，日复一日。

但与此同时，你需要同事们拿出想法，分享对一则新闻的看法或与公司管理层的会面。我有幸与一些优秀、独特的人一起工作。在你经历市场周期的高点和低点、投标和盈利预警的过程中，优秀的同事和良好的工作氛围是无价的。

7. 你要知道你是一个人，而不仅仅是一名投资者

最后，"经验最重要"的说法未免过于简单化，尽管的确你做得越多，你就越能成为一名更好的投资者。这并不仅仅是因为你"以前见过所有的事情"，也不是因为市场会一直讲述它所喜欢的某些故事，还因为"太阳底下没有新的东西"。

要成为一个成功的投资者，你必须了解自己。当然要知道你作为一名投资者，你有自己的优点和缺点，你对某些故事或管理所拥有的敏感性。但同时，你还要知道你自己是一个人——这需要花费一些时间……

如果你不知道自己是谁，不知道是什么让你这么做……

如果你不知道自己在意什么，不在意什么……

如果你不知道自己尊敬和钦佩什么，厌恶和轻视什么……

如果你不知道你想从生活中得到什么……

如果你不知道自己愿意付出什么……

……那么，股市将是一个非常昂贵的地方，你不太可能成为一名成功的投资者。

* * *

自我在格罗夫纳酒店的晚宴上发言以来的4年里，我失去了双亲——我相信布拉克内尔夫人一定有话要说。我想以爱和感激之情把这些话献给他们。如果没有他们……

托比亚斯·卡莱尔
Tobias Carlisle

　　托比亚斯·卡莱尔是碳海滩资产管理公司的创始人和常务董事。他是碳海滩所管理的账户和基金的联合投资组合管理人。他是畅销书《反直觉投资：用价值投资理念在股市掘金》（*Deep Value: Why Activists Investors and Other Contrarians Battle for Control of Losing Corporations*）一书的作者。他与其他人联合出版了《集中投资：巴菲特和查理·芒格推崇的投资策略》（*Concentrated Investing: Strategies of the World's Greatest Concentrated Value Investors*）和《量化价值投资：人工智能算法驱动的理性投资》（*Quantitative Value: A Practitioner's Guide to Automating Intelligent Investment and Eliminating Behavioral Errors*）。他的书已被译成5种语言。托比亚斯同时还在运营AcquirersMultiple.com和Greenbackd.com两个网站，其中前者是收购者倍数公司的股票监控器主页。他的推特账号是@greenbackd。

　　托比亚斯在投资管理、企业估值、公司治理和公司法方面有丰富的经验。在2010年创立"碳海滩"的前身之前,他曾是一家活跃对冲基金的分析师、一家在澳大利亚证券交易所上市公司的总法律顾问以及一名企业咨询律师。作为一名专门从事并购的律师,他曾为美国、英国、中国、澳大利亚、新加坡、百慕大、巴布亚新几内亚、新西兰和关岛等国家和地区多个行业的并购交易提供咨询帮助。

他毕业于澳大利亚的昆士兰大学,拥有法学(2001年)和商业管理(1999年)双学位。

他的新书《收购者倍数:深度价值的亿万富翁逆向投资者如何击败市场》(*The Acquirer's Multiple: How The Billionaire Contrarians of Deep Value Beat The Market*)于2017年末出版。

保持怀疑、谦逊和低成本,
可以使我们的生存机会最大化。
如果拥有足够的幸运和时间,
我们就可以打败市场。

当大家都涌向一处时，学会转弯

1. 与人群背道而驰

对于任何潜在的投资，我们都会将人群的观点即市场共识与我们自己的观点进行比较。我们如何找到市场共识呢？它体现在股票价格和价值之间的差异上。我们自己进行研究来计算出价值。我们寻找的是那些我们的估计与大众不同的股票。换句话说，我们试着与人群背道而驰。

原因如下：获得好价格的唯一途径是买入人们想卖出的，然后卖出人们想买入的。

一个"好"的价格意味着一个带有偏向的赌注：较小的价格下跌限度和较大的价格上升限度。下限之所以小，是因为价格已经假设了最坏的情况，这就为错误留出了余地。如果我们错了，我们不会损失太多；如果我们是对的，我们将会赚很多钱。上限比下限更大，意味着即使我们犯错的次数比成功的次数多，我们也不一定会失败。如果我们成功的频率和错误的频率一样高，我们就会做得很好。

被低估和失宠的公司提供了大量的机会来进行逆向投资。当一家公司拥有一个可怕、糟糕或乏味的业务时，人们就会反应过度或变得不耐烦而卖出，这就是股票被低估的原因。如果给予充足的时间，许多企业最终会变得不那么可怕、糟糕或乏味，原因是均值回归。

2. 买入被低估的公司

相对价值的折价越大，所获得的收益就越好。在美国、英国、欧洲、非洲、亚洲、澳大利亚和新西兰都是如此，在发展中国家和新兴市场也是如此，全球都是这样。深度折价和好的收益总是并存的。

对于大多数工业企业来说，市盈率是衡量估值偏低的最佳单一指标。市盈率是一家公司的企业价值与其经营利润的比值。这是私募股权基金在整体收购公司时会用到的一个指标，也是主动投资者在寻找隐藏价值时会使用的指标。

企业价值是我们必须为一个公司付出的"真正"的代价。它包括市值，市值等于公司股价乘以已发行股票的数量。简单地使用市值作为企业价值可能会造成误导，因为它忽略了所有者承担的其他成本，所以计算企业价值时还需要检查资产负债表项目和表外项目。企业会为拥有现金而受到奖励，也会为负债、优先股、少数股权以及表外负债而受到惩罚。这些都是企业所有者所支付的真实成本。

经营利润是企业的运营所带来的收入流量，它不包括一次性的项目，如出售资产和法律和解。我们会根据利息和税收支付对经营利润进行调整，因为它们会受到资本结构——债务或股权的混合方式——的影响。正是这一调整，使得将两家债务和股权混合方式不同的公司进行比较成为可能。

对于类似于金融行业的公司——比如银行和保险公司——这样的非工业企业来说，账面价值是一个更好的衡量标准。无论所参照的指标是什么，我们最终的目标都是找出被低估的公司。

3. 寻找安全边际

这是对估值折价、资产负债表和商业模式的三重检验。

首先，公司的折价幅度越大，买入就越安全。一个大幅的折价可以允许错误和价值损失的存在。这是最后一条规则的推论，即最大的收益来自最大的折价。这打破了市场和学术界的共识，即更高的回报意味着更多的风险。在这里，安全边际越大，回报越高，风险越低。

其次，在资产负债表上，我们更青睐现金和其他流动证券，而非债务。我们关注那些表外的债务，比如租赁和资金不足的养老金。我们寻找信用问题和财务危机的迹象。没有哪家公司会因为持有大量的现金而获胜，但有很多公司却因为太多的债务而湮灭。

最后，公司应该拥有自己的商业模式。商业模式应该能产生强大的运营利润并获得相匹配的现金流。匹配的现金流可以确保会计收入是真实的，而不仅仅是一个聪明的盗用公款者用头脑虚构出来的。我们寻找利润操纵的迹象。拥有科学实验的公司，或者正在寻找商业模式的玩具，都是为投机者准备的。如果一只目前利润疲软的股票在过去拥有良好的收益记录，这就给均值回归提供了很好的机会。

4. 把股票视为所有者的权益，而不仅仅是一张凭证

股票是一家公司所有者的权益，这有两层含义：

- 首先，股东拥有公司所有者的权利。股东通过在会议上投票行使这些权利。
- 其次，股东应该关注公司拥有的一切，包括它的业务和资产，主

要是现金。

我们通过研究业务和资产负债表来发现财务的稳健性。一家企业可以价值连城，也可以一文不值，甚至还不如一文不值（如果这家公司持续性在亏钱）。

同样地，资产负债表也可以有很大的价值，如果债务超过资产，资产负债表中就会有负资产。

许多投资者追逐利润也就是业务的成果，但忽视资产负债表上的资产。他们忽视了现金。一个看似糟糕的企业，如果拥有强大的资产负债表，可能代表着隐藏的价值。资产价值为企业的任何复苏提供了一个免费的看涨期权。

5.警惕高盈利增长和高利润

均值回归是一股强大的力量，这股力量会把快速增长和高利润的公司向下推，又会把低增长和亏损的公司向上推。

快速增长和良好利润的存在会吸引竞争，而竞争的加剧侵蚀了增长和利润。效仿沃伦·巴菲特的投资者都在寻求拥有"护城河"、具有强大利润获取能力的公司，护城河的存在是公司的一种竞争优势。但护城河比大多数投资者所意识到的更难找到，也更难跨越。

研究人员曾对企业如何维持高利润进行研究。数据显示，大多数高利润公司的利润都会随着时间的推移而下降，而一小部分企业确实获得了持续的高利润。但在此之前，我们还不能预先确定因果因素。换句话说，除了通过进行广泛的观察之外，我们不知道哪些因素能预测稳定的增长和利润。

有证据表明，找到下一个高增长或高盈利股票的概率与抛硬币差不多。巴菲特的天才之处在于，他发现了这些企业。普通人选择以较大的价值折价买入会更好。

寻找未来增长和利润最好的目标，是那些正在经历艰难时期的企业，这些企业的股价也很可能大幅折价。买入这些企业的买家可以同时享受到商业情况改善和市场折价收紧两方面的好处。

6. 使用简单的、具体的规则来避免出错

当我们对不确定性作出基于概率的决定时，认知错误就会发生。在股票市场进行投资就是这种类型的问题。

避免这些错误的秘密是使用一组简单的、具体的规则。理想情况下，我们应该把它们写下来并严格遵守。

简单、具体的规则是可测试的，它们应该要经受得起反向测试和实战检验。反向测试确保规则适用于历史数据集，理想情况下在不同的国家和股市都适用，而实战测试则是确保规则在实践中有效。从理论上来说，没有任何策略失败过，而事实上，几乎所有的策略都失败了。

7. 集中精力，但又不要过于集中

如果你想和市场相匹配，那就买入市场；如果你想击败市场，那你必须做出一些特别的，这意味着只买入最好的主意，或者说"集中"。

集中投资的代价有两点：

- 首先，集中投资组合往往比大盘更具波动性。这意味着，它们的波动幅度会更高，无论是向上还是向下。如果市场表现不错，可能投资组合会有很好的收益，而如果市场不景气，投资组合的业绩可能会非常糟糕。

- 其次，集中投资组合并不紧跟市场。我们称之为"跟踪误差"。这意味着集中投资组合可以在市场上涨时下跌，在市场下跌时上涨。第二种跟踪误差——投资组合上升，市场下跌——是很好的选择，但你不会注意到它，你只会注意到市场上升伴随着集中投资组合下降。学术界发现，高

跟踪误差与良好的长期表现有关。但在很长一段时间内，市场可能会超过由被低估的股票组成的投资组合。跟踪误差会感觉不太好。

不要过于集中，请假设你的计算和想法是错误的。事实上，你出现错误而市场是正确的概率会比想象的更大。

8. 以实现税后长期收益最大化为目标

我们的目标是在长期内实现真实的税后回报最大化。这有三个重要的含义：

- 首先，进行长远考虑——在未来几个季度或几年之后——可以为投资者提供巨大的优势。企业往往会因为第二年或其他时间内的糟糕形势而被错误定价。这为愿意在短期内滞后的投资者创造了有利条件，我们称之为"时间套利"。它为耐心的投资者提供了一个持久的优势，不管他们的投资组合有多大。
- 其次，复利的影响需要很长时间才能被观察到。但长远来看，利息派生的利息、收益再投资取得的收益会变得非常可观。
- 最后，税收和费用是长期复利的隐形敌人。高费用的共同基金和其他流动投资工具将很难击败被动型指数，而低收费、活跃的ETF基金更具有税收效率，而且可以在长期内实现。

9. 当市场整体昂贵且正在下跌时，进行对冲

投资者可以通过持有被低估的股票，从而忽视股市的盛衰来获得最佳的长期回报。但即便如此，当股市下跌20%或更多时，许多投资者仍难以继续投资，他们会在最糟糕的时刻进行抛售——就在反弹之前。针对类似问题，一个解决方案是对投资组合进行对冲。

进行对冲操作的代价是会略微减少所获得的投资回报。而且，如果最终的

市场趋势与你所进行的对冲方向不一致，那么它就会变得像巫术一样。想法很简单：当市场下跌时进行对冲，当市场上涨时不要进行对冲。但我们如何确定市场的方向呢？

我们可以利用几个趋势指标来确定市场的方向，其中最简单的是简单移动平均线。简单移动平均线中最常见的是200日移动平均线。我们计算出标准普尔500指数过去200个交易日的平均收盘价，然后将今天的收盘价和计算出的平均收盘价进行比较。如果市场收盘价在平均价之上，就可以认定市场趋势是向上的；相反，如果市场收盘价在平均价之下，就可以认定市场趋势是向下的。

为什么选择200天呢？这个选择是任意的。亿万富翁投资者保罗·都铎·琼斯对它的支持可能与它的名气有关。他在《金钱：精通游戏》(*Money: Master the Game*)中接受托尼·罗宾斯采访时谈到了这一点：

> "我的衡量标准是200日收盘价的移动平均线。在股票市场和大宗商品市场上，我见证了太多东西从有到无。关于投资的全部诀窍就是：我要怎么样才能避免失去一切呢？如果你使用200日移动平均规则，然后你就出局。如果你进行放手，你也会出局。"

保罗·都铎·琼斯出局了，而我们只需要进行对冲操作就可以避免出局。对冲并不会影响我们买入或不买入股票的决策，我们购买股票的决策取决于它的安全边际。我们听从巴菲特的建议，在买入被低估的股票时忽略市场。但同时我们还采纳了保罗·都铎·琼斯的建议——在市场下跌时对冲风险，采取这个建议之前我们已经进行了自我检测。

移动平均线并不完美，因为它会产生出现双重损失或"错误肯定"的情况。当趋势表明投资组合应该进行对冲，而市场反而上涨时，就会出现双重损失。

此外，它还可能产生"错误否定"：对冲操作过晚导致没有对市场早期下跌进行对冲。双重损失和错误否定都需要花费资金，但这是防范巨大崩盘所付出的代价。

虽然趋势这一指标本身已经非常有效，但当它与价值指标相结合的时候，才是最有效的。下面这个简单的表格显示了1950年至2017年标准普尔500指数的年回报率，根据市场趋势和价格情况的不同，可以将其分为四个可能的结果，如下所示：

	价值低估	价格昂贵
趋势向上	15.4%	8.6%
趋势向下	6.0%	−0.6%

（在这里，我们将价值低估定义为低于平均的q值。q值是一个股票市场工具，它将资产的市场价格和重置成本进行比较。其他的股市价值工具，如席勒的周期性调整市盈率和巴菲特的市场总体市值与国民生产总值之比，也能给出同样的结果。）

最好的投资回报发生在价值低估、趋势向上时（价值低估+趋势向上=15.4%）。在一个上涨的市场中你不会想要进行对冲操作的。而最糟糕的投资回报发生在价格昂贵、趋势向下的情况下（价格昂贵+趋势向下=−0.6%）。一般来说，这是进行对冲的好时机。

但问题来了。下一个表格显示了崩盘发生时四种可能的市场情况：

	价值低估	价格昂贵
趋势向上	−17.7%	−32.6%
趋势向下	−45.6%	−56.4%

最严重的崩盘发生在价格昂贵、趋势向下的时候，亏损幅度达到了−56.4%（这是2009年结束的最后一次危机，也就是所谓的"信贷危机"）。最轻微的下跌发生在价值低估、趋势向上的市场之中。昂贵的价格和下跌的市场是坏消息，这意味着低回报和最糟糕的崩盘。

大多数时候股票市场会上涨，自1950年以来，股市整体上涨了70%。崩盘是极为罕见的，但一旦发生，却可以令人心碎。如果你愿意从你获得的回报中拿出一部分来避免巨大的崩盘，那就对价格昂贵、趋势向下的市场进行对冲吧。

价值投资是一种合乎逻辑、经得起时间检验的投资方法。最好的价值投资者会与其他投资者背道而驰，他们会将他们的安全边际最大化，同时最小化所负担的成本和税负，他们用怀疑的眼光看待高增长和高利润，并且他们会假设自己的计算和想法是错误的。保持怀疑、谦逊和低成本，可以使我们的生存机会最大化。假如拥有足够的幸运和时间，我们就可以打败市场。

罗伯特·卡佛
Robert Carver

　　罗伯特·卡佛是一位独立的投资者、交易员和作家。在2013年退休之前，他在伦敦金融城工作了10多年。罗伯特最初为巴克莱投资银行交易外来的衍生品，然后在2008年全球金融危机之前、期间和之后，在全球最大的对冲基金之一的AHL担任投资组合管理人。他负责创建AHL的重要全球宏观战略，然后管理该基金数十亿美元的固定收益投资组合。

　　退休后，罗伯特写了两本书：《系统化交易：设计交易和投资系统的独特新方法》(Systematic Trading: A unique new method for designing trading and investing systems)和《智能投资组合：构建和维护智能投资组合的实用指南》(Smart Portfolios: A practical guide to building and maintaining intelligent investment portfolios)。他管理自己的股票、基金和期货投资组合的方法，你可以在他的书中找到。他的网站是：www.systematicmoney.org。

与其因频繁的大规模调整
而导致巨额交易成本，
还不如一直持有一个
并非十分正确的投资组合。

如何进行系统化投资

1. 如果你不是天才，那就采用系统吧

"在每一种情况下，一个简单的算法的准确性都可以比肩或超过专家的准确性……"——这句话摘自诺贝尔经济学奖得主、心理学家丹尼尔·卡尼曼的《思考，快与慢》(*Thinking, Fast and Slow*)一书，适用于包括金融在内的许多不同领域。

的确，我们不能指望一个简单的系统可以击败沃伦·巴菲特等最优秀的投资者。但如果我们坚持简单的规则，普通人几乎肯定会做得更好。坏消息是：除非你已经取得了长期的成功收益记录，否则很难证明你是一个投资天才。假设你并非沃伦·巴菲特，那你最好用简单的规则和原则系统性地建立一个投资组合。

2. 未来是不可预测的

预测下一年富时100指数或标准普尔500指数的涨幅极其困难。对于长线投资者来说，要预测他们未来40年的平均回报率实际上是不可能的。

为什么？首先，影响市场价格的因素有很多：未来通货膨胀、利率、经济增长、企业盈利能力和投资者情绪等，这些都同样难以预测。

其次，即使你可以预测未来，你也需要准确地说出市场对每条新闻的反应，这也同样不容易。你已经听过多少次媒体专家给出这样的预测，如果某些特定事件发生，市场会出现混乱或兴奋，然而最后市场的实际反应却完全不同？

最后，仅仅预测未来是不够的：你需要比其他人更好地预测未来。市场价格代表了地球上每个投资者基于所有公开信息的集体意见。如果你认为你可以开始预测市场走势的话，这会是一个相当残酷的竞争对手。

3. 但相对来说，有一些东西更容易进行预测

虽然未来是不确定的，但有些预测更有可能实现。

例如：像挪威这样稳定的政府发行的短期债券，几乎肯定会比投机性互联网初创企业的股票更安全。此外，谷歌和脸书等关系密切的公司的回报率可能会相对类似——比脸书和挪威政府债券的回报率更接近。最后，一家昂贵的主动管理基金目前收取的费用高于被动投资的竞争对手，它未来会继续这样做。

随着时间的推移，这些不同资产的可预测属性——**风险、相似性和成本**——会维持相当稳定的状态，这样的属性应该被用来选择你的投资。你应该**减少对高风险资产的投资，尽可能分散投资组合，避免支付高昂的成本。**

4. 分散化，分散化，分散化

> "我只有一条建议，分散投资。如果我必须提供第二条建议，那就是：记住，未来不一定和过去一样。因此，我们应该进行分散化。"
>
> ——哈里·马科维茨，投资组合理论的开创者

分散投资在某些圈子里名声并不好。传奇投资组合经理彼得·林奇在他的书《彼得·林奇的成功投资》（*One Up On Wall Street*）中将其描述为多样恶化。的确，如果你能准确地预测未来，那么持有一个仅仅由少数精心挑选的股票所构成的集中投资组合会让你变得更好。但如果你的预测能力并不如你自己想象的那样好或者只是运气不佳，这会变成一个灾难性的决定。

分散投资的收益来自投资不相似资产的混合投资组合。所以，如果未来平均收益无法进行预测，但不同收益之间的相似度可以预测时，那么分散化的确是金融领域中唯一的免费午餐。所有的投资者首先都应该把他们的财富分散在股票和债券等不相关的资产类别中。如果可能的话，你还应该投资于不同的地理区域和国家，以及不同的行业。

5. 世界上没有正确的资产配置，却有一些是错误的

将80%的资金投资于股票？50%？或者30%？事实上你如何进行选择并不重要——如果我们不能预测未来，就不存在完美的答案。

当然，如果你可以应对股票带来的波动性，那么增加对股票的配置是合理的。确保你自己知道可能的风险是什么，因为一旦你做了决定，坚持下去是很重要的。自然，更容易神经紧张的投资者应该加大波动性较小的债券市场投资的比重。

尽管没有适合每个人的正确配置方式，但有一些常见的错误是需要避免的。

首先，极端厌恶风险的投资者只关注债券等安全资产是没有道理的。将三分之一的资产配置在股票中，可以确保你在维持相同风险水平的情况下，产生更高的收益。如果这个投资组合对你的偏好来说风险仍然太大，那么你应该用现金稀释它，直到你晚上能睡着为止。只是别忘了，即使是现金也不是毫无风险的：它的价值在未来会随着通货膨胀的发展而改变。

另一方面，即使是最激进的投资者也不应该把自己的财富100%投入股票等高风险资产，至少五分之一的资金应该配置在债券上。增加适量的债券对你的股票投资进行分散化将会降低你的风险，但不会损害你的投资组合的预期未来价值。另外不要忘了，股票自然具有更高的波动性，这意味着如果你持有一个股票占80%的投资组合，实际上你所获得的收益的90%将由股票市场产生。

6. 买入个别股票之前，确保你想明白了

下面两个人中谁的分散化程度更高：一个人持有10只股票组成的投资组合，另一个人的投资组合仅有两只股票。答案并非你想象的那么显而易见。第一个人持有10家美国科技公司的股票，而第二个人买入了一家全球范围内进行分散化投资的股票投资基金和一家全球债券基金。事实上，第二个人的分散化程度远高于喜爱科技的投资者。

正确的个股分散化投资意味着在每个行业和每个国家购买至少一只股票，得到一个由数百甚至数千家公司组成的投资组合。不幸的是，这是不切实际的。由于最低佣金限额的存在，你选择买入这么大规模的股票就变得不划算了，除非你的资金相对充裕。此外，在一些国家购买个别股票既困难又昂贵。

取而代之的是，用ETF这样的廉价被动基金让你的投资组合分散在不同资产类别和国家之间。在你选出来的一些国家，买入你能够恰当交易的股票——而且是你能够负担得起的股票。

7. 避免昂贵的基金

投资决策往往涉及在昂贵、理应是优等的选择与较便宜但质量较差的选择之间的权衡。主动型基金经理的能力并不便宜；你所需支付的费用将远高于廉价的被动指数跟踪基金。与那些平淡无奇的同类基金相比，那些新奇的"聪明"基金收取更高的管理费。除了较高的标价，昂贵的基金通常会有较高的交易成本，而这些成本可能不会被充分披露。

相对昂贵的基金的成本是可预测的，但它们以更高回报的形式提供的任何好处却是很难证明的。投资某一特定基金是否能有显著的收益需要多年的回报数据才能证明，这一点可以通过统计学进行验证。

你的第一反应应该是最便宜的选择，除非有确凿的证据证明它值得花更多的钱。这就意味着，只投资于那些在业绩上远远超过基准的基金和基金经理。

当然，过去任何耀眼的辉煌都可能是愚蠢的运气所带来的。还有一种可能是，未来任何历史性的突出表现都可能会消失不见。但至少有了良好的记录，你或许有希望赚到足够多的额外收入来支付更高的费用。

8. 仔细地对你的投资组合进行再平衡

定期进行再平衡：大多数投资者都存在交易过度的问题，但有一些交易对于防止你的投资组合与价格变动脱节是必要的。定期、以规定的方式对你的投资组合进行检查。当市场发生极端波动时，你会有一个可靠的、久经实践的计划可以依靠。

系统进行再平衡：在资产价格出现大幅下挫时，不要恐慌，更不要急着卖出。当资产出现上涨并产生一些浮盈时，不要过于贪婪，及时卖出。如果你认为最好持有近期的强势股或者价值更高的股票，那就系统性地持有。使用固定的规则，它将根据可衡量的指标改变你的投资组合比例，而不是根据人类原始的情绪来进行操作。

逐渐进行再平衡：不要频繁买入和卖出你的大部分资产。与其因频繁的大规模调整而导致巨额交易成本，还不如一直持有一个并非十分正确的投资组合。

谨慎进行再平衡：如果你的长期目标是将50%的资产配置在股票上，那么你就不应该将股票的比例降至30%或升至70%。只有当你手握一个非常可靠的水晶球精确地预测未来时，超越这一界限才有意义——而你可能并没有。

9. 坚持你的立场——不要局促不安

只是拥有一个系统是没有意义的，除非你坚持它，无论是在市场表现良好时还是市场表现糟糕时。当你的投资组合开始表现不佳时，不要试图脱离你的系统。确保你能应对"错误"带来的局促不安。事后看来，你的系统不太可能是完美的——但在出现第一个问题迹象时就放弃它会是一个巨大的错误。

10. 保持怀疑

不要听信市场专家对明年将发生的事情做出的自信预测：他可能无法预测未来。避免被聪明贝塔、机器投资、加密货币或任何最新的市场风尚的"倡导者"兜售的科学所蒙蔽。要小心那些收费高、业绩明显优于大盘的基金经理。最后，在阅读畅销书作者（包括我在内）的建议时，要带着批判性的思维。

Harriman's New Book of Investing Rules

乔纳森·克莱门茨
Jonathan Clements

乔纳森·克莱门茨是HumbleDollar.com网站的创始人和编辑。乔纳森出生于伦敦，在剑桥大学接受教育。他在纽约的《华尔街日报》工作了近20年，是该报的个人财经专栏作家。他还是6本个人理财书籍的作者，其中包括他的最新作品——《如何看待金钱》（How to Think About Money）。

退休之后
早早过世不该是个问题,
最大的风险在于,
在你断气之前就把钱花光了。

乔纳森·克莱门茨

九种看待金钱的不同方式

30多年来，我一直在写关于钱的书，也一直在思考关于钱的问题——我想说，我与自己的理财哲学是相当一致的。今天，我仍然遵循着自1994年开始倡导的原则，那一年，我成为了《华尔街日报》的个人理财专栏作家。我仍然几乎完全投资于指数基金，我的投资组合严重倾向于股票，我非常相信全球分散化，而且我持续认为，财务成功的关键是良好的储蓄习惯。

然而今天，某些想法在我的思维中显得更加突出，部分原因是金融市场的动荡和经济的变化。以下是对今天的投资者来说特别重要的九个金融概念：

1. 人口特征决定命运

在过去50年里，美国经济的年增长率大约比通胀高出3个百分点，其中一半增长来自劳动力的不断增长，另一半来自生产率的不断提高。但由于劳动力预计每年仅增长0.5%，远低于1.5%的历史平均水平，经济增长几乎不可避免地会放缓——这也意味着企业利润增长将更加温和。

这不仅是美国的问题，也是发达国家普遍存在的问题。这个问题导致的结果是：股市可能无法达到其强劲的历史水平，尽管它们仍可能超过债券和现金投资。然而，并非所有的情况都是严峻的：新兴市场的股市没有面临同样的人口阻力——而且有可能带来强劲的长期回报。

2. 从一切开始

在考虑我的投资组合时，我曾经从我祖国的股票市场（就我而言，是美国）开始，然后考虑我应该增加哪些投资来分散我的核心持股。今天，我的想法是从所谓的全球市场投资组合开始——由所有投资者共同拥有的股票、债券和其他投资构成的可投资领域——然后再决定从中减去什么。我的投资组合最终停留在大致相同的地方，尽管第二种方法让我更愿意投资海外。

3. 考虑你的薪水

对于大多数职场人士来说，他们最宝贵的资产是所谓的人力资本——他们的收入能力。我已经开始认为，我们应该围绕着薪水或薪水的不足来规划我们的财务生活。

例如，那些有工作的人可能需要残疾和人寿保险，以防他们无法养活自己或家人。但他们也有大量投资股票的自由，因为他们不需要从投资组合中获得收入。相比之下，那些退休的人不需要用残疾和人寿保险来保护他们的人力资本，但他们可能应该持有更多的债券，因为他们不再有更大可能增长的薪水了。

4. 保持脚踏实地

在2008年末和2009年初,许多投资者在股价极度低迷的情况下出手救市,给自己造成了巨大的财务损失。我们将来怎样才能避免那个错误呢?我们需要一种不同于当前股价的股票市场价值感。

为此,考虑一下这种方法:想象一条直线每年以6%的速度稳步攀升。这是我基于当前的股息收益率和企业每股盈利的可能增长对全球长期名义股票回报的预测。我假设年通胀率是2%,那么实际回报率是4%。

然而,在短期内,股票的表现将会面目全非。如果名义回报率高于6%的年增长率,我们应该对自己的好运气感到高兴,但也要意识到,以后我们可能会以低回报的形式付出代价。当一年的表现低于6%时,我们可能不会笑得那么开心,但我们应该对这样一种观念感到安慰,即在某一时刻,股票表现可能会迎头赶上。

5. 考虑后果

我们应该少考虑一些风险变成现实的可能性而多考虑可能的后果。例如,其他主要股市不太可能遭遇与日本股市同样的命运。目前,日本股市的市值仅为1989年年底的一半。但如果这种不可能发生的事情发生了,那么对任何只投资于该国股票的人来说,都将是毁灭性的——这就是为什么我们应当尽可能将一大部分股票投资于海外。

6. 将固定生活成本控制在一定范围

在过去30年里,我们见证了美国储蓄率的大幅下降。我认为,许多美国人想要存更多的钱,但就是做不到——因为他们已经被高昂的固定生活成本困住了。这里的问题是抵押贷款或租金、汽车支付、电话计划、学生贷款支付和有线电视账单，等等。

我的建议是：我们应该把固定生活成本控制在税前收入的50%或更低。这样一来，我们就能减少财务压力，有更大的储蓄能力，有更多的钱可以用于自由支配的"乐趣"消费。额外的好处：这些低固定成本将给我们额外的财务喘息空间。如果我们失去工作，或者我们退休了，我们的投资组合将受到金融市场动荡的打击。

7. 永远不要退休

随着发达国家人口老龄化，传统的退休年龄需要延长，否则我们将没有足够的人生产社会所需的商品，提供所需的服务。这不应该成为绝望的原因。我希望看到，工作和退休之间的区别消失，不仅仅是为了经济利益，而是为了我们共同的幸福。

事实上，很多人从工作中得到很多满足感。我开始相信，退休不应该被看作是在经历了40年的疲惫之后放松的机会，而应该被看作是一个接受新挑战的机会，无论是有偿还是无偿的。如果这些机会得到了回报，那就更好了。兼职工作可以极大地缓解退休后的经济压力，我相信，这将变得越来越普遍。

8. 死亡并不是问题

我们大多数人往往过于乐观——除了在自己的预期寿命方面。为了证明这一点，我们不仅要看看支付终身收入的即时固定年金在美国低得可怜的销售情况，还要看看许多退休人员，他们在62岁时（可能是最早的年龄）就要求政府提供社保福利。如果你认为自己会相对较早地去世，那么这两种策略都有意义。

然而，对于退休人员来说，他们最大的财务问题不应该是退休之后很早过世。到那时，他们所有的财务问题都结束了。相反，最大的风险是活得比他们想象的要长——在他们喘不过气来之前就把钱花光了。如果这是最大的风险，我们应该将社保推迟到66岁甚至70岁，并考虑使用部分债券市场资金购买终身收入年金。

9. 以足够为目标

管理财富的目的不是超过邻居、证明我们有多聪明或者成为镇上最富有的家庭。相反，我们的目标是拥有足够的钱来过上我们想要的生活。

如果这是压倒一切的目标，那么我们应该如何管理我们的资金就变得清晰得多。我们想要避免不必要的风险，并追求成功可能性较高的策略。这意味着购买保险而非主要的金融风险、尽可能广泛地分散化我们的投资组合。这也意味着要避开尝试跑赢大盘的努力，转而买入低成本指数基金，而这些基金只是复制了市场平均水平的表现。

迈克尔·卡沃尔
Michael Covel

迈克尔·卡沃尔向初学者教授经验丰富的专家如何利用直接、可重复的投资规则来产生利润。他以推广反直觉和有争议的交易策略——趋势跟踪而闻名。

作为一名公认的企业家，迈克尔还是5本书的作者，其中包括了国际畅销书《趋势跟踪》(Trend Following)和他的调查叙事作品《海龟交易员》(Turtle Trader)。他着迷于那些在过去70年里悄然创造出惊人回报的神秘交易员，那些与由购买和希望构成的投资正统理论背道而驰的交易员，他发现了关于构思、开发和执行趋势跟踪系统的正确方法的惊人见解。

迈克尔的观点赢得了国际赞誉，并因此获得了许多机构的邀请，这其中包括：中国资产管理公司、新加坡主权财富基金、BM&F Bovespa、管理基金协会、中国银行投资管理公司、市场技术人员协会以及多家对冲基金和共同基金。他还曾采访过5位诺贝尔经济学奖得主，其中包括丹尼尔·卡尼曼和哈里·马科维茨。此外，他还曾在《华尔街日报》、彭博社、中央电视台、《海峡时报》和福克斯商业等主要媒体上担任特写。

迈克尔活跃于推特,还发表博客,每周录制播客。他的咨询客户涉及来自70多个国家的对冲基金、主权财富基金、机构投资者和个人交易员。他总是在美国和亚洲两地奔波。

经过出版商Wiley出版社的许可,本章节改编并节选自迈克尔·卡沃尔创作的《趋势跟踪(第五版):如何在牛、熊和黑天鹅市场中创造财富》(*Trend Following, 5th Edition: How to Make a Fortune in Bull, Bear and Black Swan Markets*),这本书在所有书店均有销售。

趋势跟踪的真相是,
它的哲学基础不仅与交易有关,
而且与一般的生活有关。

趋势跟踪者的十个信条

1. 价格是最重要的交易信号

在一个不确定程度越来越高、完全不友好的世界里,把决策建立在单一、简单、可靠的价格真理上是极其有效的。一周7天、每天24小时不间断的基本面数据如市盈率、作物报告和经济研究等带来的冲击,都倾向于让交易变得比实际需要更复杂。然而,即便考虑到所有可能的基本面数据(这是不可能的),你仍然不知道该买多少,什么时候买,什么时候卖。如果辩论是有依据的,那么价格的真理永远是赢家,因为价格是唯一的事实。

市场价格、交易价格是明确的客观数据,它反映了所有观点的总和。接受这个事实可以让你对价格进行比较和研究、测量价格的变动,即使你对基本面情况一无所知。你甚至可以在不知道是哪个市场的情况下,完全借助于查看单个历史价格或者图表来成功进行交易。这不是在哈佛大学或沃顿商学院教授的课程,却是趋势跟踪交易者创造财富的基础。

华尔街认为把价格作为首要交易信号的观念过于简单，难以接受。这种混乱或错误的想法在主流媒体中随处可见，他们总是在强调那些错误的数字。

2. 拥抱投机

投机行为是不可避免的，一切都是关于市场价格的选择。学习如何最好地利用价格进行投机不仅是一项有价值的努力——它还是一种适者生存的概念，可以追溯到华尔街最早的文学作品。

你必须渴望出人头地、变得富有——批评家的谴责、其他玩家的憎恨、来自排名的嫉妒都是该死的。投机不仅是可敬的——它也是生活。唯利是图的投机活动是市场的绝对驱动力，没有它，市场只能接受分崩离析的结局。

3. 减少你的损失，让你的利润自生自灭

在《如何赢与如何输》（*How to Win and How to Lose*）一书中，我们可以认为第一个基于趋势操作的市场参与者出现了：

"伦敦证交所有史以来最精明的操盘手是大卫·李嘉图（1772-1823），他积累了巨额财富。在给朋友的忠告中，他总结了自己成功的真正秘诀，那就是规则，每句话都是金玉良言。'减少你的损失——永远不要让它们从你身边溜走。让你的利润自生自灭吧。'"

这句箴言意义重大，而且是永恒的。它不是自然出现的，紧张的学习、实践是它坚实的基石。

如果要说及时止损、让利润自由奔跑是趋势跟踪的准则，那是因为残酷的现实告诉你，如果你没有钱了，你就不能再参与这个游戏。没有钱就没人爱！

不让利润自由奔跑的一个很好的例子可以在一些交易策略中看到，这些策略会选择在趋势结束之前就把利润从赌桌上取下。例如，一位股票经纪人曾告

诉我，他的策略之一是在股票上涨30%后退出，这是他的策略。让它上升30%然后退出。这听起来很合理。然而，使用利润目标的战略在根本上就是有问题的。这与致富的数学原理背道而驰，让你的利润自由奔跑是毫无疑问的。如果你不能预测趋势的结束或顶端，不要过早退出，并冒险将利润留在赌桌上——毕竟你需要最大的赢家来补偿较小的输家。

4. 在更高的高点买入，在更低的低点卖出

艾德·塞科塔关于糖的故事很好地说明了一个趋势跟踪者是如何贯彻他们的哲学的。

他一直在购买糖——数以千计的糖期货合约。每天，市场都以涨停收盘。每天，市场都在不停地走高。塞科塔每天都在买越来越多的糖。

外面的一个经纪人正在监视塞科塔的一举一动。一天市场收盘后，经纪人给塞科塔打了电话，因为他有额外的糖期货合约未进行平仓，他对塞科塔说："我打赌你还想再买5000份糖合约。"

塞科塔回答说："卖给我！"

在市场连续几天以涨停收盘后，塞科塔说："当然，我会在市场的绝对顶部购买更多的糖合约。"

每个人都本能地想在下跌或回撤的时候建仓糖合约，但是一旦开始往下掉，它就枯萎了。他们的想法是："我想要获得一笔廉价交易。"——即使真正的廉价交易从不会出现。趋势跟踪的操作与此相反：它在更高的高点买入，在更低的低点卖出。

5. 不要在你的交易决策中掺杂个人感情

能做到标题这一点，你就有机会减少你感情上的优柔寡断。

你的方法会变得更客观、更理性，你对自己的决策有足够的信心，所以你永远不会去寻求投资建议。你满足于耐心等待合适的机会。你永远不会骄傲地去买一只创下新高的股票，甚至是历史新高的股票。

对你而言，投资机会出现在市场崩盘时，相反，如果你是错误的，不要问任何问题，赶紧退出。你把损失看作是一个学习的机会，继续前进，为了第二天的"游戏"而存钱。沉溺于过去是没有意义的，你把交易看作一笔生意，记录下你买入了什么、卖出了什么，以及为什么你用同样的方式来平衡你的支票簿。

6. 不要进行预测——只需要做出回应

预测性的技术分析理应受到尖锐的批评。以汇丰银行最近发出的一个红色预警为例："头肩顶形态的颈线起到了阻力作用，而艾略特曲线不规则的平坦形态可能预示着潜在的下跌，而且该指数目前正从2015年的旧高点回落。低于17 992的点位将是非常悲观的，但如果高于18 449点，压力就会减轻。"

祝它好运。

但还存在第二种技术分析，它既不进行预测也不进行预报。这种类型的技术分析是基于价格走势做出回应，正如趋势交易员马丁·埃斯特兰德所指出的："我们识别市场趋势，而不是预测它们。我们的模型一直在回应。"

趋势跟踪会对任何时候出现的波动做出反应，而不是试图预测市场方向（这是一项不可能完成的任务）。这使得关注实际的价格风险成为可能，同时避免与方向、持续时间和基本预期产生情感上的联系。

这种价格分析永远不允许在趋势的底部进入，也不允许在顶部退出。你不必每天或每周交易。相反，趋势会耐心等待合适的条件。在这里不会有强制性的"机会"。

不要试图猜测一个趋势会持续多久。你不能。你永远不知道市场会涨到多高或跌到多低。保罗·都铎·琼斯的前二把手彼得·博里什揭示了这位交易员唯一的担忧："价格创造新闻，而不是反过来。市场正在前往它要去的地方。"

7. 忘了自由决定的权力

成功地创造财富不是为了兴奋，而是为了赢得胜利。

如果赋予交易员自己决策的自由，那么他们做出的决策会被改变，或者不断被二次评判。这些可自由支配的交易直觉决策将被个人偏见所影响。我至今都没见过由直觉决策创造的长达数十年的交易记录。这是百分百的幻想。许多人认为，这一过程就像一名战斗机飞行员坐在驾驶舱里，带有一种本能的感觉，甚至是与生俱来的天赋。事实并非如此。

目前，交易员启动一个交易系统的初始选择是可自由支配的。你必须做出一些自主决定，比如选择一个系统、选择你的投资组合、确定一个风险百分比（有些人会说，甚至这些方面也可以通过系统做出来）。然而，在决定系统定位的一些基础内容后，你可以将这些可自由支配的决策系统化，并使它们变得机械。

8. 忘记吸引力

由于趋势跟踪交易与高频交易、短线交易、尖端技术或华尔街的胡言乱语无关，它的吸引力在疯狂的人群所释放出的超常幻觉中会普遍丧失——也就是说，直到泡沫破裂为止。在人们的利益被挖走、开始流血之前，趋势跟踪交易是毫无吸引力可言的。

尽管如此，如果你看一看趋势跟踪在各种市场泡沫之前、之中以及之后分别创造了多少钱，它和精明的市场参与者的底线之间的相关性就提高了许多。

当然，市场是由向上、向下和横向移动所构造而成的。它们或者顺趋势移动，或者保持横盘。它们或者波动不止，或者保持平静。它们是前后一致的，然后突然带给你"惊喜"。在它成为事实之前，没有人可以准确地预测到一段趋势的开始或者结束。然而，如果你的交易策略的目的是适应市场改变，你就可以对市场变化加以运用。

9. 变化是永恒的

就像日出、日落一样，每隔几年你都会看到趋势跟踪交易的"讣告"，尽管趋势跟踪交易的从业者每年都可以创造惊人数目的收益。这些"讣告"往往是由议程推动的新闻报道、有效市场假设（EMT）的捍卫者和市场参与者中那些对趋势跟踪抱有愤恨态度的人所写，它们无视数据，基于一种刻意的忽视。

华尔街对趋势跟踪交易的接受度很低，这让很多趋势跟踪者感到困惑。一位名叫约翰·W.亨利的趋势跟踪交易者看到了试图按照自己所认为正确的行事方式行动的危险所在：

"假如市场的根本本质不是跟踪趋势，一个人怎样才能通过买高卖低在20年之内取得成功呢？另一方面，年复一年，我看到很多才华横溢的人通过低买高卖获得了成功，但他们的成功往往只维持了一段时间，然后就破产了，因为他们认为自己知道了某种投资工具必须按照自己的逻辑执行的原因。"

趋势跟踪不仅仅是一种跟踪记录的趋势——在一个多世纪的时间里，这种策略在无数交易员身上都表现得很稳定。解释市场之所以倾向于趋势变动的原因往往包括投资者的行为偏差、市场摩擦、对冲需求以及央行和政府对市场无休止的干预。

10. 交易中是如此，生活中也是如此

趋势跟踪的真相是，它的哲学基础不仅与交易有关，而且与生活总体相关，从经营生意到人际关系都是如此。老派的趋势跟踪交易者们用他们的语言和行动向我非常清楚地表达了这一点：如果用正确的心态和无限的激情去追求，那么趋势跟踪的效果将是最好的。

成功的趋势跟踪者不会用冷酷的决心或想要取悦别人的方式进行交易。他们以赢得胜利为目的在进行一场游戏，他们享受其中的每一个时刻。像其他高水平的表演者一样——比如职业运动员和世界级的音乐家——他们了解获得成功的关键是保持一个获胜的态度。

安德鲁·克雷格
Andrew Craig

安德鲁·克雷格是个人理财畅销书《如何拥有世界》（*How to Own the World*）的作者、个人理财网站www.plainenglishfinance.co.uk的创始人以及VT PEF全球多资产基金（VT PEF Global Multi Asset Fund，*基金网址为*：plainenglishfinance.co.uk/funds）的投资管理人。《如何拥有世界》一直是亚马逊的畅销书，目前在Amazon.co.uk上有185条五星好评。在写作这本书的时候，它一直是Amazon.co.uk所售的关于投资的书籍当中评价第二高的，仅次于本杰明·格雷厄姆的投资经典书籍《聪明的投资者》。

安德鲁在伯明翰大学学习经济学和国际政治学，并于1997年毕业。他的第一份工作是在华盛顿特区为美国国会议员做实习生。在这里，他很幸运地研究了各种主题政策问题，并为国会议员写了一些演讲稿。

回到英国后，安德鲁在SBC华宝（*现为瑞银集团*）的欧洲债券部门开始了他的金融职业生涯，但两年后加入了瑞银小规模公司团队，转入股票投资工作。之后安德鲁前往Williams de Broë担任小规模公司销售和销售交易的领导工作，紧接着在2007年后，分别在伦敦的法国农业信贷银行和纽约的瑞典北欧斯安银行任高级股权销售一职。自2015年1月之后，他一直在专注于生命科学领域的精品投行——WG Partners——担任合伙人。

在他的金融生涯中，他会见了1000多家公司的高级管理团队和几百名专业投资者。安德鲁经常参与重大的股票市场交易，其中包括2013年瑞典王国出售北欧联合银行（交易总值76亿美元）以及数十家公司股票上市，其中包括易捷航空、HMV、博柏利、Campari、Carluccio's、碳信托、lastminute.com和艾瑞克斯生命科学。

自创建《简明英语金融》以来，安德鲁曾多次出现在全国性和专业性的财经刊物上，其中包括: the Mail on Sunday, the Mirror, CityAM, the Spectator, Shares and MoneyWeek magazines, YourMoney, This Is Money and Money Observer。他经常在股票广播（Shares Radio）和IG TV上担任评论员，曾在罗素·布兰德和迈克尔·温特伯顿2015年的电影《皇帝的新衣》(The Emperor's New Clothes)中担任主角，并在第五频道节目《另一半人如何生活》(How The Other Half Lives)中接受了埃蒙·赫尔姆斯的采访。

安德鲁并没有声称自己是某种金融"大师"，但他确实有一种传播基本金融知识的使命感。他认为，人们应该充分了解金钱和投资，以使自己的财务状况井然有序，这样做所获得的回报是生活的改变。

安德鲁和他的妻子瑞秋住在伦敦西南部。

拥有世界很重要，
因为它会带来回报。

如何投资才会无惧崩盘

2016年10月，我写了3篇系列文章。第一篇文章认为股市崩盘迫在眉睫，文章的关注点是股市大崩盘即将到来的几个原因。第二篇文章提出了相反的论点，解释了为什么情况与第一篇文章所说的完全不同（这些论点在其间的几个月里占据了上风，因为从那时到撰写报告的时间2017年5月，世界各地的市场都在飞速发展）。然而最重要的是，在第三篇文章中，我并没有为自己成为了下一个无能的墙头草金融评论员而道歉，而是指出，在很大程度上股市是否崩盘并不重要。正如我当时所说，原因是：

"我相信我可以安排好我的理财事务，这样我就可以安心地认为，无论是否出现大规模崩盘，无论股市是否强劲上涨，我实现长期财务目标的能力基本上不会受到影响。你也应该有同样的感觉。"

这本介绍投资规则的书中我所撰写的章节里，我想再次提出同样的观点——崩盘并不重要。这怎么可能呢？我的答案分为三部分：

1. 拥有世界

首先，你需要确保你拥有世界上大多数主要地区的全部或至少大部分主要资产，这其中应当包括现金、债券、房地产、股票、大宗商品（包括贵金属），以及在美国、亚洲和欧洲（我指的是瑞士和英国）市场之间进行良好分割。我把这样的投资方式称为"拥有世界"。

几个世纪以来，世界上最富有、最懂金融的人都在进行这样的投资，这一点不难证明。事实上，我甚至认为以这样的方式进行投资是这些人开始拥有如此不成比例的财富的原因之一，尤其是当他们几代人都这样做的时候。

仅凭直觉你就能理解为什么这种方法是有效的：例如，2007-2009年，全球股市下跌逾一半，但石油价格在2008年创下历史新高，黄金价格在2009年上涨近20%。有时亚洲着火、欧洲停滞不前，此时美国可能就是你应该去的地方。最简单的方法就是尽你最大的努力，以尽可能低成本和低税收的方式拥有世界上所有地区的所有资产类别。你研究出下一个"热门"领域或者未来几年表现最好的资产类别的概率极低。通常情况下，即使是专家也不能正确理解这一点。我认为，业余投资者试图以这种方式进行市场择时，会大大增加他们发生亏损的可能性。直接拥有一切来得简单许多。

你可能会认为，这种方法意味着你最终会得到一种无关痛痒的表现，但历史的证据表明，事实并非如此。20世纪80年代初，美国投资作家哈里·布朗谈到这种方法时说："在很长一段时间里，以这种方式进行投资，所构建的投资组合中成功的投资给投资组合带来的价值，比失败的投资减少的价值要多。"

曾经获奖的英国投资者蒂姆·普莱斯称这种分散化投资是"投资领域唯一的免费午餐"。杰克·迈耶曾经执掌哈佛大学的捐赠基金，该基金在他的任期内平均每年回报率为15.9%（复利计算合计910%），迈耶表示：

"对投资者来说，最有效的工具就是分散化。真正的分散投资允许你在承担同样大小的风险的情况下获得更高的收益，大多数投资者实现的分散化程度远远低于他们应该达到的水平。"

欧洲的贵族、维多利亚时代的实业家或美国的"强盗大亨"需要一群银行家和律师的帮助，才能进行这样的投资。对生活在2017年的你来说有一个好消息，那就是在今天进行这样的投资比过去容易得多，用很少的钱你就可以开始。你可以使用像ISA这样的免税账户进行投资，而这一切都可以在你自己家里、通过你的电脑甚至你的智能手机舒适地完成。

2. 自动化

其次，如果可能的话，你应该通过每月直接扣款的方式来实现投资的自动化。这样做会让你在一段时间内保持平和的心态：这就是所谓的"平滑"或"平均"。它也能把你从投资的"恒等式"（下文会有详细的说明）中解救出来——除了极个别特殊情况外，这是一个非常好的主意。

解释一下：在2007年10月到2009年3月这段时间内，美国的标准普尔500指数（一个很好的代表股票市场的指标）从1500点左右跌至令人毛骨悚然的666点（这是一个56%的大崩盘，天哪！）在我写那3篇文章的时候，它又从666点一路上升到2300点（245%的复苏。不错！）

问题是——人性就是如此，如果你尝试对你的投资进行市场择时以期利用这些波动，你几乎肯定会做错。事实上，实际情况比这更坏：你有很大的可能会买高卖低、所做的投资择时糟到不能再糟。

这是为什么呢？因为我们在心理上很容易犯错，我们人类是群体动物，我们过分关注周围的人在做什么。尽管我们与之抗争，但很少有人有足够的知识或自信去做真正的逆向投资者。2009年3月，当股市触底666点时，你在新闻中看到或读到的几乎都是关于股市投资的风险有多大以及每个人刚刚损失了多少钱的报道。你参加的每一个晚宴，人们都会说同样的话，哀叹他们损失了多少。恐惧、悲哀、悲观、愤怒、哀号和咬牙切齿在市场中随处可见。因此，在这个时候你不太可能会考虑把自己辛苦赚来的积蓄投入到股市之中。即使你只是考虑它，每个人都会认为你疯了，他们会跟你说："风险太大了！看看刚刚都发生了什么！"

然而，更令人怀疑的是：随着市场从底部开始复苏——10%，然后20%、30%、40%，一直到今天的245%——你会很自然地对自己说（几乎每个月）："该死！我一定已经错过了，现在已经太迟了。"于是，你就不会再进行投资了。

在一两年后，你的下一个想法可能会是这样的："该死！我必须把这笔投资处理好。看！股市上涨了245%，它一直在上涨。我的同伴们都发了财，而我却一直在逃避，结果最后错过了。它是对的！就是这样！我必须进场！"

接下来的故事你都知道了。就在你决定回来的时候，下一个网络泡沫或者雷曼式的崩盘到来了，你会彻底崩溃，然后在接下来的10年里舔舐伤口。尤其，如果你像许多人一样，只涉足股市投资，而不是像上面所描述的那样拥有整个世界的话，这个恶性循环会一直重演。这真的在发生，一次又一次。这是人的本性，我们天生就会这样做。

解决方法是要把你自己从以上的"恒等式"中释放出来。你真的应该完全忽略新闻，让你的投资自动化运行，不要试图事后猜测会发生什么事，不要试图把握市场时机、思考"我应该现在买进还是现在卖出"，也不要问所谓的"专家"是怎么想的。

只把你每个月所能承受的金额定期投资到合理的东西上（稍后再详细讨论），不要间断，直到你可以依靠所获得的收益生活为止。（这个时间比大多数人想象得要快，如果你真的这么做的话。）

在我们上面关于标准普尔500指数的例子中——如果你每月通过自动化交易固定地进行支付的话，你的确会在崩盘前以1500点的点位进行投资，但在崩盘之后的每个月中，你都可以以更低的点位买入（在680、750、850、930、1000等点位水平上，直到2300点！这真的太可爱了！）。

这种方法的最终结果是，无论发生什么，你都能在整个经济周期中获得持续而有意义的回报（远远高于利率）。多亏了爱因斯坦的第八个世界奇迹——复利——乌龟再次把兔子打翻在地，你最终会得到比你想象中更多的钱。

3. 坚持你的立场

最后，你必须对自己的游戏计划有信心，并坚持自己的立场（一旦你对金融有了更多的了解，这样做就容易多了）。

伦敦商学院的埃尔罗伊·迪姆森和保罗·马什教授表示，从1955年至今，投资英国中小企业的年回报率不低于15.4%。对，你没看错，60年来，每年15.4%！

在你储蓄和投资的钱上获得这样的回报会让你很快变得富有——尤其是如果你使用ISA账户，这样你甚至不用承担任何税务责任。你可以在几年内成为一个百万富翁。

然而，有一个问题（尽管之后我们将看到这一个问题的解决方案）：尽管这种持续了不少于60年的业绩记录令人惊讶（除了伦敦金融城少数人之外，绝大多数人几乎完全不知道），但15.4%的回报率并不是每年都来得一帆风顺。在一些年份之中，小公司的增长率达到30%甚至40%以上。但自1955年到今天，也有几次下降幅度超过了50%。

如果你回顾一下上面的第二条规则，你就会明白，这些下跌经常会导致持有英国小型公司股票的人因为恐惧而放弃，使他们50%的损失具体化，然后再也不会在这个领域投资了——这是一个可怕的结果，而且远不及他们可能获得的15.4%的年回报率。这就是为什么对你正在做的事情抱有信心并且坚持你的计划是如此重要。

在做演讲活动时，我经常说，事实上，投资成功的90%取决于管理，只有10%取决于你投资了什么。如果你真的努力在一家优质公司上建立投资账户、优化你的ISA和养老金安排、建立必要的定期直接划款投资，你就已经取得了90%的投资成功。最后要做的10%，是选择合理的支付对象，并坚持你的立场。

60年来，英国的小规模公司已经创造了超过15%的年化收益率。特里·史密斯的Fundsmith基金过去6年的年化回报率为19.8%。贝利·吉福德的苏格兰抵押投资信托基金在过去的10年里已经产生了300%的回报。如果把这类事情列成清单，这份清单将比你想象的要长。

通过每月投资这些资产并坚持自己的立场，你可以获得真正好的投资回报。大多数人对此一无所知——这是我们教育体系的一个根本失败。

也就是说，所有可以创造出上面这样巨额收益的方式自身都带有很大的波动性。我很高兴我的一个朋友在过去两年中从他在Fundsmith的持股中获得了超过50%的收益，但我每周都警告他，这种持股几乎肯定会在下一次崩盘中大幅缩水。只要他有信心在这种情况发生时做到坚持、把成本平均下来，他就会平安无事。

问题是，要做到这一点需要很大的毅力，即使你已经做好了准备。这就是"拥有世界"如此重要的原因——因为只要那些下跌50%的年份没有把你从你的持仓中吓跑、让你放弃投资、把账面亏损变成真实亏损，它就可以把回报率"磨平"。

随着你离退休越来越近，这一点也是至关重要的。在你20多岁的时候从10 000英镑中损失5 000英镑和在你60岁的时候从1 000 000英镑中损失500 000英镑是完全不同的问题。

总结

如果你做到"拥有世界"、让你的投资自动化并坚持自己的立场，那么在整个经济周期中，无论最新的新闻是什么，你都应该获得较高的个位数甚至两位数的回报。

更好的是，这样做可以消除很多担忧。一旦你完成了必要的管理工作，你就可以在晚上睡个好觉，把宝贵的时间花在你喜欢做的任何事情上，而不是浪费在跟踪金融市场、担心特朗普、克林顿、叙利亚、英国脱欧、杀人蜂、移民、地震、外星人或其他本周报纸上喋喋不休的话题上。

桑迪·克罗斯
Sandy Cross

  桑迪·克罗斯是Rossie House投资管理公司的投资经理兼董事,专门负责管理私人客户投资组合。桑迪对投资信托有特殊的专长和兴趣。他曾在标准人寿财富公司工作,担任投资组合经理和爱丁堡办事处主管。在此之前,桑迪在伦敦汇丰银行投资部门工作。他在香港开始了自己的金融服务生涯,担任了NatWest投资管理公司亚洲分部的投资组合管理培训生。

  桑迪毕业于爱丁堡大学,并在帝国理工学院获得工商管理硕士学位。他是证券学会的特许会员。

如果你所投资的基金经理
喜欢收购型的公司，
那就选择
买入其他的基金。

桑迪·克罗斯

找到天赋型主动基金经理的六个方法

我是主动型基金管理的一名忠实信徒,我能看到被动型基金的魅力所在:以较低的价格获得或多或少的平均业绩并不是件坏事。然而,我和我的同事们仍然相信,在投资方面,男人(或女人)可以比机器做得更好。我们确信,市场上存在真正有天赋的经理人,我们可以利用他们来对客户的资产进行分散化,同时也让他们获得比仅仅追踪更广泛的市场指数更高的回报。以下是一些关于我们如何找到由这些天赋型经理管理的基金的想法。

1. 寻找喜欢宏观故事但总是忽视这些故事的基金经理

每个人都喜欢故事。如果这个故事成功地让一些复杂且内在不可预测的事情看起来既简单又可预测,那就更好了。所以,孩子们喜欢阅读童话故事(他们从童话故事中得知,道德总是黑白分明),投资者们则喜欢狼吞虎咽市场研究报告(他们从市场研究中得知,市场的复杂性可以通过相关的图表或其他方式加以处理）。但正如童话故事是为人们对现实生活的不满而准备的一样，投资的故事作为投资的基础往往被证明是值得怀疑的，这在很大程度上是因为大多数关于市场和经济走向的宏观预测都是错误的。想一想美联储所做的努力吧：它拥有丰富的资源、挤满了非常聪明的人。在过去60年中曾出现8次经济衰退，在美联储任职的这些人都没有成功预测到，因为这真的太难了。我们发现，更好的做法是跳过对宏观形势进行精准预测的谬误，转而假设总是存在一系列可能的结果，并尝试建立对这些可能的结果具有一定灵活性的投资组合。

2. 记住一点：投资是关于公司的

预测失败的好处在于，它所产生的影响并不如你所认为的对于长期投资者的影响那么大。投资这件事，无论你是像我们那样通过基金进行投资，还是直接持有个人股票，都与公司有关——它们的产品、现金流、利润、管理专长和文化。虽然确定这些趋势并不容易，但与预测全球利率走向相比，要确定这些趋势的变量要少得多。把关注点放在有用的和可能的东西上，而不是通常不可能的和不一定有用的东西（正确预测宏观经济趋势并不意味着你就能幸运地预测它对实际投资销售的影响）。

3. 投资对于股市历史有一定了解的基金经理

过去比未来更容易把握，它也可以帮助我们减少未来的错误。我强烈建议投资新人去浏览爱丁堡的错误图书馆（the Library of Mistakes in Edinburgh）。在那里——就像许多商学院图书馆里的情况一样——你可以找到许多书籍，它们的研究得出了一个关键结论：对于股东而言，大约四分之三的并购交易是完全失败的。因此，我可以肯定地告诉你，与坚持有机增长的公司相比，涉及并购（除了小型秘密收购）的公司的股票不太可能是好的投资标的。我还可以告诉你，任何被描述为"转型"的交易都应该像瘟疫一样被避免。如果你所投资的基金经理喜欢收购型的公司，那就选择买入其他的基金。

历史告诉我们关于杠杆的类似教训。我们总是想为危机做好准备（几乎总有危机在路上）。我们知道，在危机中，债务最多的公司破产的速度最快。需要偿还债务、需要应对银行的要求，这降低了它们的灵活性和自主性——这两件事都是管理者在危机时刻真正需要的。长期投资者最好接受较低的年回报率以换取更大程度的财务弹性——以及更大的长期生存机会。因此，检查一下你的基金经理们的十大持股清单——如果这份清单里有太多高杠杆的公司，你最好避开这只基金。

4. 一起参与其中

你想看到一只基金经理投资自己的基金。如果对于基金经理自己的资金来说，他的基金并不是一个足够好的选择，那为什么这只基金对你的钱来说就是好的选择呢？在将你的钱交给他们之前，检查一下他们的个人持股。金融世界对于风险有各种各样的定义，对大多数投资者来说，唯一值得关注的是永久性资本损失的风险。如果一个经理没有投资他自己的基金，你可能会想为什么他认为他自己的资金在那里不安全。

5. 确保你的基金经理没有过度工作：通常交易越少越好

成功的资产管理公司和不成功的资产管理公司之间通常有一个很大的区别，那就是换手率。换手率更低意味着成本更低（这是一个长期业绩表现的有效预测指标），同时也表明了更高的信心水平。你需要一个有清晰策略的经理，这个策略能给他带来好的想法，然后给他时间去实现这些想法。太多的基金经理会被市场的短期方向所左右：只要有一点点担心自己的策略在短期内可能意味着他们的表现不如市场，他们就会采取别人的策略。我们在市场上寻找的，是少数几个比大多数人更有毅力的经理，那些有（好的）计划并坚持下去，不管其他人在做什么的人。

6. 上市基金——一个古老但成功的想法

如果你想进行长期投资，那你最好投资于上市基金（英国的投资信托）。这些基金实际上是公司，成立的目的就是投资其他的公司。它们最关键的优点在于它们的资本是固定的。当然，投资者可以出售自己所持有的基金份额，但他们无法直接从基金中提取资金。这意味着信托公司可以长期持有投资，他们可以投资于其他基金认为风险太大的非流动性资产（风险来源于它们不能快速出售，而不是它们本身的特性）。因此，你可以利用投资信托基金购买那些你现在可能想要分散化的东西——比如小型公司或房地产。如果出现问题，你会发现，与大多数投资产品不同的是，你会有一个可以抱怨的对象。作为上市公司，信托公司会设有独立的董事会。如果你不喜欢他们投资的方式，就去参加年度股东大会并告诉他们。

Harriman's New Book
Of Investing Rules

劳伦斯·A. 坎宁安

Lawrence A. Cunningham

　　劳伦斯·A. 坎宁安写过十几本书，这其中包括《沃伦·巴菲特随笔：美国企业的经验教训》(*Essays of Warren Buffett: Lessons for Corporate America*)，这本书由劳伦斯和传奇投资家巴菲特先生合作创作，自1996年以来已连续出版多个版本；广受好评的《巴菲特之外的伯克希尔：价值投资的永恒价值》(*Berkshire Beyond Buffett: The Enduring Value of Values*)；《现实世界中的合同：通俗合同的故事及其重要性》(*Contracts in the Real World: Stories of Popular Contracts and Why They Matter*) 以及《价值投资者的护城河：识别并持有高品质公司，持续获取超额利润》(*Quality Investing: Owning the Best Companies for the Long Term*)。坎宁安的专栏已经在世界各地的许多报纸上发表，包括《金融时报》《纽约时报》和《华尔街日报》，此外，他的研究曾发表在哥伦比亚大学、哈佛大学和范德比尔特大学等大学的顶级学术期刊上。坎宁安是乔治·华盛顿大学一位颇受欢迎的教授，他的演讲也很广泛，每年为各种学术、商业和投资团体举办多达50场讲座。

正如人们在玩扑克游戏中所说：
'如果你玩了30分钟还不知道
谁是受骗人，
那你就是受骗人。'

劳伦斯·A. 坎宁安 ●

沃伦·巴菲特的投资规则

1. 不要做容易被骗的人

如果你不能聪明地投资,那么持有普通股的最佳方式是通过收费最低的指数基金,这个做法将打败绝大多数投资专业人士所享受的净收益(扣除手续费和各项费用后的收益)。正如人们在玩扑克游戏中所说:"如果你玩了30分钟还不知道谁是受骗人,那你就是受骗人。"

2. 像商业分析师一样运作

不要把注意力放在市场行为、宏观经济行为甚至是证券行为上,集中精力评估企业的经营情况。

3. 寻找一条宽阔的护城河

寻找长期前景良好的企业，那些收益在未来5年、10年或20年肯定会大幅上升的企业。

4. 利用"市场先生"

市场价格在商业价值上下波动，就像躁狂抑郁症患者在事情既不那么好也不那么坏的情况下，情绪会在乐观与悲观之间波动一样。市场会给你一个价格，这是你需要支付的，而企业会给你价值，这是你所拥有的。利用市场的错误定价，不要让它们利用你。

5. 坚持安全边际

你支付的价格和你得到的价值之间的差额是安全边际，安全边际越丰厚越好。伯克希尔在1973年至1974年收购华盛顿邮报公司的交易提供了非常丰厚的安全边际（价格约为价值的1/5）。

6. 以合理的价格买入

逢低买入会导致无法提供长久持续价值的买入行为，而以疯狂的价格买入将导致根本没有价值的买入行为。以公平价格购买一家优秀的企业，优于以高价购买一家平庸的企业。

7. 了解你自己的边界

避免那些超出你能力范围的投资目标。你不需要成为每个公司甚至很多公司的专家——只需要考虑你能力范围内的公司。边界的大小不是很重要；然而，知道它的边界是至关重要的。

8. 和你的"女婿"一起投资

只和你喜欢、信任和欣赏的人一起投资——那些你愿意把女儿嫁给他的人。

9. 符合标准的只是少数

如果你看中了一家公司，那就买入大量的股票。不要担心你是否足够分散化。获得一件卓越的物品，比获得一打平庸的物品更好。

10. 不要做出酒鬼的行为

在华尔街所有的格言中，最愚蠢的一句应该是："你不可能因获利而破产"，而这与这句话正好相反。想象一下，作为一个股东，你拥有一家公司，而且，假如你拥有并经营整个公司，你会以同样的方式持有它。如果你不愿意持有它10年，那就10分钟都不要持有。

乔布·柯蒂斯
Job Curtis

乔布·柯蒂斯是亨德森全球投资者公司全球股权收益团队的董事。自1991年，他一直担任伦敦金融城投资信托基金的基金经理，并在2006年之后担任亨德森全球股权收益共同基金的联席经理。

1983年，乔布从牛津大学毕业，同时获得哲学、政治和经济学学位。他从事股票市场投资工作已有34年。在他职业生涯的早期阶段，曾于1983-1985年为股票经纪公司格里弗森·格兰特公司工作，1985-1987年在康希尔保险公司投资部门供职，从1987年开始为途雪·雷姆南特公司工作，直到1992年转投亨德森为止。

如果你在投资的同时
收获了一笔可观的股利,
那么保持耐心就变得
更为容易。

成功的股权收益投资

1. 投资高于平均收益和增长水平的股票

我的目标是投资收益率高于英国股市的富时全股票指数的股票,这些股票的利润和股息通常会获得较大的增长。对许多投资者来说,这种收益与增长的结合是极具吸引力的。股票的长期回报有很大一部分来自公司派发的股息。在我与亨德森全球投资者公司全球股权收益团队的同事们所做的公司分析中,我们仔细观察了公司的利润与现金流如何覆盖其所支付的股息,以满足其未来增长所需要的资本支出。

2. 避开最高收益的股票

股息收益率处于市场区间最高端的股价风险更大。股票市场是相当有效的,在这样的市场中,高收益也许意味着增长乏力,甚至可能削减股息。高收益股票有时被称为"价值陷阱",已有先例可以证明这一条规则:非标准银行远景金融公司(Provident Financial)是伦敦金融城投资组合中的一个例子,多年来它一直保持着收益高、表现好的特点,但最近几年它逐渐失去了盈利能力,开始停止派发股息。

3. 避开低收益与零收益的股票

显然,如果你意图获取收入,你会倾向于避免零收益或非常低收益的股票。同样值得注意的是,许多投资者们对低收益或零收益股票存在不切实际的预期。当这些公司表现令人失望时,负面的股价反应可能会被放大,随着投资者减持该股,股价下跌幅度将超过利润预期降幅。我职业生涯中最极端的例子是在1998年和1999年,当时科技股的股价因为互联网热潮而飙升。接着,在2000年至2003年,由于未能达到投资者过高的期望,它们的股价大幅回落。事实上,许多公司的市值都很高,尽管它们没有分红,甚至没有盈利。具有讽刺意味的是,事实证明,在之后的20年间,有关经济和社会互联网的本质发生了根本性改变的许多观点都是正确的。但这一事件表明,投资估值过高、未能达到预期的股票存在风险。

4. 分散化你的投资组合

在我看来,在构建投资组合时,分散化是成功的股票收益投资的重要组成部分。无论一家公司规模有多大,都有可能会发生意想不到的事情。石油巨头英国石油公司在美国墨西哥湾的马孔多油井石油泄漏事件就是一个很好的例子。英国石油公司不得不暂停派息,股价严重下跌。另一个例子是苏格兰皇家银行,它是英国市场上最大的股票之一,在2007-2009年的全球金融危机中损失了大部分价值。因此,我坚定地相信,应该分散投资,而不是把少量鸡蛋放在一个篮子里。伦敦金融城的投资组合通常由100至120笔投资构成。分散化也让我可以在那些我可能不太相信的股票上进行较小的投资，这些股票可能短期内有一些问题，但有明显的长期上行空间。而且，如果你在投资这些股票的同时收获了一笔可观的股利，那么保持耐心就变得更为容易。

5. 避开杠杆

作为一名收入投资者，我对债务水平高的公司持谨慎态度，周期性行业的公司尤其如此。在经济低迷时期，这些公司的利润将大幅下降，它们将不得不专注于偿还债务的利息，如果没有足够的剩余利润用于偿债，它们的股息将很容易被削减。收益非常稳定的公司，比如受监管的公用事业公司，更适合利用杠杆。例如，在经济衰退期间，水务公司的客户仍将继续支付账单。

6. 拥抱投资信托的优势

投资信托的封闭式结构是实现股息持续增长的一大优势，原因是投资信托每年可以留存高达15%的投资收益。他们把这笔钱存入一个收入储备金账户，在年景好的时候，这个储备金还会增长用于分红。在熊市或市场下跌期间，当出现股息削减时，投资信托可以动用其收入储备以继续增加股息，即使它们在特定年份没有被收益所覆盖。相比之下，开放式基金（OEICs）每年必须分配所有的投资收益，当整个市场都出现股息削减时，它们没有收入储备可用。在2007-2009年的熊市期间，大约25%的英国公司削减了股息，而对于开放式基金来说，要避免这个情况是很困难的。在我管理伦敦金融城投资组合的26年里，有7年我们不得不利用收入储备来增加股息。如果没有收入储备，伦敦金融城投资组合不可能实现其51年的年度股息增长。

HARRIMAN'S NEW BOOK
OF INVESTING RULES

马克·丹皮尔

Mark Dampier

自1998年以来,马克·丹皮尔一直是英国最大的独立股票经纪公司哈格雷福斯·兰斯当的研究主管。他从事金融服务行业已有32年,最初是一名顾问,帮助个人客户进行投资。他拥有法学学士学位,现已成为基金管理行业最知名、被广泛引用的人物之一。多年来,他定期在《独立报》上撰写有关基金和市场的专栏,并定期在全国性媒体和广播媒体上发表评论。

《高效投资》(Effective Investing)是他的第一本书(他发誓,这绝对是他的最后一本书!)。在他的业余时间,你会发现他喜欢射击、滑雪、帆船或钓鱼,这主要取决于季节。

最好的回应方式总是
不作任何回应。

投资，要实实在在地做，不玩虚的

在我看来，这一章完全是投资。我经常发现，咨询顾问们经常会因为担心自己可能会违反监管规定，对客户的问题给出了学术性的考试式回答，而不是提供适用于真实世界的指导。咨询顾问如果受到英国金融行为监管局（FCA）的监管（就像我一样），那么他是不允许向客户提及自己的投资的，因为这显然会被视作理财建议。然而，新闻行业不属于FCA的监管范围，所以我可以自由地在报纸或书籍上详细讨论我自己的投资。

我希望这一章将为投资者实现成功的投资提供一些有用的技巧，尽管几乎每条规则都有例外——所以这些基本原则都不应该刻在石头上！

1. 做到有条不紊

后勤管理是一个显而易见的起点。要管理自己的投资，你要有条理。当我32年前开始工作时，电脑用于日常生活还处于起步阶段。当时大多数投资者都有股票经纪人来管理他们的投资组合,并需要为这种特权支付一小笔钱。20世纪80年代,单位信托的潮流到来,彻底改变了私人投资。1979年,英国取消了外汇管制,单位信托基金不仅为英国提供了投资渠道,也为海外市场提供了投资渠道。

我的第一笔投资是日本单位信托基金。亨德森日本公司在我投资的前6个月赚了75%,并帮助我开始了投资生涯。我并不是唯一一个意识到这一点的人,尽管许多投资者仍然使用顾问和股票经纪人,但其他人开始看到自我管理的好处。毫无疑问,它更便宜。然而,自我管理中所涉及的管理规模庞大,所以这只是时间充裕的人的一种选择。持有15只单位信托,对于100 000欧元规模的投资组合而言并不合理,因为这意味着一年之中会有30份单独的报表来敲你的门。不同基金集团的估值或报表都没有进行标准化,要计算出总价值,需要一份英国《金融时报》和一个计算器。

技术和投资平台的崛起再次彻底改变了私人投资。如今,只需点击鼠标,就可以在一天24小时之内进行估值,所有投资都集中在一个地方,交易快捷高效,每年4月份的综合税收证明让纳税申报变得轻而易举。当然,这一切都是有代价的,但与所节省的时间和精力相比,这是微不足道的。平台通常还附带其他好处,例如分析工具、研究报告和表现数据。因此,尽管你需要有组织地管理自己的投资,但把时间花在选择合适的平台上会让这变得更容易,而且花得也很值。

2. 你必须耐心和自律

耐心和自律是许多投资者失败的地方。目前基金的平均持有期限约为3年,远低于建议的5至10年。讽刺的是,问题出在媒体和平台上。在大多数情况下,互联网的发展是一件好事,但投资者也被太多现成的信息所诅咒。就像卫星电视的发展一样,可能有更多的内容可供选择,但未必都是高质量的内容。我认为,不断提供新鲜内容的要求,导致了金融新闻质量的下降。更糟糕的是,它已经变得高度情绪化,这常常促使投资者做出缺乏事实依据的草率投资决策,再加上通过平台进行交易的便捷性,投资组合经常发生不明智的交易。

投资不是"一夜暴富"的计划,投资组合的成长需要耐心。任何声称自己不是投资者的人都是赌徒,他们的建议很可能在很短的时间内导致失望和损失。

3.要心态平和地应对什么都不做的时刻

尽可能少做投资决策的长期观点是成功投资组合的秘诀。传奇投资者沃伦·巴菲特的"什么都不做,只需要坐在那里"(Don't just do something, sit there)这句话概括了我自己的投资哲学,也是我们这一代最成功的一些基金经理的观点。林德赛尔·特莱恩公司的尼克·特莱恩在过去5年里几乎没有做出任何投资决策,而尼尔·伍德福德的基金的成交量也同样很低。他们的信念不受短期事件的影响。事实上,他们往往欢迎价格下跌,因为这提供了一个以短暂的更低价格补充他们所青睐的头寸的机会。

伴随着坏消息或不确定性而来的是基于短期因素做出投资决策的诱惑。2016年,在英国脱欧公投或唐纳德·特朗普当选美国总统之前的几个月,许多投资者试图预测结果,并据此对自己的投资进行定位。当股市下跌时,人们面临的诱惑是逃之夭夭,把一切都变现,把钱都藏起来。如果没有其他原因,仅仅是决定什么时候再进行买进这一艰巨的任务就使得变现变得极不可取。

很少有投资者预见到金融危机,但假设你在北岩银行(Northern Rock)倒闭之前卖掉了全部投资组合,你会在2009年初的市场底部重新买入吗?没有多少人会这么做,因为几乎没有迹象表明股市会上涨,而当时媒体仍充满了厄运和悲观。直到今天,许多人可能仍然持有现金。是的,2008年的下跌的确是痛苦的,但一位优秀的基金经理已经弥补了此后的损失。因此,尽管我不希望助长自满情绪,但我的建议是忽略噪声。如果一个金融事件出现在10点钟的新闻上,不要沉浸在那种情绪中,尤其是在你不能完全明白发生了什么的时候。最好的回应方式总是不作任何回应。

4. 保持简单

单位信托最初的目的是为投资者提供分散化的股票市场敞口。然而不久之后，基金管理营销部门就意识到，它们也可以将资金投入到利基领域，比如技术、石油、采矿、医疗、水资源，或者最近的机器人技术。尽管专业基金有自己的用途，但除非你想尝试坐"过山车"，否则别想投资专业基金。无论基金经理的技巧有多高明，当他们关注的特定领域在市场中失宠时，他们都将无处可藏。投资者通常在该领域流行、经常在媒体上大肆宣扬时买入专业基金。换句话说，他们在错误的时间投资。我把这些基金称为"性与暴力"基金，但我怀疑典型的投资者总是会获得所有的"暴力"，却没有得到任何的"性"。

对于那些无法抵抗性感之物诱惑的人，规则必须改变。这些基金通常不是长期投资。在该领域被踩躏和不受欢迎时买入，当其他人开始兴奋时卖出。这在理论上听起来很容易，但在实践中却异常困难。

5. 紧跟基金经理

主动管理基金的表现最终取决于基金经理的决定。因此，投资者承担了这样一种风险，即基金经理可能不够优秀，或者一个优秀的基金经理可能会把基金留在别处。因此，检查经理的过往历史并掌握人事变动情况是很重要的。

许多成功和经验丰富的基金经理都离开了现有的公司，自己创办了基金。我通常喜欢这些"投资精品店"，因为它们让经理们能够培养一个团队和工作环境来适应他们的方法。他们通常在企业中持有大量股份，这使他们的利益与其投资者的利益相一致，使他们更有可能长期坚持下去。

如果这听起来太复杂，被动基金提供了另一种选择。它们没有主动基金管理公司的风险,通常收费低廉,但重要的是要记住,它们从不提供指数回报——所有被动基金的表现都低于它们长期跟踪的指数。

无论你选择投资于主动型还是被动型基金,投资信托、股票还是三者的混合体,重要的一点是首先要投资。保持简单,消除情绪,减少交易,股票市场可以提供一个很好的方式来长期增加你的财富。也就是说,首先要记住你投资的原因。对大多数人来说,这是为了提高生活质量。如果投资组合会让你彻夜难眠,或者不良情绪可能会打败你,那么就坚持持有现金吧——投资并不适合你。

HARRIMAN'S NEW BOOK
OF INVESTING RULES

埃尔罗伊·蒂姆森、
保罗·马什和迈克·斯坦顿

Elroy Dimson, Paul Marsh &
Mike Staunton

  埃尔罗伊·蒂姆森是剑桥佳奇管理学院捐赠资产管理中心主席、伦敦商学院金融学名誉教授。保罗·马什也是伦敦商学院金融学名誉教授。迈克·斯坦顿是伦敦商学院伦敦股价数据库的负责人。

  他们是瑞士信贷全球投资回报年鉴的作者。

从长期来看，
规模、价值、收益、动量和波动性
对投资组合的表现具有
决定性影响。

影响投资回报的五个因素

规模、价值、收益、动量和波动性对投资组合回报率有重要影响。它们应该受到所有投资者的监督。虽然在短期内，通常不存在强势模式，但从长期来看，这些因素对投资组合的表现产生了决定性的影响。

1. 规模：小规模公司是真正的明星表演者

在过去几十年里，投资小公司带来的回报比投资大公司带来的回报要高，这一点如今已是不争的事实。在英国，如果1955年在大市值公司上投资1英镑，到今天它将变为1 087英镑。对中型公司的投资将给予更好的回报，对更小的公司投资仍会有比中型公司更好的回报。

但在这61年的时间里，真正的明星股是所谓的微型股——按市值计算，英国股市市值最低的1%。1955年投资在这些微型股上的1英镑，到去年年底已经增长到至少27 256英镑。

埃尔罗伊·蒂姆森、保罗·马什和迈克·斯坦顿

2. 价值：价值投资起作用

有一段时间，价值投资产生了令人失望的结果。例如，在20世纪90年代，成长型股票表现不错，而价值型股票则落在了后面（随着互联网泡沫的破灭，这种模式发生了逆转）。但长期来看，有一个明显的模式存在。比较两组股票的表现：一组股价相对于公司账面价值较低，另一组股价相对于账面价值较高。

在英国，按账面价值衡量，股价相对较低的一组在1955年至2016年的年平均回报率为16%。对于市值相对于账面价值较高的股票，这个数字是10.3%。价值投资发挥作用了。

3. 收益：投资高收益股票

衡量"价值"的另一项指标是每股股息率。在这方面，瑞士信贷全球投资回报年鉴的优势是可追溯到1900年的数据库。

回报年鉴计算了"高收益"投资组合与"低收益"投资组合的回报率。每年年初，英国规模最大的100只股票被分为两组——收益率最高的50只和收益率最低的50只。在接下来的12个月里，将分别计算两组股票的收益，这个过程每年都会重复。

1900年投资在低收益组合上的1英镑到2016年年底将增长到6810英镑，但在同一时期内，投资在高收益组合上的1英镑已经增长到了158 727英镑——超过23倍!

4. 动量：大动量会带来不同

利用股价过去的动量来预测未来的表现是违反直觉的。如果市场以完美的效率运转，那么仅仅通过买入过去的赢家而卖出输家，就不可能获得高于平均水平的回报。

然而，动量交易带来了巨大回报。将这种方法付诸实践的方法有很多。例如，在衡量过去的动能时，可以在3个月、6个月或12个月后选择股价表现来确定赢家和输家。同样，过去的赢家一旦被买入，可以持有一两个月甚至更长时间。

从1900年以来的数据来看，买入在前一段时间表现优于大盘的股票，卖出表现不佳的股票，将会产生可观的回报。在瑞士信贷全球投资回报年鉴中，这种计算方法是根据股票此前12个月的表现进行分门别类。在购买和持有一个月之前，允许有一个月的等待期。

按照这个公式，只看前100名的英国股票，赢家的年平均回报率为14.1%，输家的年平均回报率只有3.6%。当然，这种方法涉及大量的买卖，所以投资者在开始一个大动量投资策略之前应该考虑交易成本。

5. 波动性：高风险股票无法带来高回报

直觉告诉我们，投资者在承担更高风险时应该得到回报：他们将资金投入股价波动剧烈、涨跌幅度大于市场整体水平的股票，将获得更高的长期回报。

事情没那么简单。几项研究表明，事实恰恰相反：投资近期波动较大的股票，其回报率低于投资股价较为稳定的股票。换句话说，低波动性和高投资回报是密不可分的。

但这些发现通常基于短期价格变动——3个月的日回报率。在瑞士信贷全球投资回报年鉴中，我们考察了一种更长期的波动性衡量指标，追踪了60个月来股票相对于市场的表现。

在此基础上，从1960年到世纪之交，在高风险股票和低风险股票之间几乎没有选择的余地。然后是2000年科技泡沫破灭，高风险（也即高波动性）股票的价格暴跌。自2003年以来，高风险股票的表现实际上好于低风险的竞争对手。

当然，从1960年到2016年的整个时期，高风险股票的表现都不佳。但这种表现不佳的原因在于，当科技泡沫破灭的时候它们崩溃了。

斯蒂芬·埃克特
Stephen Eckett

斯蒂芬·埃克特在霸菱证券开始了自己的职业生涯，后来在信孚银行和华宝银行工作，其间在伦敦、香港和东京工作。定居法国后，他与人共同创办了哈里曼出版社，该社已成为英国领先的独立金融书籍出版商。他还撰写金融方面的书，包括最新的《哈里曼股票市场年鉴》(Harriman's Stock Market Almanac)。

正如沃伦·巴菲特所说，
'如果市场总是有效的，
我就会变成一个在街上拿着锡杯的
流浪汉'。

斯蒂芬·埃克特

如何从股市异常波动中获利

1. 相关性不是因果关系

我们生活在一个数字时代，其结果是我们在数据中游泳，我们可以用Excel这样的程序轻松地分析这些数据。导入一个数据表到电子表格之中，点击一个按钮，我们就有了一个图表——太神奇了！这种能力允许我们发现数据中的各种模式和关联。但其中一些模式和关联（或相关性）是虚假的。换句话说，仅仅是事件关联性的存在并不一定意味着存在因果联系。这让我们想到了一个如今经常听到的短语："相关性不是因果关系。"

这听起来像是一个现代短语，但在谷歌图书搜索上搜索发现，这个短语的变体从1880年开始出现在书籍中。尽管这个短语可能已经出现了一段时间，但随着电脑和互联网更广泛的使用，它的使用在过去几十年里呈爆炸式增长。借助于"相关性不是因果关系"的批评，当今许多薄弱的研究可以被简单而有效地驳回。

在鉴别伪相关性方面，现在似乎存在一个微型产业。例如，每年人均奶酪消费量与每年死于床单缠绕的人数之间存在关联（更多的伪相关性案例可以在 www.tylervigen.com/spurious-correlations 找到）。

在金融界，伪相关的一个例子是著名的超级碗指标——当超级碗被原有NFL的球队赢取时，这个关系存在，当年股票市场会以高于年初开始时的行情收尾；而如果冠军被原有AFL球队赢得时，则会以更低的指数收尾。

但是，尽管对相关性持怀疑态度很重要，但不应过早排除因果联系存在的可能性，无论这种可能性看起来有多不可能。正如统计学家爱德华·塔夫特（Edward Tufte）所说，"相关性不是因果关系，但它肯定是一种暗示"。换句话说，强相关性可能会凸显出需要进一步研究的领域。

而且，如果一种相关性被识别出来，在没有完全理解任何潜在的因果关系，或者实际上是否真的存在这样的因果关系的情况下，仍有可能利用它获利。

2. 仔细选择你的时间区间

自1693年以来，英国股市的平均年回报率为2.7%。自1693年以来！印象深刻吗？

300多年的价格历史是相当了不起的。但我们可以质疑这些数据来自哪里、使用的是什么指数、这段时期指数计算方法的一致性或者1693年的股票市场由什么所构成。

如果我们希望利用这段价格历史来对未来价格行为做出一些预测，我们可能会起疑问：从1693年开始或从1993年开始的数据，哪个更相关。作为做出这些预测的基础，最近的数据似乎更有用。

仅仅因为你有从1300年以来的数据（就像我们在黄金方面所做的那样）并不意味着你必须使用它。通常，更近期的数据会比长期数据更好地概括当前价格数据的普遍性质。

但事实并非总是如此。

例如，通过使用回归分析，我们可以计算出一条最适合数据序列的直线，这使我们能够在未来日期对公允价值进行预测。如果我们对1946年以来的富时全股票指数这样做，那么回归分析计算出该指数的公允价值比今天的实际价值高出51%。但如果我们对1920年以来的指数数据做同样的计算，那么我们可以得到一个比今天实际指数高出1%的公允价值。在这种情况下，长期数据计算的公允价值更接近于今天的实际价值。

这里的教训是，要注意你选择的时间区间对历史数据分析的重大影响。因此，仔细选择你的时间区间并对多个时间区间进行计算，以了解结果对时间区间的敏感性。

3. 对过于精确保持警惕

自1980年以来，富时100指数4月份的平均回报率为2.1745082433%。你是否觉得这个数字太精确了——比如说，2.175%是否会更好？2.2%是不是太不精确了？

计算机的一大好处是，我们可以很容易地进行非常精确的计算，而计算机的一大危险同样是我们可以很容易地进行非常精确的计算。这是一种危险，因为非常精确地计算数字（例如大量小数位数）会使我们对计算及其结果产生错误的信心。我们会为计算、数据的内在估计和/或结果未来的用途而作出一些假设，高精确度会导致我们忽略所作出的粗略假设。

在上述计算中（4月份富时100指数的平均回报率），如果我们使用10位小数的平均值，我们可以计算出，自1980年以来，4月份的平均变化为162个指数点（基于当前指数水平）。这有用吗？嗯，有点用。如果该指数明年4月变化超过162点，我们可以说该指数高于当月的平均水平，反之亦然。

但如果我们现在使用只有两位小数的平均回报率（即2.18），我们发现平均变化还是162个点。如果我们使用一位小数（即2.2），计算出的平均变化数将变成163个点。

在这一点上,我们需要决定我们真正需要的精确度。2位小数的精确度(平均变化162个点)是否明显优于1位小数精确度(163个点)?我们怎么使用这个计算出来的数呢?比如说,如果我们使用4位小数的平均收益,这可能会给计算出来的平均收益带来比预期更大的影响,特别是考虑到这里的大量基础数据,这是否存在一种危险?

如果我们使用零小数点精确度的平均数(即2),我们得到的平均变化数是149个点。目前,这一数字与163个点相差甚远,但考虑到基础数据的性质(即一组非常分散的月度收益),149个点这个数字可能并非不切实际。

在股票市场世界里,精确计算小数点后两位甚至更多的数字是罕见的。

正如约翰·梅纳德·凯恩斯可能会说(此处有一些争论):"大体上正确总比完全错误要好。"

4. 形象化地看数据

想象一下,在20世纪50年代,甚至70年代时对市场进行分析。当你只有铅笔和纸的时候,仅仅画一张简单的图表就需要花费数小时的艰苦劳动。而今天,有了计算机,我们可以在几秒钟内完成过去可能需要几天或几周时间的事情。我们不仅拥有非常强大的计算机,还有简单的程序,如电子表格或图表软件,这使得使用计算机变得很容易。

这可能是好事,也可能是坏事。

因为电脑程序很容易使用,它们会让我们变得懒惰;它们可以把我们的思维引导到狭窄的领域,它们会引导我们使用和其他人一样的方式来对市场进行分析(因为每个人都在使用相同的程序)。此外,在定量分析市场时,人们往往会发现,自己正在寻找的猜想已经得到证实或拒绝。定量分析中的意外发现既困难又罕见。

尽管计算机功能强大，但我们还有一个更强大的工具——人脑。

大脑的定义特征是模式识别——大脑是围绕这个功能构建的。有人可能会说，人类大脑的大多数独特特征例如语言、想象力、发明和智力本身等等都来自模式识别。我们可以将智力定义为仅仅是能够存储更多模式的功能。人类的大脑在这方面无与伦比，它是世界上最先进的模式识别机器——计算机甚至无法接近它。

在人类进化过程中，由于大脑皮层（尤其是前额叶皮质和参与图像处理的区域）的扩大，模式处理潜能得以进化。正是这一点让我们能够识别复杂数据中的视觉组织。

如果我们想在数据中找到更多的模式，我们需要超越单纯的定量分析，释放大脑的全部模式识别能力——这一过程能更好地提供机会发现的可能性。

一种简单的方法是在数据中引入颜色。例如，使用电子表格中的条件格式函数为数据值分配颜色。

5. 质疑异常波动的持续性

我们已经发现了一个异常的市场，我们想知道它会持续多久。换句话说，如果一个异常波动只持续很短的时间，并且其特征随着时间的变化而显著变化，那么它就不是很有用。

例如，有一个日历异象存在，发现在一周的某些天股票回报相对于其他日子异常强劲。一个典型的发现是，周五的回报率往往强于周一。问题是，随着时间的推移，这些结果确实会发生一些变化。例如，在某一段时间内，周五可能会出现最强劲的股票回报，但几个月后，最强劲的回报可能出现在周二。如果一个人在利用这种异常波动进行交易，那么他需要非常密切地监测情况，以了解特征何时发生变化。

相比之下，其他异常波动在很长一段时间内表现出很强的持续性。一个很好的例子可能是5月（或万圣节）抛售效应——在11月至来年4月的6个月期间，股票的回报率高于5月至10月。学术研究表明，这种效应从20世纪初就存在了；事实上，最近一篇学术论文声称在1694年发现了5月抛售效应的证据。

显然，交易员对5月抛售效应将持续的信心要远远高于星期效应。

6. 考虑你的具体交易成本

在低风险利润的预期下，遇到市场异象是非常令人兴奋的。然而，理解异象在统计上的显著性和经济上的显著性之间的区别是很重要的。

异象是金融市场中的一种扭曲，这种扭曲似乎与有效市场假说相矛盾。统计上显著的异象是通过各种统计检验表明结果可能不是偶然的，而一个经济上显著的异象是可以用来获利的。换句话说，仅仅因为异象在统计学上是显著的，并不意味着你可以从中赚钱。

这里的问题是交易成本，包括佣金成本、买卖价差和市场影响成本。后者在异象情况下尤其重要。试图利用异象的策略通常需要以最小的规模执行以获得经济利益，但有时交易规模可能大到足以推动市场，从而减少甚至在某些情况下消除价格异象。

因此，这个领域的一个大问题是，在考虑交易成本后异象是否仍然存在。这个问题引起了激烈的争论。一篇论文将发表，该论文的结果表明，几乎没有异象能够在交易成本中存活下来（也就是说，很少有异象能够用来获利）。作为回应，一些论文会批评第一篇论文的假设和计算，认为某些异象（比如动量异象）很容易在交易成本中存活下来。

可以肯定地说，这里没有简单的答案。但可以说，在一定程度上，市场参与者之间的交易成本存在差异，因此，每个交易者都需要对交易成本的影响进行评估。

7. 关注学术界的最新研究

根据有效市场假说（EMH），股票价格反映了所有关于公司的信息，因此投资者不能通过选择股票来击败市场。它的假设是，一旦有关于一家公司的新信息，股价就会吸收新的信息以做出反应。

当然，我们都知道这是废话。就像沃伦·巴菲特说的，"如果市场总是有效的，我就会变成一个在街上拿着锡杯的流浪汉"。

尽管如此，学者们还是花了很多时间来反驳有效市场假说。有人可能会认为这有点像在桶里捕鱼，但如果这能让他们开心……而且投资者可以从他们的勤奋中获益。

在试图反驳有效市场假说的过程中，学者们成了市场异象的猎手。如果市场是有效的，那么异象就不会存在——它们都会很快被套利而消失。因此，如果一位学者能够证明存在异象，他们就可以就此发表一篇论文。

投资者可以通过监测在该领域发表的新学术论文从这一活动中获利。如今，这在网上很容易做到，例如在SSRN（www.ssrn.com）或谷歌学术搜索（scholar.google.com）等网站上。你可以搜索一些有用的短语，包括："股票回报""市场效率""动量""投资者情绪"和"日历效应"。

不幸的是，如今很难发现真正的新异象。目前的许多学术研究都致力于重新研究已知的异象（看看它们在当前市场上的表现如何），或者研究新市场（例如新兴市场）中这些异象的存在。因此，遵循这一学术研究，确实意味着要费力阅读大量论文，标题可能是"圣诞老人集会和尼日利亚股市回报"以及"阳光灿烂的一天：股票回报和天气，来自巴基斯坦证券交易所的证据"。但是，总的来说，监测新研究的发表并不需要很长时间，而且可能会产生一些有趣的结果。

HARRIMAN'S NEW BOOK
OF INVESTING RULES

亚历山大·埃尔德
Alexander Elder

  亚历山大·埃尔德博士是一名专业的交易员和交易员的老师。他是一本国际畅销书《以交易为生》（原书第二版）（*The New Trading for a Living*）的作者，该书被翻译成16种语言，此外他还写了其他几本书。他是世界贸易会议上一位受欢迎的演讲者。

  埃尔德博士是SpikeTrade.com网站的创始人，该网站是严肃交易者的聚会场所。会员们分享想法，参加每周的最佳股票评选比赛。埃尔德博士和他的联席主管凯瑞·洛夫沃恩（Kerry Lovvorn）在每日市场评论中贡献自己的交易日志。他们在"亚历克斯和凯瑞的问答"环节回答会员的问题。本章改编自埃尔德博士对会员问题的回答，这些问题已被汇编成一本电子书——《交易谜题》（*The Trading Puzzle*）。

  本章的读者将受邀成为SpikeTrade网站的试用会员。

期货没有错,
问题出在交易它的人身上。

如何投资期货

1. ETF基金对期货的威胁

我是一个活跃的期货交易员,对交易所交易基金(ETFs)有强烈的厌恶感。我来澄清一下为什么会有这种感觉,并给出如何投资期货的建议。

一些交易所交易基金持有一篮子股票,另一些持有实物商品——或者至少他们说他们持有,我对此非常怀疑。一位在实物黄金方面投资颇丰的朋友告诉我,曾有一个交易所交易基金的产品展示了一个黄金金库内拍摄的商业广告,引发了一场丑闻。他们的推销员在镜头前拿着一根金条,展示他们的产品是多么可靠。问题是,金条上有数字,当有人放大图片时,显示他们拍摄的金条并没有登记在他们的名下。这个错误很无辜吗?我对此表示怀疑。

如果你买了一只大宗商品ETF,但只持有几天会怎样呢?现在偷窃的风险降低了,就像跑过一个糟糕的社区而不是步行穿过它一样。不过,即使是短线交易员也会遇到另一个常见的ETF问题——他们中的大多数人并不真正跟踪标的大宗商品。例如，我曾经购买过原油期货，出于好奇，我瞥了一眼两种受欢迎的石油ETF产品——USO和OIL。

看看这些图表，你马上就会发现它们看起来有多么不同。稍等，ETF产品不应该追踪期货吗？是的，理论上的确是这样。

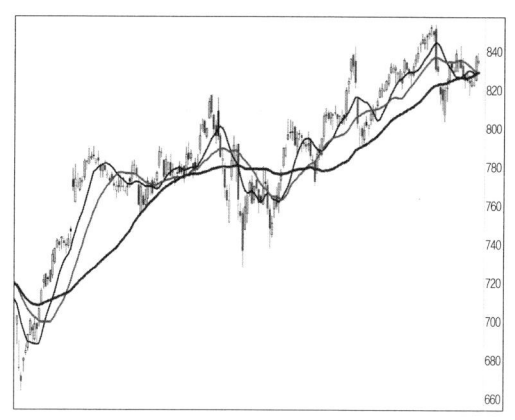

在看完这三个图表后，我在这周末画了一个小的电子表格。这三个市场在前一周均创下新低，随后反弹，周四又跌至新低，之后又再次反弹。我比较了周四原油价格的深度：期货价格为0.35%，USO为0.96%，OIL则高达1.1%。真的有人在向下推ETF，来摇动它们的平衡。大量此类偏差的存在，使得我远离ETF而选择交易更为诚实的期货。

2. 让资金管理冷静下来

大多数期货交易员的寿命不到3个月。期货可能是致命的——期货没有错，问题出在交易它的人身上。我发现期货是一种可爱的交易工具，但任何想要交易它的人都必须对资金进行冷静的管理，这是在期货游戏中区分赢家和输家的主要技巧。

我把我的资金管理方式称为**风险控制铁三角**。以下是我对期货风险管理的基本建议：

1. 三角的一边是你的最大可接受风险，例如你的交易账户的2%的资金（以美元表示）。

2. 三角形的另一边是你的单位风险（每股或每份合约）——你的进入点位与你的止损点位之间的距离（同样以美元表示）。

3. #1除以#2，从而找出你可以交易的最大单位数量。

让我们将这个铁三角应用到您可能感兴趣的市场，例如标准普尔500 e-minis指数：

1. 假设你的账户是4万美元，你每次交易的最大风险是你账户的2%或800美元。每笔交易的风险可能更低，但不会更高。

2. 假设你想在1 410的点位买入e-minis指数，目标是1 430点，止损点设置在1 404点，这意味着你的每份合约将面临6点的风险。e-minis标准普尔期货的一个点价值50美元，这意味着你每份合约的风险将是（1 410-1 404）×\$50=\$300。

3. 用每笔交易800美元的最大风险除以每笔交易300美元的风险，你可以在你的账户中交易最多两份合约。

我建议你把这个解释打印出来，然后在你做交易决定的地方把它录下来。总有一天，这个铁三角可能会帮你保护你的期货账户。

3. 用较小的交易规模来控制恐惧

恐惧是一种极具颠覆性的情绪，在感到害怕时尝试交易就像在害怕摔倒时尝试骑自行车一样。

我所知道的解决恐惧问题的最好方法就是减少你的交易规模。如果你只持有10股或20股股票，你就不会害怕做这些小交易。当市场向你抛出一条行情曲线时，你会把它当成一个待解的谜题，而不是恐惧。

这就是我如何学会调整交易规模的——从如此小的规模开始，在这个规模我所有的恐惧都被消除了，然后逐渐上升到我现在的位置，我通常持有6位数的头寸。大幅削减你的交易规模——让它到达一个好玩的规模。设置增加你的规模的参数：在进行这么多好的交易之后，在规模上向前一步。这是我能给你的最好的心理建议，帮你消除交易生活中的恐惧。

阅读建议

要开始研究期货，我推荐阅读乔治·安吉尔（George Angell）的《期货市场的胜利》（*Winning in the Futures Market*），这是一本很好的介绍书籍，但我不推荐这位作者的其他书。下一本要买的书是特尔斯和琼斯（Teweles and Jones）的《期货游戏》（*The Futures Game*），这是一本很厚的书，你不会从头到尾读，只会读那些你感兴趣的关于期货的章节。在我的《来到我的交易室》（*Come into My Trading Room*）中，也有关于期货的一章。

斯科特·费伦
Scott Fearon

　　斯科特·费伦在金融服务业工作了30多年。自1991年以来，他在北加州管理着一家对冲基金，投资于几乎或根本没有华尔街报道的快速增长的公司，同时做空有破产危险的问题企业的股票。

　　他是《死去的公司在行走：对冲基金经理如何在意想不到的地方发现机会》(Dead Companies Walking: How a Hedge Fund Manager Finds Opportunity in Unexpected Places) 一书的作者。

股票投资的可悲事实是，
大多数个股根本不值得买入。

股票选取的 101 课程

1. 大多数个股表现不如指数，要根据实际情况做相应的投资

几乎所有的指数都是市值加权指数，所以，它们都有自然的上行倾向。这种积极的倾向给许多新手（以及许多资深投资者）一种印象，即大多数个股也会随着时间而上涨。事实正好相反。摩根大通（JP Morgan）的数据显示，罗素3000指数（Russell 3000）中有三分之二的股票在1980年至2014年间表现逊于大盘指数。在这段时间里，中值股票的表现落后于指数的幅度达到令人震惊的54%，将近一半的股票从峰值下跌了70%甚至更多，此后再也没有恢复。

股票投资的可悲事实是，大多数个股根本不值得买入，这意味着什么也不做往往比做得太多更能赢得胜利。

2.买入未能盈利的公司通常是无法获利的选择

当我们购买一家正在亏损的公司的股票时,我们实际上是在扮演风险投资家的角色。我们正在进行一项投资,希望能在将来的某个时候获得收入和/或收益。不幸的是,我们并没有得到那些投资这些公司的风险投资家的能力。我们无法取代首席执行官。我们不能改变或修改业务的战略方向。我们被留在外面,能做的只是往里看。

击败指数是非常困难的(见规则1)。你的投资组合中哪怕只有一小部分投资投机性的、赔钱的公司,你也是几乎不可能打败指数的。如果一家目前无利可图的公司逆势而上,成长为一笔领先于指数的投资,那么在它从10美元到20美元或者50美元到100美元的路上买入一定会比它停留在7美元或5美元的时候买入更好。

3.谈到低价股:千万别买它们!

评估一个公司有很多有用的方法,但最佳的估值标准往往是最简单的:股价。以往的每次回调测试都显示,低价股在较长一段时间内表现不如指数。当然,你可能会幸运地在买入一两个月后经历一波反弹,但通常来说,如果你的投资组合中有10美元以下的股票,几乎可以肯定会表现不佳,甚至可能会蒙受大幅的损失。股价是一种信号装置,而以个位数卖出的股票表明,这只股票可能有不可告人的秘密。公司也许产品质量糟糕、资产负债表情况糟糕或者管理团队糟糕,也许三者兼而有之。

避免持有个位数的股票还有另一个理由。在低价股的交易中,你产生的交易费用——出价和要价之间的差额,按百分比计算——要大得多。如果你以5美元的价格买了一只股票,然后你转身试图在同一时刻卖出同样的股票,你不会得到5美元,你可能会得到接近4.95美元,这意味着你损失了1%的投资。这看起来似乎不算多，但如果你一年两次将5美元的投资组合转手，交易成本就会吃掉全部4%的年回报率——这还不包括你支付给经纪人的佣金。

4. 过度交易是致命的

我从未见过一个极其富有的日内交易员，我怀疑他们是一种罕见的（或可能不存在的）物种。这是有充分理由的。即使极度活跃的投资者能够做出持续良好的决策，他们也会频繁地进出头寸，结果就是，他们会将巨额回报赠给两个非常不值得的"受助人"：经纪公司和政府。正如约翰·博格观察到的那样："投资表现来来去去，但成本却永远持续。"

将我们对卖方和税务部门的贡献减到最少的最佳方式是将投资缩到最短的时间范围内——2年到4年内。当然，我们不会把投资组合中的每一个头寸都持有那么长时间。我们必然会犯一些错误，而这些错误是我们在前进的道路上不得不放弃的（我个人对于亏损股票的口头禅是"20%就是糟糕的，就应该让它离去"）。但当我们从多年的角度来评估潜在的投资时，我们不仅让自己免受购买高风险或投机性投资的诱惑（见规则2），我们还保留了更多来之不易的回报。

5. 投资中唯一的免费午餐是统计分散化

金融媒体中充斥着大胆基金经理的故事，他们将自己投资组合的很大一部分押注于自己的最佳想法并获得巨额回报。这是一个可怕的想法，也是一个危险的幻想。尽管长期投资的成功可能并不光鲜亮丽，但事实是，它更多的是为了避免重大亏损，而非赢得一次性暴利。把所有筹码押在一场比赛上，可能是一种非常令人兴奋的经历。要破产了吗？并非如此。分散化可以在不增加成本的情况下使波动最小化。

6. 不断增长的经济体通常会产生不断增长的股票回报

统计分散化的好处也适用于根据地理位置选股。发达国家的经济不再增长，考虑到我们的高负债和低出生率，这种疲软状态可能会持续下去。不过，在任何时候，总有其他一些国家或地区都在以相当快的速度增长，这些地区的股市可能也会随之上涨。将你的投资组合中的合理部分投资于那些增长更快地区的知名指数基金，几乎肯定是一个好主意。

注：我不建议在不熟悉的市场上购买个股，因为在我们自己的后院选股票已经够难的了（见规则1）。

7. 记住3C要素：客户、竞争和资本配置

当我访问一家公司的管理团队时，我想知道的第一件事是他们如何计划扩大业务的盈利能力。为了提高利润率，他们打算采取什么策略？接下来，我关注我认为的3C要素：客户、竞争和资本配置。

客户（Customers）：一家公司的收入和收益目前可能在增长，但如果它的主要客户处于危险之中，这种增长可能会在未来减速，而减速很可能是突然的。你在能源领域经常看到这种情况。一家销售压裂砂或井下钻井服务的公司做得很好。与此同时，它最大的客户时刻濒临破产的危险。

竞争（Competition）：我不知道你是怎么想的，但我宁愿投资一家与陷入困境、濒临破产的企业竞争的黯淡的公司，也不愿投资一家试图对抗像亚马逊（Amazon）或谷歌一样聪明、无情、财力雄厚的杀手一般的公司的公司。

资本配置（Capital Allocation）：如果一家公司产生了大量现金——如果我对它进行投资，效果会更好（见规则2）——我想知道它的管理层计划用这笔钱做什么。他们会通过收购来投资企业吗？他们会把钱花在资本支出上吗？或者他们愿意通过发起或增加派息来与像我这样的股东分享部分现金吗？

8. 谈到股利：我更喜欢股票回购

股利归股东所有，除股东外不归任何人。与此同时，回购将使那些没有行权的期权持有者受益。回购提高了每股收益，这样做可以掩盖收入增长萎缩等问题（见规则9）。

股息不仅仅是每季度多赚几美元的一种方式（尽管这很好）。股息也为股东提供了一定程度的保障。它向我们表明，我们收购的这家公司不仅赚得足够多的现金，足以与投资者分享部分现金，我们还收购了一个致力于这样做的管理团队。当然，我对股息的热爱有一条警戒：高收益股息股通常是糟糕的投资。多数回溯测试将显示，传统上股息收益率在12%或12%以上的股票表现不佳，因为削减股息（或彻底取消股息）迫在眉睫。

9. 收入增长是成功企业的命脉，也是许多空头头寸的死亡之吻

做空是一种极其困难的谋生方式，我不推荐给任何人。你必须拥有一种近乎超人的管理风险和应对失望情绪的能力——而保证一个令人失望（而且可能短暂）的卖空生涯的一种方法是，在营收迅速增长的情况下做空"昂贵"的股票。

过去几十年，几乎所有优秀的股票都实现了极其迅速的收入增长。从收益和其他估值指标来看，其中大多数都相当昂贵。相反，几乎我所做过的每一个成功的空头头寸都受到了收入缩水的影响。按照几乎所有的估值标准衡量，它们中的大多数（如果不是全部的话）都很"便宜"。尽管这听起来似乎有悖常理，但通常以100美元的价格买进股票总比10美元好，以10美元做空股票总比100美元做空好。出于同样的原因，寻找潜在赢家的最佳目标往往是那些创下52周高点的股票，而寻找潜在获利空头的最佳目标几乎总是那些创下52周低点的股票。

10. 债务问题

我所有盈利的空头头寸所共有的另一个特点是债务负担和债务收益率不断上升。华尔街有句老话:"债务价格预测,股票价格确认。"每当一家公司的公共债务收益率高于政府债券收益率达到甚至超过15%时,债券投资者就会预测破产的可能性很大。这家公司的股价证实他们的预测(并失去全部价值)可能只是时间问题。投资公开交易债券的人都是老练的人,他们每周有70个小时的时间来分析公司的死亡。如果他们不认为一家公司的债券应该获得与他们通过其他债务工具所能获得的收益相当的收益,那就意味着他们已经在他们的脑海中了演示公司的重组。

很多投资者根本不明白资本结构是如何运作的。债券持有者不仅对一家公司的资产有优先权,他们对公司的运营也有优先权。大多数公司在破产中会进行重组,并非被关闭。但在破产结束后,资本结构总是非常不同。拥有公共债务的人可以获得一定比例的新公司股票,而拥有这家公司原有股票的人则会失去一切。

肯·费雪
Ken Fisher

  肯·费雪是费雪投资的创始人、执行董事长和联席首席投资官,费雪投资是一家资产规模超过850亿美元的基金管理公司,为全球大型机构和高净值个人提供服务。公司拥有2 200多名员工,在华盛顿、加利福尼亚、英国、德国、迪拜、澳大利亚和日本设有办事处,其经营在全球范围内还在进一步扩张。

  肯在《福布斯》上的专栏"投资组合策略"(Portfolio Strategy)一直更新到2017年,持续更新了32.5年之久,这使得他成为了这一杂志历史上持续时间最长的专栏作家。肯现在为《今日美国》和德国的《聚焦财富》撰写每周专栏,为英国《金融时报》撰写每月专栏。肯已经出版了11本书,包括4本《纽约时报》畅销书,并在全球出版物上被发表、采访和写作。他的著作包括《投资丛林法则》(Beat the Crowd)、《如何嗅出老鼠的味道》(How to Smell a Rat)、《投资最重要的三个问题》(The Only Three Questions That Count)、《华尔街之舞》(The Wall Street Waltz)和《超级股票》

(*Super Stocks*)。

肯在20世纪70年代的理论工作开创了一种投资工具,称为"市销率"(Price-to-Sales Ratio),如今已成为现代金融课程的核心内容。作为一名获奖研究员,他的研究成果除了传统和行为金融学方面外,还涵盖了许多专业和学术期刊。2010年,《投资顾问》把他列入该公司"30年30人"排行榜,称其为"过去30年该行业最具影响力的30人之一"。2017年,《投资新闻》将肯列入其首个"偶像与创新者"名单,认为他们塑造并改变了金融咨询行业。

肯在2016年《福布斯》美国400富豪榜上排名第184位,他从2005年就开始出现在这里。他和妻子谢利林有3个成年的儿子和4个孙子。肯的主要爱好是伐木历史和西方针叶树科学。

要想清楚地思考市场,
你需要比你的大脑考虑得更周全。

通过了解别人不知道的东西来投资

在我的职业生涯中,我学到了一些引导投资决策的指导原则。这些原则帮助我形成了我的投资流程,建立了我的公司。首先要承认一个简单的事实:要成为一名成功的投资者,你必须知道别人所不知道的事情。

仅仅比其他投资者更聪明或更加训练有素是不够的。通常,投资者一开始就错误地认为投资是一门手艺,就像木工或砖石一样。他们认为,投资是一种可以通过足够的勤奋和努力学习的技能。他们有他们最喜欢的信息源或者他们坚持的一套绝对标准。然而,投资并没有保证。那些旨在获得最佳技术技能的人相信,他们能够——也将——击败众人。但如果他们把投资当作一门手艺来对待,就不会在长期内超过市场。如果投资是一门手艺,一种方法会随着时间的推移而显示出优越性。某个地方的人可能已经找到了击败市场的关键——一个人人都能成功投资的静态、可复制的公式。投资是可以学习的,这一点就和木工或医药一样,但市场并不是这样运作的。

相反,投资应该更像一项科学研究,而不是一门手艺。投资者应该测试假设和评估方法,同时以开放、好奇的心态进行投资。下面的原则将帮助您开发一个测试和重新测试你的理论的过程,这样你最终就可以了解其他人没有的东西。投资是一项困难的、终生的追求,仅仅知道这些原则是不够的,你必须知道它们的真正含义以及如何使用它们。然后,你必须勤奋地运用它们,一次又一次!如果你能学会如何使用这三个原则,你就能学会开始做出更好的投资决策,这应该会让你比其他投资者更有优势。我希望它们在你的投资生涯中帮助你,就像它们一直在我的投资生涯中帮助我一样。

1. 质疑你所相信的东西

要知道别人不知道的东西,首先要确定你看错了什么。问问你自己:有什么东西我以为是正确的,但实际上是错误的?生活在这个社会中,我们被鼓励去质疑别人的观点——尤其是在政治上。但我们没有接受过质疑自我或质疑被广泛接受的智慧的训练。你可能会与其他投资者分享许多信念,这些信念在数十年的文学作品中都有记载,是人们开始投资时最先学到的东西之一。然而,这些信念中有许多不过是神话而已,被最优秀、最聪明的头脑当作真理而可悲地接受,并通过媒体传递给了投资大众。

当你阅读或聆听媒体时,你会直觉地注意到你认为是错误的想法,然后自己去核实事实。但这实际上是倒退。你应该在媒体上搜索你认为正确的论断,然后检查它们实际上是否是错误的。如果你最初相信一个论断是正确的,那么绝大多数投资者可能也会这么认为。但如果你能证明自己(和大多数人)是错的,你可能会得到一些有用的信息。

质疑你所相信的东西可以让你知道别人不知道的事情,也可以让你知道你哪里做错了(但你认为你是对的)。这条规则是关于如何减少你犯错误的倾向。

2. 探究难以理解的东西

一旦你质疑你(和大多数人)相信是正确的东西,下一步就是去理解别人认为难以理解的东西。我知道这听起来不可能，但这比大多数人想象的要容易。仅仅通过思考他人认为根本无法思考的东西来质疑他们的知识，这就是打破陈规的本质。当媒体和其他人专注于狭隘的东西时，拓宽你的视角。当他们吵嚷着说X会导致Y结果发生的时候，问："Q因素呢？会不会是Q因素导致Y结果的发生，而不是X？"正是在这些时刻——当你考虑未知因素Q的时候——你开始挑战别人的假设，测试他们的方法，去探究那些难以理解的东西。

发现别人所不知道的东西的过程并非灵光一现的。这也是非常不容易的！你会发现Q因素与从不间断的市场和媒体噪声相距甚远。然而，你要知道，这个过程可能会让你通过普通的媒体渠道寻找线索，这纯粹是在浪费时间。媒体是无处不在的，是永恒的。你的投资优势不会出现在头版新闻、出版物、博客或世界末日电邮通讯中。不管一个新闻故事被埋得有多深，它已经被市场消化了。相反，你必须阅读、观察和倾听媒体，才能知道其他人关注的是什么，这样你才能确切地知道你可以避开什么东西来找到Q因素。

一旦你找到了你认为会导致Y结果的Q因素并进行了测试，问问你的朋友和同事他们的想法。他们意识到Q因素导致Y结果了吗？只要回应是茫然的凝视或"你疯了"，你就仍然有进行投资的基础。一旦人们开始接受同样的结论——或者更糟，你会在媒体上看到——你就失去了优势。赢得长期投资需要不断地创新和测试，不断地质疑你认为是正确的东西，深入理解难以理解的东西。

3. 更好地了解你的大脑

前两个规则可以帮助你找到可玩的赌注，但你最大的投资问题是你的大脑。因此，第三条规则要求你思考你那衰老的大脑在你的投资决策中可能会耍什么花招。简单地说，人类的大脑是在饥饿、背信弃义和毛茸茸的尖牙野兽面前寻求生存、逐渐进化的结果，这使得我们的大脑在面对投资问题时变得特别缺乏准备。要清楚地思考市场，你需要比你的大脑考虑得更清楚。很少有投资者花任何实质性的时间去试图理解他们自己的大脑是如何为自己工作的，又是如何违背自己工作的。这就是行为金融学的领域。

如果你能更好地理解你的大脑，你就会知道如何控制自己，这样你就能避免别人犯的许多典型错误。如果你能理解为什么人们会这样做，你就能更好地理解市场是如何运作的，因为投资者不是理性的机器。他们是人类！在做财务决定时，人类经常会以疯狂的方式行事。然而，许多认知投资错误是可以避免的。一旦你意识到你的大脑是如何欺骗你的，你就可以避开这些投资陷阱，专注于你的投资目标。

不幸的是，我们的认知偏见也不是单独起作用的，它们总是会协同工作。当你犯错误时，你的大脑不会告诉你，因为它没有意识到自己的认知错误——这让伤害雪上加霜。

以确认偏差和后见之明的偏见为例。例如，也许你"只知道"XYZ股票会涨，因为它最近的4款产品都卖得很好，股票也卖得很好。你对XYZ做了更多的研究，并寻找信息来确认你的乐观预期。你很容易相信进一步的证据——这与你的看法一致——是你正确的证据。忽视矛盾的论点（而只相信支持的信息），这种现象被称为确认偏差。同样，后见之明的偏见也会损害投资者的记忆。例如，也许XYZ的第三季度业绩不佳，股价下跌。XYZ公司的新产品失败了！你现在在第四季度回顾你的投资组合，你说你知道新产品会明显不及格。XYZ公司怎么会犯这样的错误呢？对不起！这种失败不可能被合理地预测到。后见之明的偏见使我们将过去的结果视为明显的结果，而这些结果在当时其实是未知的。

使用规则3作为武器。当你做出每一个投资决定时，都要问自己："我这石器时代的大脑是如何愚弄我的？"结合规则1和规则2，你现在有了一个了解别人所不知道的东西的思维框架——投资成功的关键：质疑你所相信的东西、探究难以理解的东西、更好地了解你的大脑。

安东尼·加纳
Anthony Garner

安东尼·加纳是一位居住在伦敦的英国人。1992年,他离开了投资银行,从那以后,他一直在金融市场中为自己的账户进行交易。

他是《ETF交易系统实用指南》(*A Practical Guide to ETF Trading Systems*)的作者,还为包括《投资者纪事》在内的许多出版物撰写了关于交易和投资的文章。

安东尼在20世纪80年代初曾在伦敦司丽达律师事务所担任律师,专攻银行法和商法。在瑞士银行,他对包括香港、新加坡和马来西亚在内的东南亚股市进行了机构研究。他在东京待了一年,之后又到香港、新加坡和苏黎世研究亚洲股市。

近年来,他唯一关注的是定量的、基于规则的投资。最近他的兴趣集中在应用于金融市场的机器学习(人工智能的一个分支)上。

如果你是一名'业余'投资者，不要选股，不要购买主动管理的基金，不要交易。

如何通过ETF交易系统跑赢专家

1. 研究金融市场历史

你需要研究历史以获得一种透视感，来了解过去市场的成就并预测未来市场的走向。

以下是深度历史数据的优质来源：

- www.bankofengland.co.uk/research/Pages/onebank/threecenturies.aspx
- www.econ.yale.edu/~shiller/data.htm
- www.nber.org/databases/macrohistory/contents
- fred.stlouisfed.org/categories/33060

罗伯特·希勒的派息调整数据显示，自1870年以来，美国股市的复合年增长率（CAGR）为8.98%，10年期美国国债为4.71%。

短期美国国债的复合年增长率达到3.97%（从美国国民经济研究局和美联储数据库中挑选出的国债收益率计算得出）。

英国央行发布的英国股市数据未进行股息调整，自1709年以来的复合年增长率为2.55%。

英国债券的复合年增长率如下：

- 公司债券：自1854年以来为5.89%
- 短期优质债券：自1718年以来为4.17%
- 长期政府债券：自1753年以来为4.63%

（我并没有对任何数据进行通胀调整）

值得注意的是，美国和英国股市都出现了从峰值到谷底的大幅下跌（英国和美国都有80%-90%的跌幅——1721年的南海泡沫、1929年的华尔街崩盘、纳斯达克科技股崩盘）。注意长而平稳的时期，几乎没有增长的记录。

就债券而言，我对短期和长期债券回报率缺乏明显差异感到惊讶。考虑到这一点，我更愿意停留在波动较小的短期债券上。

至于我们将走向何方，自1760年前后，启蒙运动、工业革命（以及后来的技术革命）推动了股价的上涨。无法保证经济会继续增长，预测也是徒劳的。几十万年来，人类就像野兽一样生活着。据我们所知，一场不可预见的灾难有一天会把我们送回石器时代。

希望我们的投资在未来也能有类似的增长——但谁知道呢？

2. 避开"专家"和基金经理

最近，一位朋友向我咨询了他从一家大型知名英国财富管理公司收到的建议。它想从他的总投资中收取2%的费用，仅仅是为了转移他的养老基金。在任何情况下，选择由其他公司运营的基金的年度管理费用都达到了2.58%，这一数值使得目前的债券收益率和我们所知的未来10年的股票收益率相形见绌。

世界上最大的银行之一向我的一位朋友要求一笔2%的佣金，这笔交易可以通过一个非常便宜的折扣经纪公司完成，而且几乎是免费的。

至于投资建议——正如伯顿·麦基尔所言，与大多数基金经理相比，拿着飞镖的猴子简直是天才，过去60年的无休止研究充分证明了这一点。如果你是一名"业余"投资者，不要选股，不要购买主动管理的基金，不要交易。

指数追踪基金是未来的选择。向Vanguard、iShares和其他少数几家公司致敬。

你可以购买一只交易所交易基金，比如iShares MSCI World ETF，每年只需收取0.5%的管理费，你就可以投资几乎所有的全球股市和数千只股票，你将超过绝大多数主动基金经理。

对冲基金世界也好不到哪里去。这些"宇宙大师"中的大多数最终都破产了，他们带走了客户的钱。

从基金管理行业赚大钱的人，只有基金经理自己。经纪行业也是如此。

金融业有一些聪明人，其中一些人经受住了（可能是因为技能或生存偏好），但随着管理下的资产规模超过其战略能力范围，他们的运气或回报最终要么耗尽，要么恶化。

在某些领域，真正了解一家公司业务的货真价实的专家可能有理由支持自己的专业知识并持有一些个股，但别拿整个牧场打赌。

3. 进行研究和回溯测试

作为一名远东股票分析师，我进行了基本面研究和技术分析。

回头看，很有趣。我们会对未来几年的收益和资产负债表进行预测，并发布报告。我们从未告诉任何人卖出股票——如果真的到了这个地步，那企业业务就已经非常糟糕了。在发表之前，我们会急急忙忙地四处看看我们的竞争对手在说什么，确保我们没有把鼻子伸得太远。

至于技术分析，我们周围到处都画着歪歪扭扭的线条，给它们起有趣的名字，并声称它们具有一定的预测能力。

我们中没有人听说过要进行回溯测试来验证这些想法是否有效。我们没有一个人想过记录我们的建议来检查它是否正确，或者只是一堆无用的垃圾。我怀疑是后者。

我为亚洲上市公司出版了有价值的书籍，但我怀疑大多数最终都出现在垃圾箱里。

你应该通过对过去的数据进行回溯测试来验证你的想法。

最近，一位投资新手与我接触，他告诉我，他设计了一套基本面和技术规则。

我告诉他有两个选择：

- 直接按照他的规则投资，看看会发生什么。
- 模拟他的规则，看看如果应用自己的规则在过去的X年中将会有什么样的表现。

我倾向于后一个方法。

由于两个原因，回溯测试可能是一个非常、非常危险的工具。第一个原因是，不断地添加和修改规则，直到看起来会是非常有利可图，太容易了。过去的数据可能就是这样。在所有可能性中，这些规则都将是无用的，因为它们只是被简单地用于测试数据。

第二个原因是，市场在很大程度上是不可预测的，个股更是如此。有一些基本的规则似乎是有效的。在技术分析中，动量或趋势跟踪就是这样一种方法。从基本面分析来看，除非盈利增长、资产负债表状况良好，否则股票的长期价格不会上涨。在过去几十年里，科技公司上市时背负着明显不可持续的债务，而且没有任何盈利迹象。除非这些不利因素最终得到解决，否则它们将无法持久。

如果没有回溯测试，我是不会操作的，但我预计我的利润会更少，我的支出会比我的研究显示的更大。

对于不太倾向于技术的人来说，电子表格可能是最好的开始方式。对于那些更有抱负的人，我强烈推荐学习一门编程语言。我目前主要用Python编写代码，许多市场的每日价格数据可以从Quandl免费下载。

4. 期待惊喜

在生活或市场中，没有什么事情会像预期的那样发生。一个系统仅仅是在过去100年的回溯测试中运行良好，并不一定意味着它在未来100年也能运行良好。最大的下降幅度可能远远超过回溯测试，回报将完全取决于未来的经济状况。

再没有什么可说的了。我们不知道我们是生活在一个随机的还是确定性的牛顿宇宙中。我们无法预测未来，我们只能采取概率的方法，希望它能奏效。

5. 分散化

通过使用指数跟踪型ETF，你已经走到了最前面：你将通过投资数百甚至数千只个股来避免某只特定股票的风险。

你无法规避所有风险：全球股市在全球经济中同时涨跌，甚至大宗商品在市场危机期间也会变得惊人地相互关联。尽管如此，经济、资产类别、货币和工具的广泛分散化是你能指望的最佳保护。当然，即便如此，它在流星撞击发生时也没什么帮助。

不要把所有东西都交给一个基金经理、经纪人或银行。如果可以避免的话，不要承担任何单一的银行信贷风险。避开交易所交易的票据，只投资标的资产本身——无论是黄金、石油还是股票。

这里有一个真正的考验：回顾历史，并考虑你是否足够聪明来避免它的许多灾难。回想一下20世纪上半叶俄罗斯、阿根廷和德国经济的崩溃。还记得日本股市在第二次世界大战后的几十年里经历了前所未有的繁荣之后的长期低迷吗？回想一下21世纪初科技股的戏剧性崩盘吧。想想冰岛、爱尔兰、希腊和意大利濒临破产的情况。考虑一下2008年后大宗商品市场严重而持久的低迷。

你可以持有短期债券、全球股票、现金和大宗商品，以及拥有自己的房子。

在保护你自己和你的投资方面，你能做的并不多。

6. 不要临阵脱逃

当事情变得棘手的时候，打退堂鼓是没有用的。在市场危机和大规模下跌期间，恐惧因素是非常可怕的。但如果你在指数、债券和大宗商品追踪方面的投资非常多元化，你就应该按兵不动，认为自己已经尽了最大努力，并预计最终结果会是正确的，当然发生革命、战争或者彗星撞击除外。

待在你的舒适区内，了解你自己。进行小幅度交易，坚持以低成本、低波动的方式处理你的大部分资产。如果你把赌注押在整个牧场上，如果你把所有的东西都押在一项高风险资产上，如果你过度使用杠杆，你最终肯定会崩溃，资产也会付诸东流。

7. 别拿整个牧场打赌

大多数人应该避免任何形式的交易。他们应当仅仅投资一些广泛分散化和低波动性的投资组合并坚持下去，应用一些非常简单的规则，比如再平衡。

我曾进行过交易，并从事交易工作。有时取得巨大的成功，有时是令人不快的损失。我尽量待在自己的舒适区，拿整个牧场来打赌是不可取的。

我目前交易的是标准普尔500波动率指数，相对于我的净资产来说，我的交易规模较小。我正在研究各种各样的新奇事物，对人工智能和机器学习的前景非常着迷。我将继续以各种方式和各种工具进行交易。但我将以客观的眼光看待事物，不会被贪婪所诱惑而冒险作出超出我的能力范围的举动从而承受损失。

8. 设计一些简单的规则

许多人反对市场择时或应用任何"规则"。在这样做的过程中，他们没有认识到（或者可能意识到）股票指数是一个基于规则的交易系统。

绝大多数股票的最终价值为零：企业诞生，随后它们走向繁荣（或不繁荣），最终倒闭。相比之下，股票指数是一种从总体经济增长中获利的方式。随着股票的繁荣，它们被纳入指数；当它们枯萎和失败时，就被抛弃了。

个别股票的价格最终总会回跌：它们以0开始，以0结束。尘归尘，土归土。

追随市场趋势有无数种方法，但它们都适用同一个原则：追随利润，减少损失。

下面列出的第一个"系统"是股票指数本身——由罗伯特·希勒编制的标准普尔500指数。

第二个"系统"是标准的60/40分割年度再平衡。60%的资产配置在标准普尔500指数，40%配置在美国国债之上。

坦率地说，这两种系统中的任何一种都是你能得到的最好的系统。60/40分割是为那些无法忍受纯股权投资令人痛苦的缩减和波动的人准备的。

另外两种系统对上面每一种系统都进行了润色。这些系统中的"动量"是标准普尔500指数（S&P 500）在一个月后的回望期内的回报。

动量系统每个季度进行再平衡。如果在重新配置日动量为正，则100%投资于标准普尔500指数，否则100%投资于美国国债。正如你所看到的，至少在回溯测试中，回报率与标准普尔500指数类似，但大幅降低了下降幅度和波动性。

60/40动量系统每个季度也进行再平衡。如果在重新配置的时候动量为正，那么在标准普尔500指数中投资60%，在美国国债中投资40%；如果不是，那么在美国国债中投资100%。正如我们所看到的，在回溯测试中，这个系统回报率与前述的标准"60/40"系统类似，但大幅降低了下降幅度和波动性。

我们希望这些系统足够简单，可以在未来证明其健康性和盈利能力，但生活中没有什么是可以保证的。

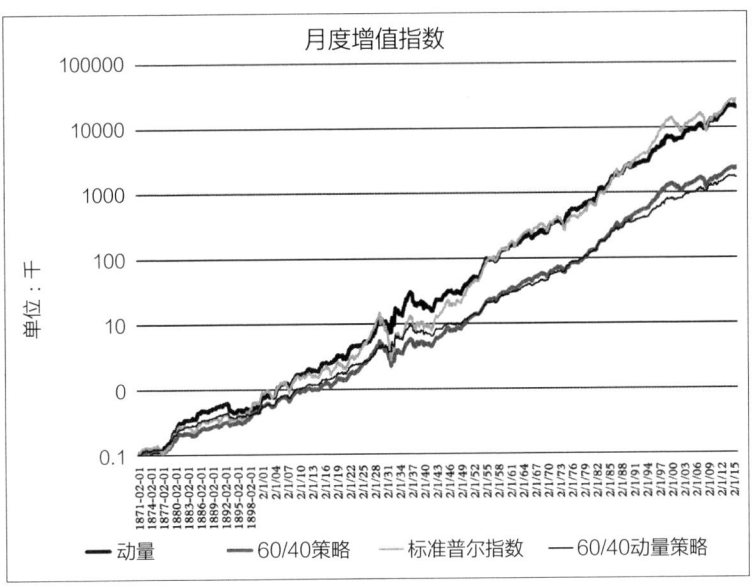

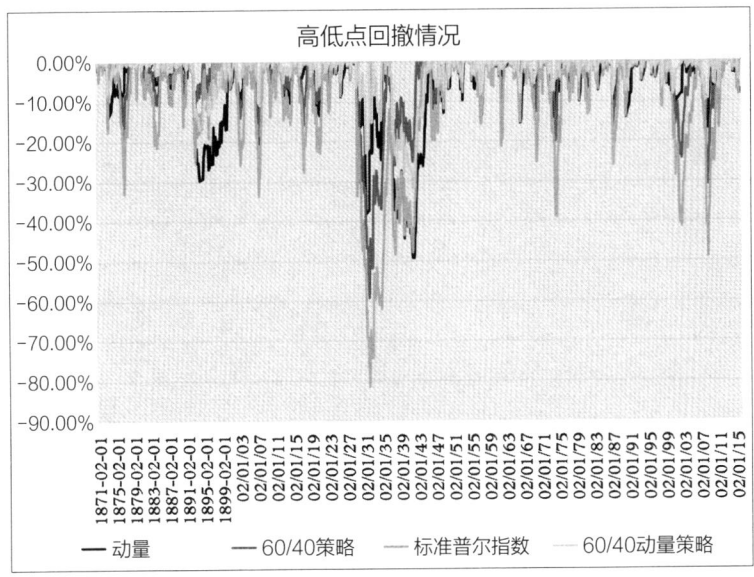

	动量	60/40策略	标准普尔指数	60/40动量策略
开始日	1871-02-01	1871-02-01	1871-02-01	1871-02-01
结束日	2016-06-01	2016-06-01	2016-06-01	2016-06-01
复利年增长率	8.77%	7.19%	8.98%	6.93%
最大回撤幅度	-49.22%	-59.21%	-81.50%	-31.76%
一年期收益率	-4.77%	1.00%	1.42%	-2.79%
三年期收益率（年化）	5.41%	6.76%	10.99%	3.30%
五年期收益率（年化）	8.34%	7.52%	12.36%	5.05%
十年期收益率（年化）	8.52%	5.30%	7.43%	5.57%
创立以来收益率（年化）	8.77%	7.19%	8.98%	6.93%
最大单日涨幅	51.07%	24.95%	50.97%	30.68%
最大单日跌幅	-14.32%	-15.95%	-26.09%	-9.47%
月度换手率（年化）	11.11%	8.28%	14.07%	6.69%
最大单月涨幅	51.07%	24.95%	50.97%	30.68%
最大单月跌幅	-14.32%	-15.95%	-26.09%	-9.47%
最大单年涨幅	47.85%	32.30%	54.23%	28.77%
最大单年跌幅	-26.52%	-24.06%	-41.51%	-15.24%
平均回撤幅度	-4.64%	-3.68%	-6.43%	-2.52%
平均回撤天数	237.82	188.14	238.08	188.88
上升月份平均涨幅	1.85%	1.85%	3.00%	1.20%
下降月份平均跌幅	-2.35%	-1.68%	-2.84%	-1.43%
盈利年度比例	73.79%	78.62%	73.10%	82.07%
连续12月盈利比例	76.30%	76.87%	71.80%	82.87%

HARRIMAN'S NEW BOOK
OF INVESTING RULES

韦斯理·格雷和杰克·沃格尔

Wesley Gray & Jack Vogel

韦斯理·格雷在美国海军陆战队（United States Marine Corps）担任上尉后，获得了博士学位，并在德雷塞尔大学担任金融学教授。格雷博士对弥合学术界和产业界之间的研究空白感兴趣，于是他创立了阿尔法创造者（Alpha Architect），这是一家资产管理公司，为对税收敏感的投资者提供可承受的主动风险敞口。他出版了4本书，发表了多篇学术论文，经常为《华尔街日报》《福布斯》、ETF.com和CFA协会（CFA Institute）等多家行业媒体撰稿。格雷博士在芝加哥大学获得MBA和金融博士学位，并以优异成绩从宾夕法尼亚大学沃顿商学院获得学士学位。

杰克·沃格尔主要从事实证资产定价和行为金融学的研究。沃格尔博士是《DIY金融顾问：构建和保护财富的简单解决方案》和《构建量化动量选股系统的实用指南》的联合作者。他的学术背景包括在德雷塞尔大学金融和数学系担任讲师和研究助理，以及在维拉诺瓦大学担任金融讲师。他拥有金融博士学位和德雷塞尔大学数学硕士学位。沃格尔博士以优异成绩毕业于斯克兰顿大学，获得数学和教育专业学士学位。

小心那些带有公式的极客。

韦斯理·格雷和杰克·沃格尔 ●

阿尔法创造者的公理

我们认为沃伦·巴菲特的一句话说明了一切:"投资很简单,但并不容易。"

投资者只需要确定一个投资计划并长期坚持这个计划来帮助他们实现财务目标,剩下的就交给复利了。但实际上,投资是一段充满活力的个人旅程,它迫使投资者在一个不确定的环境中做出决定。在这个环境中,通常错误信息泛滥、波动剧烈、投资者情绪极度高涨。

下面列出的规则可以帮助投资者在复杂和混乱的市场环境中做出更好的决策。这些规则是我们投资理念的核心,也是我们许多投资过程的基础。祝你好运。

1. 了解你的优势以及为什么它是可持续的

在市场中确定可持续优势绝非易事,这一点我们再怎么强调都不为过。更重要的是,变得聪明、拥有超凡的选股技巧或者召集一大批博士来处理数据,这些只是等式的一半。即使有了这些工具，你仍然只是鱼缸里的一条鲨鱼，里面还有其他鲨鱼。所有的鲨鱼都很聪明，所有的鲨鱼都有名牌大学的MBA或博士学位，所有的鲨鱼都知道如何分析一家公司。在鲨鱼泛滥的海域保持优势可不是一件容易的事，只有少数投资者做到了这一点。

作为一名主动投资者，为了获得可持续的优势，不仅需要技能，而且需要对人类心理的理解以及对市场激励（行为金融学）的理解。一个人必须总是问以下问题：

- 为什么这些证券被错误定价了？
- 为什么其他聪明人没有利用错误定价？

如果一名投资者不能合理地解决这两个问题，那么很可能这名投资者正在为另一名投资者的成功做出贡献。

永远记住，对于每一个买家，必须有一个卖家站在交易的另一边。

2. 问问自己："我是不是太努力了？"

每个人都会犯错，这是我们之所以为人的一部分。因为人类知道他们的行为有时是有缺陷的，不可避免的是，心理学领域可能会产生大量的学术文献来分析为什么人类经常会做出错误的决定。尽管学术界的观点可能高度理论化，但我们的日常生活经历从一个基本层面证实了这些发现："我知道我不应该吃麦当劳的巨无霸，但它的味道很好。"

因为我们认识到我们经常会有非理性冲动，我们经常寻求专家的判断以避免成为我们自己最大的敌人。我们认为，拥有多年特定领域经验的专家，能够更好地武装和激励自己做出公正的决定。但这个假设有效吗？60多年来，学术界一个异常活跃但却被忽视的分支一直在研究专家总能做出公正决策这一假设。这些证据的结论显然是一边倒的：通过使用有限投入的简单定量模型，系统性决策的表现优于专家的自主决策。

基于这些证据，投资者应该不再强调他们对专家的依赖，而应该用系统的模型来处理投资决策。引用该领域著名学者保罗·米尔的话说，"在社会科学中，这一点毫无争议，那就是如此众多的定性多样性研究如此一致地得出同样的结论（即模型胜过专家）"。换句话说，选择一个模型并坚持它。

3. 小心那些带有公式的极客

投资者应该始终对复杂性和方法持怀疑态度，这些方法往往看起来太好，却不真实。以下是一些需要考虑的基本问题：

为什么这个策略需要很复杂

复杂性是基金经理的前线，还是策略的复杂性驱动了 α（超额收益）？策略的复杂性和有效性之间很少有联系。如果你很难理解策略为什么复杂，那么可能是基金经理有意为之。如果基金经理不能证明复杂性相对于较为简单的模型是合理的，那么复杂性就没有必要了。

系统有多么健康

复杂性通常与数据拟合相关——例如，当基金经理确定在小样本中起作用的一个非常具体的分配方案时。如果复杂的系统稍有变化，结果会完全枯竭吗？如果的确这样，那么这个系统就是不健康的。在你的未来，你会回到平庸的表现——或者更糟。

你能向你的股东解释你的策略吗

清晰和简要有助于促进交流和教育，从而培养信任和信心。将投资活动外包给具有高度复杂性、昂贵和不透明的投资策略的经理，不利于进行清晰的沟通。虽然投资组合是否赚钱并不重要，但当它开始亏损时会发生什么呢？突然间，理解变得非常重要，因为人们开始问一些很难的问题。为先锋指数基金的亏损投资辩护，要比为信用违约互换（CDS）的亏损辩护容易。

风险管理

任何一位经历过2008年金融危机的银行家都知道复杂性是如何导致风险管理问题的。一个风险如何在一个通过跳跃—扩散模型进行杠杆奇异衍生品交易的机器学习算法中注入分形数学和弦理论？对于风险管理人员来说，这类黑匣子可能存在问题。简言之，永远要问自己这个问题：一个策略的复杂性是否会造成风险管理盲点。

4. 关注价值和动量特征

永远不要买昂贵的股票

本杰明·格雷厄姆在80多年前首次提出以低于股票内在价值的价格买入股票的想法，如今他被称为价值投资之父。自格雷厄姆时代以来的学术研究表明，从历史上看，价格对基本指标比率较低的股票表现优于市场。在投资界，格雷厄姆最著名的学生沃伦·巴菲特激励了大批投资者采用这种价值哲学。尽管人们普遍认为，从长远来看价值投资能带来更高的回报，但基于价值的投资策略一直以来持续跑赢市场。这怎么可能呢？答案与一个基本的真理有关：人类的行为是非理性的。我们都知道从长远来看我们应该做什么，但我们都生活在短期内。残酷的现实是，价值投资策略可能要求投资者经历多年的相对表现不佳。谁想要经历这种痛苦呢？

骑着赢家，放弃输家

2013年诺贝尔经济学奖共同获得者、有效市场假说之父尤金·法玛对动量的学术研究总结如下："最主要的反常现象是动量。"当有效市场假说之父表明动量是主要异常现象时，我们会注意到这一点。

对动量效应的实证研究令人信服。例如，学术研究人员对200多年前的股票数据进行了研究，发现了一份重要而可靠的历史业绩记录。作为自然怀疑论者，我们独立地证实了许多与动量相关的实证结果。从历史上看，动量是有根据的。虽然我们永远不会仅仅因为一个策略有一个很好的回溯测试结果就想投资，但我们相信动量异常是一个可持续的主动投资策略。我们相信这种策略能够持续下去，因为这种策略的回报是：

1. 受额外风险敞口驱动的，这些风险敞口应该获得更高预期回报。
2. 被错误定价所强化的，短期套利者很难利用这一点。

5. 顺势投资

拥有蛋糕很好，吃蛋糕也很棒，但你不能两者兼得。投资者们经常要求："给我高额、税后、无费用回报，但只需要承受有限的风险和波动。"现在，我们当然喜欢低风险、高收益，也喜欢低付出、高收获和高卡路里、较低的体重。

不幸的是，这给我们带来了第一个问题：低风险、高收益实际上并不存在。可以获得高收益的资产，比如股票（例如标准普尔500指数基金），会带来很多风险（例如，你可能会损失超过一半的财富）。获得有限风险下的高额回报的一个方法是开发一个择时方法，以确定当高风险资产将要"跳崖"之前怎么将其售出。但这里有一个问题：市场择时是极度困难的。

总是有各种各样的学术分析声称自己拥有具有可靠市场择时能力的系统，让我们以简明扼要的总结开始这一对话：纯属浪费时间。

那就这样吧。你不再需要阅读关于这个主题的经典学术论文。我们自己的研究大体上证实了这一可悲的现实。我们回顾了数百种不同的概念，结果并不乐观。大多数信号都无法经受住严格的实证检验。

但是，在这条投资的隧道尽头还有一丝光明。研究表明，趋势跟踪系统，或在过去价格模式强劲时进行投资的系统，能够抓住与资产类别相关的大部分上行空间，同时避开与这些资产类别相关的大幅下跌。同样，趋势跟踪并非灵丹妙药，因为它需要一些大胆的投资者行为假设：

1. 承受短期波动的能力；
2. 避免短期基准比较的勇气；
3. 坚持模型的信念。

Harriman's New Book
of Investing Rules

特兰·格里芬
Tren Griffin

特兰·格里芬在微软工作。他是www.25iq.com博客的作者,在推特上很活跃(@TrenGriffin)。特兰之前是鹰河公司的合伙人,鹰河公司是一家私募股权公司,由克雷格·麦卡乌控股,投资于电信和初创企业。他是一家名为Teledesic的初创公司的第四名员工,这家公司一度估值超过30亿美元。他曾在澳大利亚和韩国担任顾问。他写了6本书,其中包括《查理·芒格的原则:关于投资与人生的智慧箴言》(Charlie Munger: The Complete Investor)。

如果证券在企业中代表的
不是成比例的利益，
那么它到底是什么？

查理·芒格的投资规则

1. 你正在买入企业的一部分,你需要安全边际

"本·格雷厄姆对私人所有者有这样一种价值观念——如果可以的话,整个企业将会以什么价格出售。这在很多情况下都是可以计算的,你可以把股票价格乘以股票数量来算出总的价值,如果你可以以出售价值的三分之一或者更少的代价取得这家企业,格雷厄姆会说你拥有极大的优势。即使是一个上了年纪的酒鬼经营着一家乏味的企业,这种每股实际价值的显著溢价也意味着各种各样的好事会发生在你身上。就像他说的那样,你拥有巨大的额外价值,你拥有巨大的安全边际。"

本·格雷厄姆的投资体系包含四个基本原则,查理·芒格在上述引用中介绍了其中两个原则:

1. 股份是企业的部分所有权。

2. 以较内在价值大幅折让的价格买进,以创造安全边际。

如果证券在企业中代表的不是成比例的利益，那么它到底是什么？它当然不是一张像棒球卡或一幅画那样可以交易的纸。有了"安全边际"，最基本的想法就是以足够便宜的价格购买资产，即使在评估资产时出现错误，结果也会很好。由于风险总是与所支付的价格相关，所以有安全边际的买入是一种规避风险的方法。如果你以相当低的价格购买了一项资产，一系列不同的未来情况仍然可以产生令人满意的结果。

2. 把市场当作你的仆人，而不是你的主人

"本杰明·格雷厄姆对于'市场先生'有自己的观念。他没有认为市场是有效的，而是把它当作每天都来的躁狂抑郁症患者。有时市场先生会说，'我会以低于你认为的价值的价格把我的部分权益卖给你。'还有几天，市场先生过来说，'我会以比你认为的高得多的价格买你的权益。'你可以选择买入更多、卖掉部分现有资产，或者什么都不做。对格雷厄姆来说，和一个躁狂抑郁症患者做生意是件幸事，他会一直给你这一系列的选择。这是一个非常重要的心理构建。"

在这段引语中，查理·芒格回顾了本·格雷厄姆对市场先生的比喻。市场先生每天都会出现，他很愿意给你报价。不幸的是，用沃伦·巴菲特的话来说，市场先生是"一种喝醉的疯子"。出于这个原因和其他原因，市场先生应该永远被视为你的仆人而不是你的主人。为什么有人会把这样的人视为智者？

从短期来看，市场先生是一个由高度波动和反复无常的公众舆论驱动的投票机器，而不是一个度量投资回报的衡量机器。当市场先生为一项资产提供价格时，你可以选择什么都不做。换句话说，投资中没有所谓的"罢工"。在投资中，活跃并不能带来溢价——事实上，活跃会带来惩罚，因为这会导致费用和税收。对于价值投资者来说，正是市场的非理性创造了机会。正如芒格所说："要让一个证券定价错误，其他一些人一定得是十足的傻瓜。这可能对世界不

利,但对伯克希尔来说还不错。"

3.尽可能变得理性

"安全边际的概念,格雷厄姆的格言,永远不会过时;让市场成为你的仆人的想法永远不会过时;客观和冷静的想法永远不会过时。格雷厄姆有很多好的点子。沃伦崇尚格雷厄姆,他基本上是从零开始,追随着格雷厄姆的脚步,最终变得富有。"

芒格在这里介绍了价值投资的最后一个基本原则:客观和冷静。换句话说,在做投资决定时要尽可能地理性。投资者总是会犯一些情绪和心理上的错误,但如果能从错误中吸取教训、使用检查表等技巧、拥有正确的情绪气质、表现出强烈的职业道德并且做一台"学习机器",芒格相信,一些投资者能跑赢市场。

只有非常少的"知道些什么"的投资者能做到这一点。芒格认为,几乎所有人都是"一无所知"的投资者,这些人应该转而投资指数基金和ETF所组成的低成本分散化投资组合。

4.当世界陷入"炮弹休克"(SHELL SHOCK)时,价值投资最有效——但如果不是,它仍能蓬勃发展……只要你能适应便可

"本·格雷厄姆可以用他的盖革计数器来测量20世纪30年代崩盘后留下的'碎石',然后发现它们的价格处于每股营运资本以下。但总的来说,他是在20世纪30年代全球遭受炮弹冲击的时候经营的。当时,英语世界遭遇了约600年来最严重的经济萎缩。我认为,经过通胀调整后,利物浦的小麦价格已跌至600年低点。经典的本·格雷厄姆理念是,世界逐渐清醒过来,那些真正显而易见的便宜货消失了。现在,你可以用盖革计数器

在'碎石'上运行,它不再发出咔哒声。本·格雷厄姆的追随者通过改变盖格计数器的校准来对此做出回应。实际上,他们开始用不同的方式来定义交易。他们不断地改变定义,这样他们就可以继续做他们一直在做的事情。而且,它仍然运行得很好。"

一些系统的优点是它们有能力进化以适应新的形势,这正是价值投资的情况。大萧条之后,许多人干脆放弃了持有股票。潜在买家对损失的厌恶情绪非常强烈,因此,他们在股市交易时根本就不理性。在此期间,企业可能以低于清算价值的价格买入。对本·格雷厄姆这样的投资者来说,这是一个福音。不幸的是,这段时间只持续了不长的时间,直到记忆消逝,新的投资者进入市场。但即便如此,价值投资的原则仍然是合理的——如果根据新的市场条件进行调整的话。

5.什么都不做也能保持心态平和——但要准备好在合适的时机大举投资

"我不像沃伦那样喜欢本·格雷厄姆和他的想法。你必须明白,沃伦在如此年轻的时候就发现了格雷厄姆,然后为他工作,对于沃伦来说,本·格雷厄姆的洞察力改变了他的一生,他早年的大部分时间都在近距离崇拜大师。但我不得不说,作为一名投资者,格雷厄姆有很多东西需要学习。他关于如何给公司估值的想法都是基于大崩盘和大萧条几乎摧毁了他而形成的,他总是有点害怕市场能做什么。这让他的余生充满了恐惧,他所有的方法都是为了避免这种恐惧。"

"我喜欢格雷厄姆,他总是引起我的兴趣,也总是逗我开心。但我从来没有崇拜他买股票,所以我不像沃伦那样崇拜他。我接受了他的一些想法,但放弃了那些不适合我的做法。我不想拥有那些由我不喜欢的人经营的糟糕企业,并说,'无论这件事看起来是多么可怕,它都会反弹25%。'我不喜欢它。"

查理·芒格总是在寻找方法来发展、适应甚至颠覆自己的观点，他是一台"学习机器"。芒格还对经营着伟大企业的优秀经理人感到兴奋。当这些经理们正在经营的企业每隔一段时间都可以全部或部分以低价购买时，他就会欣喜若狂。这并不经常发生，所以大多数时候他耐心地什么也不做，但芒格准备在时机成熟时采取非常激进的行动。

6. 你拥有的钱越多，仅仅投资那些不受欢迎的公司就越难

"我认为本·格雷厄姆不如沃伦那么优秀，甚至不如我。购买那些廉价的雪茄烟头股票是一种圈套，一种错觉，它永远不会对我们所拥有的金钱起作用。你不能用数十亿美元甚至数百万美元来做这件事。但他是一个很好的作家，一个很好的老师，一个才华横溢的人，他是当时投资行业中仅有的少数知识分子之一，还可能是唯一的知识分子。"

在这段引言中，查理·芒格讨论了伯克希尔价值投资体系必须演变的另一个原因。伯克希尔每年必须投入的资金规模太大，无法指望有足够多的所谓的"雪茄烟蒂"公司能够构成一个完整的投资组合——雪茄烟蒂虽然丑陋、不受欢迎，但在被抛弃之前，还可以再抽一口。

7. 质量很重要

"成为格雷厄姆的信徒后，我们逐渐获得了我所说的更好的洞察力——顺便说一下，成为他的信徒让我获益良多。我们意识到，即使一些公司以账面价值的两到三倍的价格出售，仍然会是一笔非常划算的交易，因为它所处的位置蕴含着巨大的动力，有时还附带了某种个人或体制或其他事物所显示的一种不寻常的管理技巧。一旦我们克服了这样一种认知障碍，认识到基于可能已经吓坏了格雷厄姆的量化指标而做的交易很划算，

我们就开始考虑更好的公司。我们确实从高质量的公司中赚了钱。在某些情况下，我们买下了整个公司；在某些情况下，我们买了一大部分的股票。但当你分析发生了什么时，你会发现高质量的企业为你赚了很多钱。其他大多数赚了很多钱的人都是在高质量的企业中这样做的。"

芒格在这里提出了两个要点：1）只有了解定性因素才能看到一些廉价交易；2）基于诸如规模优势、有利的监管变化、改善的世俗现象以及更好的系统或业务动力等因素，有时会存在某种催化剂，可以使得股票价值走得更远。

8. 少数伟大决策能产生完全不同的影响

"大部分资金来自大企业，甚至早期的一些钱都是通过暂时投资在大公司中赚来的。例如，巴菲特合伙人公司曾在美国运通和迪士尼遭受重创时持有这两家公司。然而，如果我们仅仅是坚持格雷厄姆式的处事方式，我们就不会有现在的记录。"

"伊斯卡金属加工公司不会是格雷厄姆中意的股票——事实上，它是格雷厄姆最不可能选择的股票。它位于离以色列黎巴嫩边境几英里的地方。它拥有很高的净资产收益率，在全球范围内开展业务，运用一定的技术来生产硬质合金刀具。我这么快就得到了这么高的评价，是因为那里的人才华出众。"

芒格多次指出，只是少数几个重大决策为伯克希尔带来了大部分财务回报。而且（根据规则5）芒格也曾多次表示，以低价出售的高质量企业并不常见，如果你不准备在这种情况下采取积极行动，机会就会丧失。

9. 不要做得太过

"格雷厄姆说，最后杀死你的并非坏主意，而是好主意。你无法忽视好主意,而且很容易为此做得太过。"

几乎任何失误都存在一个临界点,只要过了这个点,美好的东西最终都会变成有毒的。伟大的幽默作家马克·吐温曾说过:"饮用适量的水不会伤害任何人。"即使是水,假如过量,对你也没有任何好处。同样的现象也适用于投资。同一件事,最先做的是聪明人,最后做的是傻瓜。

10. 知道你的能力范围

"我认识到,最好的赚钱方式是购买那些长期获得高额资本回报的大公司,沃伦意识到这一点比我更慢。我们正在运用格雷厄姆的基本观点,但现在我们正试图寻找价值被低估的伟大公司。这个概念对本·格雷厄姆来说是陌生的。即使没有本·格雷厄姆,沃伦也将会变成一个伟大的投资者,他是一个比格雷厄姆更伟大的投资者。如果沃伦没有遇见任何人,他也将变得伟大。他在任何需要高智商、定量技能和冒险精神的领域都会表现出色。不过,他在芭蕾舞方面不会做得很好。"

沃伦·巴菲特不太可能成为芭蕾舞明星的观点很重要,因为它提出了"能力圈"的概念。风险来自你不知道你在做什么,所以知道你在做什么是明智的(即待在你的能力圈之内),每个人的技能都有限度。所有这一切中有一点很重要:你不是查理·芒格,你也不会成为查理·芒格。话虽如此,但你可以向芒格学习,做出更好的决策。

11. 回顾过去的愚蠢——但不要让它们使你变得胆怯

"回顾你过去的愚蠢行为是很重要的,这样你就不太可能再犯同样的错误,但我不会为此咬牙切齿,也不会忍受痛苦。我认为失败和做出错误的决定是很正常的。我认为人生的悲剧就在于你太过胆怯,这样你就会不够努力，进而导致你会遇到一些挫折。"

当然，你也可以从成功中学习，特别是如果你记得成功可能会成为一个糟糕的老师，因为你可能认为这是技能的结果，而实际上可能是运气的结果。

查理·芒格坦率地承认，即使在做了几十年的商人和投资者之后，他仍然会犯错误。芒格的确建议人们努力犯新的错误，而不是重复旧的错误。他曾说过，他早年犯的错误比现在还多。换句话说，即使他像其他人一样继续犯错误，他在过去几年中也略微提高了避免错误的能力。芒格喜欢引用理查德·费曼的话："首要原则是，你一定不要愚弄自己——你是最容易被愚弄的人。"

罗宾·格里菲思
Robin Griffiths

  罗宾·格里菲思是ECU多资产研究部门的负责人。他曾在汇丰投资银行担任首席技术分析师长达20年,后来成为Rathbones的全球资产配置主管,随后成为嘉诚资本管理公司的董事和技术策略师。

  罗宾是WI Carr的合伙人,也是Grieveson Grant的技术分析主管。罗宾还是国际技术分析师联合会的委员和前主席,也是英国技术分析师协会的前主席,现为会员。罗宾成为ECU全球宏观团队的成员已经超过20年了。

投资正在发生的事情，
而不是你认为应该发生的事情。

罗宾·格里菲思

规则战胜判断：利用技术分析进行趋势跟踪

1. 识别趋势并支持它们

生活中的每件事都有一定的程序。即使我们认为自己在使用判断，也只是在遵循我们潜意识当中的规则。

我在1966年进入股票市场，当时我加入了一家以基本面分析质量著称的公司。我拥有经济学和统计学学位，刚刚读过本·格雷厄姆的《聪明的投资者》——价值投资的圣经。然而，在实践中，我了解到，如果一只股票非常便宜，它之所以便宜是有原因的。成长迅速的公司被市场所熟知，这将反映在它们的评级中。

我还了解到，只有当客户持有股票并且他们购买的股票价格上涨时，他们才会感到高兴。这与我所学的相反，这些举动并不是随机游走。在这个星球上，价格呈现趋势波动，这些趋势出现的频率和持续时间都比随机法则所允许的要长。这款游戏成为了识别和支持趋势的游戏之一。

2. 每次只在一个变量上下注

我很早就了解到的第二件事是，尽管人们期望我们对很多事情都有自己的看法——比如股价、汇率、总体指数、政治风险等——但我们几乎不可能同时在所有这些问题上都是正确的。让我们给出一个宽容的假设：在任何一个变量上你都有80%的时间是正确的。如果有3个以上相互关联的变量，你只能期望80%的80%的80%的时间是正确的，或者说是51%——换句话说，和抛硬币相比没有任何优势。

这就是你每次只能在一个变量上下注的原因。

3. 选择哪个市场或货币的战略决策应该完全独立于购买个股的战略决策

一位英国投资者将首先决定买入英镑，并从富时指数中持有英国股票，目标是击败英国股市，获得自己国家的钱。美国公民会预先决定，他只想要美元，并击败标准普尔500指数等指数。目前，英国和美国的投资者都将认为，他们做得不错，因为他们的指数正处于或接近历史高点。然而，自2000年以来，英国只上升了10%，而美国上升了60%。如果这两位投资者都进入印度市场，他们的投资就会上涨400%。如果他们投资了中国，他们的投资会上涨近800%。

所有这些都需要宏观交易，我们通过基金或者ETF来实现。

4. 只在趋势上升时买入，只在趋势下降时卖出

在选择了货币和市场之后，我们跟踪了相关指数中的所有股票。我们衡量它们的图表趋势，并根据它们的实力进行排名。我用的是回归分析，但你也可以用移动平均线。整个图表可以分为以下几种走势：

1. 向上
2. 向下

3. 横盘整理

我们现在可以第一次砍掉不适合我们的股票并排除所有横盘整理的股票。我们只会买趋势已经上升的股票，只希望在趋势已经下降的地方卖出。

5. 只在牛市中买入，只在熊市中卖出

我们只在牛市时才会买入，在熊市时才会卖出。我们用200天移动平均线来决定。如果该指数高于200日线，那就是牛市；如果低于200日线，那就是熊市。

6. 通过观察上涨的速度来排除上涨较慢的股票

现在我们进入了进一步提纯的阶段。许多处于上涨趋势的股票的上涨速度并没有很快，而且在你支持它们之后，它们很有可能停止或逆转。我们希望把这些股票从我们的购买清单上移除。

通过回溯测试，我们发现上升的速度才是关键。趋势必须以每周0.5%或以上的速度增长。如果保持一年，每年就能赚25%。如果一家公司做不到这一点，它就不值得支持——它在错误的时刻逆转，我们的风险太大了。

出于这个原因，你应该把这个清单分为五类，而不仅仅是上面提到的三种：你只想买入上涨快的，卖出下降快的。

7. 不要过于频繁或不频繁地进行排序

每月对所有股票进行一次排名。根据规则5，指数本身上涨到200日线以上，购买排名前10%的股票，这些股票是所有股票中最好的。

不要比月度更频繁地进行排名，也不要比季度更不频繁。我们从回溯测试中发现，每月是一个接近最佳的时期。

下个月，任何不再停留在榜单前十的股票都将被自动卖出，并被新进入前十的股票所取代。投资组合变动的规则是每月进行一次，而不应该更频繁地进行（这会导致过度交易）。

8. 每只股票上都只能投资等量的资金

可以是持有30只股票，每只股票分配3%的资金。按照这一原则，像富时指数这样只有100只股票的指数，将形成只有10只股票的投资组合，这将导致过高的特定股票风险，因此我们更喜欢使用一个包含更多股票的指数，这样我们就可以持有更多股票。

然而，持股数不需要超过30只。就标准普尔500指数而言，我们只对进入前10%的表现非常强劲的股票感兴趣。

9. 最好的市场趋势强劲，波动性相对较小

我们在实践中发现，我们持有股票的时间在3到6个月之间，整个投资组合每年会周转两到三次。我们已经在40个不同的世界市场上测试过了，但还没有发现一个市场是行不通的。然而，存在某些市场优于其他市场。最好的市场趋势强劲，波动性相对较小。

如果指数跌至200日线以下，投资组合就会被平仓——同样，按照规则5，现在我们可以卖空10%以下的股票，而不再做多。

需要注意的是，我们在使用这个系统时并没有做任何预测：我们只是在进行趋势跟踪。我们投资的是正在发生的事情，而不是我们认为应该发生的事情。为了赢得比赛，我们必须坚持这个系统，即使它似乎不同意我们的观点。最终这些规则会表现得更好，因为它们具有一致性——而且具有优势。

蒂姆·黑尔
Tim Hale

蒂姆·黑尔毕业于牛津大学，并在克兰菲尔德管理学院获得MBA学位。在香港渣打银行从事企业银行业务几年后，他进入了投资界，在伦敦、香港和纽约的大通资产管理公司（现在是摩根大通资产管理公司的一部分）工作了近10年。

受自己所经历的许多投资者在投资过程中都会面对的难题所驱使，他于2001年成立了阿尔比恩战略咨询公司。该公司与大约50家英国领先的金融规划公司合作，打造了一个独特的利基市场，帮助它们建立系统的、以风险为中心的、低成本的被动投资组合以供其高净值客户使用，并与它们合作对这种方法进行持续的治理。

蒂姆的书《更聪明的投资：取得更好结果的更简单的决策》（*Smarter Investing: Simpler Decisions for Better Results*）于2006年由普伦蒂斯出版社出版，第三版于2013年初出版。

"
对1000多名从事基金管理行业的专业人士
进行的调查显示，
其中三分之二的人在被动基金中
投入了大量资金。
证明完毕。
"

更聪明投资的四个简单步骤

节俭驱动更明智的投资

"问题很简单,那就是大多数试图表现过度的基金经理都会失败。还有一种可能性非常高,那就是向你募集资金的人不会是唯一做得好的人……"

"……寻找一个难得的值得付费的高费用基金经理,更复杂的事实是,一些投资专家就像业余人士一样,只是在短期之内交了好运。如果让1000名基金经理在每年年初进行一次市场预测,其中很可能会有至少1名基金经理能够连续9年预测准确。当然,1000只猴子中也同样有可能会产生一位似乎无所不能的先知。但两者还是有区别的:幸运的猴子不会发现有人排队等着给它投资。"

——沃伦·巴菲特:《致股东的信》

伯克希尔-哈撒韦公司,2017年

如今的投资者面临的产品、策略和基金经理的选择实在太多，全球有超过10万只开放式基金，其中美国约有1万只，英国约有2500只（ICI，2016年）。全球股票市场共有45 000家上市公司，而开放式基金的数量是上市公司数量的两倍。再加上主动管理行业（通常价格很高）轻易就做出了能打败市场的承诺，许多投资者最终的投资组合都建立在沙子上，这或许并不令人意外。

然而，多亏了一位14世纪的方济会修士——奥克汉姆的威廉（他是杰克·博格在哲学上的亲密伙伴）——这位精明的投资者能够在投资行业的流沙中找到一条出路。奥克汉姆偏向于简单而非复杂的哲学——被称为奥卡姆的剃刀（Occam's razor，是的，它也是这样拼出来的）或者是节俭法则——引导投资者把注意力集中在可用的（而且越来越多的）证据上，这些证据引导他们把一些简单的事情做得格外好。结果正如我们将看到的那样，这是一种直截了当的投资方法，它稳健、易于实现和维护，完全有可能击败其他大多数方法。这种更明智的投资只需要三种基本工具：简单的数学、有力的证据以及足够的常识。不必担心分析资产负债表、挑选股票或确定一种选择击败市场的基金经理的方法。把那些繁重的工作留给别人去做。

有三个关键的概念需要采纳

不幸的是，许多投资者似乎没有注意到以下情况：

概念1：在市场上交易，赢家需要由输家提供资金

长期投资是一种正和游戏，股票和债券投资者分别获得所有权和贷款的长期市场回报。然而，试图击败市场——正如所有"主动"基金经理的目标——是一场零和游戏。换句话说，每个成功的基金经理都需要一个失败的基金经理来提供资金，因为投资专业人士现在代表了市场上大部分的参与者。

被动投资者（听起来非常消极的描述）大多只是旁观，他们试图从市场风险中获取市场回报。一般的活跃投资者将获得低于市场的回报，差值相当于他们所产生的平均费用和交易成本。平均来说，被动投资者无疑会击败多数主动基金经理，因为他们的费用和交易成本总体上要低得多。正如获得诺贝尔经济学奖的威廉·夏普教授所指出的那样，那只是数学，而不是猜想。对奥克汉姆的威廉来说，这是一个好的开始。

概念2：投资者在非常嘈杂的环境中运作

基金数据显示，短期、强于大盘的回报率提供了一个非常嘈杂的信号，因为根据定义，主动基金经理并不拥有市场权重的股票（或债券）。大多数基金经理都仅仅是因为偶然而表现得优于或劣于市场。要想从运气中辨别出真正的技能，需要20多年的数据才能相当肯定地确定良好的表现是因为技能，而不是其他。一个不断增长的经验证据库显示，持续的、市场领先的技能非常罕见，而且很难提前识别。作为回应，主动基金经理通常会指出，一些基金经理的业绩记录看上去很不错；但俗话说："是轶事的堆积，不是数据。"

其他的噪声来自主动基金管理公司和金融新闻的营销活动。庞大的营销预算有助于推动少数几只"明星"基金的短期表现，但几乎没有人听说过，有60%左右的基金在15年的时间里完全消失了。

与不恰当的市场基准或基金行业进行对比，再加上金融记者在撰写文章或创建"百思买"榜单时可能面临的利益冲突（由于赞助商公司的大量广告支出），可能会让情况变得更糟。

最近，英国监管机构FCA在其最新的行业研究报告中暗示：功能上的暴政——在这种情况下是资产收集——是一种富有而强大的野兽，有可能违背许多投资者的最佳利益，这种现象有些不合理。

概念3：风险—收益关系很少被打破

投资天堂是能够以低风险获取高回报的，因此，任何声称能够实现这种魔力的基金经理或投资策略往往都会得到投资者的关注，甚至是奉承。事实上，他们应该被给予的，是高度的怀疑。风险—收益关系尽管可以通过分散化来改善，但几乎不可能被打破。更可能的是，投资者根本不知道风险所在，从彻头彻尾的欺骗（例如伯纳德·麦道夫）到在蒸汽压路机前捡便士（即在发生重大损失之前提供稳定回报的策略，例如高收益信贷或某种形式的保险）。如果它看起来好得令人难以置信，那么它很可能就是假的。如果你想获得高回报，就要随时准备好应对投资组合价值时不时下跌的情况。

更聪明投资的四个步骤

记住了以上三个概念，我们来看构建和维护一个更明智的投资组合的四个简单步骤。

第一步：建立一个深度分散化的投资组合来应对不确定的未来

投资是一段旅程，有一件事我们可以肯定，那就是市场会不时对我们构成严峻挑战。历史告诉我们，市场会跌落（可以参照世界各国的政权变革），会遭受严重创伤（例如，英国股市在1972年至1973年期间下跌了70%，在21世纪头十年的"科技灾难"和"次贷危机"崩溃期间下跌了40%以上）。就连政府债券等看似安全的资产也可能遭受购买力的严重损失，就像20世纪20年代德国的情况。一些资产可能被没收（例如2012年的阿根廷和雷普索尔）。这些是投资的真正风险，而非短期市场波动。在公司、行业、地区和资产类别中实现广泛的分散化，是我们应对未来不确定性的主要防御武器，无论这些不确定性是什么。

一个投资组合的简单起点是在多元化、产生回报的股权和高质量（如AA）政府债券和公司债券之间取得平衡。对于英国投资者而言，起点可能是一只广泛的全球发达市场指数基金和一只短期英国国债指数基金。沃伦·巴菲特被许多人尊为有史以来最伟大的主动投资者之一，他表示，代表他的妻子，他的资产受托人应只投资于标准普尔500指数基金和短期美国政府债券。超过此点的所有资产选择都成为寻求改善投资组合中收益和风险之间关系的增量优化。即使你不做进一步的调整，你也已经拥有了一个比大多数投资组合更好的投资组合。

在成长型资产方面（即股票），经验证据将建议增加对较小公司、价值型股票（不太健康，因此相对便宜）和新兴市场股票的适度风险敞口以提高投资组合回报，并提供一点分散化。全球商业地产等作为股票市场分散化因素也可以考虑。

在防守型资产方面（也即债券），持有低质量债券尤其是高收益债券时，风险会侵蚀当股权市场下跌时所需的防守质量，所以坚持投资于更高信用质量的债券，如AA或A级债券。较长期债券对利率变动更为敏感，而且随着时间的推移，这种债券会增加额外的波动性，但回报却很有限，因此应坚持持有较短期债券。持有一些与通胀挂钩的债券可以防范预期之外的通胀。如果你持有全球债券，选择一只可以对冲非基础货币（即英国投资者持有的非英镑货币）敞口的基金是有道理的。在知道一只债券基金的平均信用质量和债券的平均到期日之前，永远不要投资这只债券基金。

这个游戏中没有绝对正确或错误的答案，但肯定有更好和更坏的解决方案。凡事适度是一句有用的箴言。每个投资者都会受到自己偏好的驱动。

第二步：让市场承担起沉重的回报负担

如今，投资者非常幸运，因为他们现在可以持有基金（特指被动基金），回报几乎完全来自市场而非基金经理的技能。市场对证券定价的效率以及基金管行业中与自身竞争的人才水平异常之高，使得定价异常的证券变得罕见、短暂，而且很难在扣除成本后提取，而这正是基金经理优异表现的来源。

数据中的证据告诉我们，80%~90%的主动基金管理经理在10年的期间内做不到战胜市场。而在那些做到这一点的人当中，我们仍面临着从运气中分辨出技能的问题。对绩效持久的研究总是显示，那些在一个时期获胜的人往往不会在下一个时期继续获胜。据估计，大约3%的基金经理可能是真正掌握技能的，但最终他们会以费用的形式把大部分的回报拿走。向他们致敬，但不要低估辨认出他们是谁的挑战！

人们也开始认识到，投资组合的收益完全来自市场回报，是对投资组合中合理风险的补偿。不要再雇用、解雇基金经理，不要再为基金表现不佳而责怪你自己或你的顾问了。对1000多名从事基金管理行业的专业人士进行的调查显示，其中三分之二的人在被动基金中投入了大量资金。证明完毕。

第三步：为了你的高质量生活，紧紧抓住你的回报

投资的财务和情感成本会在你的投资生涯中摧毁你财富的增长。记住，成本是隐性的。要证明这一点，最简单的方法是计算在超过40年（对大多数投资者来说，这是一个相当合理的时间框架）的时间区间中、在考虑成本前实现了相同回报的两种策略之间的差异。低成本策略的成本为每年0.15%，高成本策略的成本为每年1.5%。对于被动基金和主动基金的区别，这并不是一幅不切实际的画面。根据威廉·夏普教授的终端财富比率计算，40年后采用低成本策略的投资者将获得比高成本策略投资者更高的收益，他们之间的差距达到了惊人的70%。

沃伦·巴菲特最近估计，过去10年，富裕的私人和机构投资者错误地认为，复杂而昂贵的投资策略代表着良好的价值，这导致了大约1000亿美元的浪费。9年前，巴菲特还曾经为慈善机构定下了一个价值500 000美元的10年赌约，赌约认为，标准普尔500指数基金将击败5只投资于对冲基金的基金，这5只基金由超

过100只对冲基金组成，而这100多只对冲基金由赌约的对手方选出。看起来他会轻而易举地获胜，部分原因是他估计这些基金60%的回报都会被它们的基金经理收入囊中，而不是客户。我的话就到此为止了。

第二个成本威胁来自我们自己。作为人类，我们遭受着一系列的幻觉和行为偏见，让我们成为糟糕的投资者。在许多其他特征中，我们往往过于自信，觉得损失带来的痛苦多于收获的快乐，并且使用不太有效的思维捷径做出决定。我们倾向于追逐热门的投资，在顶端时进入，在底部被震出，这会侵蚀我们的财富。据估计，这种行为每年给投资者造成的损失为1%至3%。控制自己成为成功的关键。

第四步：进行一些基本的组合维护

将你的一篮子资产再平衡到原来的组合以确保它保持适当的风险水平，并保持良好的分散化。一年调整一次就可以了。如果投资组合不进行再平衡，随着时间的推移，它可能会集中于回报率更高的资产类别，从而导致更高的风险。如果幸运的话，你可能会从高卖低买中获得再平衡的奖金，但绝对不要过于指望它。

确保你充分利用税收制度提供的所有合法税收优惠，比如为养老金计划捐款、每年用完你的资本利得津贴以及为免税储蓄罐提供资金（比如英国的ISAs）。每一个小的行为都会有所帮助，因为如果没有进行良好的计划和管理，税收会成为一个重大的成本。

不时地提醒自己，分散化投资组合的力量是利用基金实现的，它们让市场在一段时间内承担起沉重的回报负担。要有信心，它很可能给你带来最大的成功机会；要有信心，投资是一个进两步、退一步的长期过程，在这里，乌龟总是能击败兔子。每年只看一次你的投资组合，关注全局。拥有分散化投资组合的一个不可避免的后果是，它的某些部分会比其他部分表现更差。保持信念，坚持你的计划。正如传奇人物查理·埃利斯所说，投资活动几乎总是处于盈余状态。

节俭会带来回报

正如我们所见，奥卡姆剃刀消除了一群雄心勃勃、勤奋专注的天赋型职业基金经理所做的努力带来的复杂性和成本负担。对这些人来说，零和博弈、市场效率和经验数据的数学计算是无比残酷的。投资方式有很多种，但对很多人来说，"更聪明的投资"的简单和有效可能很有吸引力。我祝他们好运。

HARRIMAN'S NEW BOOK
OF INVESTING RULES

伊安·赫斯洛普

Ian Heslop

　　伊安·赫斯洛普2000年加入欧德共同基金，任欧德共同基金全球投资者基金的全球股权投资主管。他管理着一系列对冲基金、零售基金以及独立委托基金，包括市场中性基金和只做多基金。伊安拥有超过20年的投资经验，他的团队也因此获得了无数奖项。在加入欧德共同基金之前，伊安是巴克莱全球投资者基金的英国量化基金经理。他持有牛津大学化学硕士学位和爱丁堡大学药物化学博士学位，是投资专业人士协会的会员。

人们对被动基金的巨大热情,
已经对市场产生了扭曲效应。

消除投资偏见的五个好主意

1. 不相信对宏观情况下注

投资并不容易。有很多人想让你相信他们已经成功了。事实是，持续做好投资是很难的。

对投资者来说，对我们预测宏观事件的能力的过度自信可能是一个陷阱。预测重大的宏观经济事件是非常困难的，预测它们对股市的影响则更难。即使你的宏观经济预测是正确的，市场的反应也可能会出人意料。

例如，许多观察人士未能预测到，在2016年6月23日举行的欧盟成员国公投中，英国将投票支持英国脱欧。同样，许多人未能预测到唐纳德·特朗普将在2016年11月8日赢得美国总统大选。这两个政治预测都很难，而预测市场对这些政治事件的反应就更难了。许多人认为，英国脱欧公投将导致股市下跌，预计英国经济将受损，欧洲将陷入动荡。事实上，在2016年6月23日之后的两个月里，富时100指数上涨了9%。因此，即使你对投票结果的预测是正确的，你也很容易错误预测市场反应。

我认为股票市场就像天气、生态系统或社会一样,是一个复杂系统的一个例子。这种系统通常很难预测,因为它们可能在两个不同的场合以两种不同的方式对同一刺激做出反应。

因此,在试图基于宏观事件预测市场时,要谨慎。

2. 注意风格

投资风格非常重要,但往往被忽视。一些投资者可能没有意识到他们有自己的投资风格,或者可能低估了它对他们业绩的贡献。

主要有两种投资风格:价值型风格和成长型风格。

- **价值型投资者**寻求廉价交易。他们喜欢低价买进股票,相信自己会从低价中恢复过来。"便宜"是什么意思?对于更有技术头脑的人来说,衡量它的一种方法是股票的市净率。账面价值是指公司资产负债表上的权益。市净率是股价除以每股账面价值。如果这个比率很低(与其他股票相比,或者与历史平均水平相比),这就表明股票很便宜。另一种衡量价值的方法是使用市盈率,即股价除以公司每股收益(在公司损益表中可以找到)。这两项指标都是将市场对一家公司的看法与其报告和账目中的数据进行比较的方法。无论采用何种方法,价值型投资者的目标都是找到一篮子价格相对较低的股票。通用汽车、梅西百货和固特异都是市盈率相对较低的公司。

- **成长型投资者**寻找的是增长速度高于平均水平的公司。他们喜欢购买那些拥有高需求的创新或卓越产品的公司的股票。如果以价值衡量的话,成长型投资者往往不太在意股价可能会很高。例如,成长型投资者寻找收入增幅高于平均水平的公司。亚马逊、奈飞和英伟达等科技公司就是成长型公司的例子。

你应该是哪种类型的投资者，价值型还是成长型？我认为，正确的答案是：任何一种，这取决于市场状况。你需要了解投资风格及其对业绩的影响。能够在不同的投资风格之间转换是一个优势。

3. 不要陷入风险偏好的陷阱

一些投资者认为，忠于自己的风格是一种美德，但往往只是缺乏灵活性。市场不会总是对所有的风格进行奖励。虽然有一些证据表明，从长期来看，廉价股票的表现可能会超过昂贵股票，但也有一段时间——而且可能持续很多年——廉价股票会继续贬值。因此，在任何情况下都只追求一种投资风格可能导致非常不稳定的回报。

要在投资生态系统中有效竞争，投资风格的灵活性至关重要。要想保持灵活性，你需要确定在当前市场环境下最有可能表现出色的风格。我认为，价值型风格往往在风险偏好的环境中表现更好，但在风险抗拒的环境中表现较差（风险偏好环境是指投资者愿意承担更大风险的环境）。

要有足够的灵活性来适应市场环境。

4. 不要假设市场是一个指数

什么是股票市场？许多人认为它是一个指数，比如富时100指数或标准普尔500指数。事实上，这两个指数虽然有用，但都只代表了一种衡量市场的单一方法。

富时100指数和标准普尔500指数是**市值加权**指数的例子。每只股票的分配比例只是该股票市值（即股票价格乘以公司股票数量）中指数的一小部分。因此，富时100指数和标准普尔500指数更倾向于市值较大的股票。理解这一点的一种方法是：如果一只市值大的股票（比如苹果公司）价格上涨，而另一只市值小的股票价格下跌相同的幅度（指数中所有其他股票价格不变），那么该指数就会上涨。

如果你觉得这对市值较小的股票（小盘股）有点不公平，你可能更喜欢另一种称为**等权重**指数的指数：在这种情况下，每只股票的分配比重相当于指数的相同比例。换句话说，指数中所有股票的权重都是一样的。

还有其他种类的指数。例如，有**价格加权**指数。这种指数每一只股票的分配是指数与其价格成比例的一小部分。因此，股票价格为100美元的股票的比例是价格为10美元的股票的10倍。你可能觉得这是一种任意加权指数的方式，但著名的道琼斯工业股票平均价格指数是一种价格加权指数，该指数可以追溯到1896年，日本的日经225指数也是如此。

不要只看市场指数，深入挖掘它。

5. 注意权重失衡的风险

许多人被股票指数追踪器和ETF等被动投资所吸引，是因为它们更便宜，或者是因为他们对主动基金经理持续跑赢指数的能力失去了信心。事实上，近年来，投资者纷纷转向被动投资。在我看来，人们对被动基金的巨大热情，已经对市场产生了扭曲效应。

大多数追踪者，如ETF和被动型基金，跟踪的是像富时100指数或标准普尔500指数这样的市值加权指数。正如我所解释的那样，这些指数的权重更偏向于大型股。由于追踪工具变得非常受欢迎，并享受着大量资金流入，相应地，更多资金流入了大型股。这使得它们的价格上涨，因此它们的市值增长得更快，它们吸引了更多的资金流入，这是一种反馈效应。

按市值计算，标准普尔500指数中市值最大的10只股票包括苹果、谷歌、微软、亚马逊和脸书，主要集中在科技板块，这一板块已经超过了其他板块。截至2017年7月24日，标准普尔500指数中排名前十的股票占其市值的20%。如果标准普尔500指数是一个等权重的指数,它们在其中所占的比例将只有2%。所以指数是头重脚轻的。

泡沫是金融市场上一个长期存在的问题,其部分原因可能是反馈效应。经济学家约翰·加尔布雷斯在他的著作《1929年大崩盘》(*The Great Crash 1929*)中,描述了在大崩盘之前,投资信托基金如何迅速增长,其中一些直接投资于股票,另一些却仅投资于其他投资信托基金。在1929年崩盘之前的疯狂牛市中,这可以说是一种反馈效应。

我不是在预测被动跟踪器势必会导致崩溃。撞车事故至少和地震一样难以预测,其原因仍存在争议。但我确实认为,近年来流入被动追踪器的资金规模可能增加了潜在风险。

不要盲目投资市值指数:你可能落后于大众。

安德鲁·亨特
Andrew Hunt

　　安德鲁·亨特2003年毕业于剑桥大学，获得法律学位。他在电视制作行业工作，2006年搬到爱丁堡后加入巴利·吉福德，在那里，他担任投资经理直到2016年。他现在是标准人寿投资公司的投资总监。安德鲁是《更好的价值投资》(*Better Value Investing*) 的作者。

产生正现金流的能力
是衡量财务实力最重要的指标。

两只老鼠掉进了一桶奶油里——
逆向价值投资的艺术

你可能听说过一个古老的故事：两只老鼠掉进了一桶奶油里。第一只老鼠看不到出路，很快就放弃了，最后淹死了。第二只老鼠用力划，最后把奶油搅成黄油，爬了出来。

如果你认同第二只老鼠，逆向投资可能就是为你准备的。这种类型的投资需要巨大的耐心、韧性、毅力和单干的意愿。

大家从老鼠的故事中忽略的是，第二只老鼠也侥幸获得了可以吃一辈子的美味黄油！逆向投资尽管要求高，却能带来难以置信的回报。

1. 始终牢记投资是困难的

太多的投资者认为，拥有智力或大量的信息就足以获得成功。如今，每个投资者都拥有这些。你需要更多的东西。

投资就像其他生意一样。长期超额回报只会流向那些能做别人做不到的事情的人。在投资领域，几乎没有进入壁垒——看看资本流动有多容易。唯一的长期障碍是心理或制度上的障碍，你必须知道你的优势在哪里。

逆向投资之所以有效，是因为它在实践中很困难，你实际上是在利用其他投资者的恐惧、本能和偏见。此外，事情往往需要很长时间才能解决，这让它非常不舒服。对于大多数机构来说，这种不安程度使得真正的逆向投资成为不可能。它之所以有效是因为它很难。

约翰·邓普顿（John Templeton）有句名言："要经常改变你的获胜游戏。"不管你是哪种类型的投资者，当你觉得投资很容易时——就好像你在随波逐流，不会犯错一样——这总是预示着未来的麻烦，这是控制事情或改变你的方法的时候。

2. 做出承诺

史蒂芬·金连续创作了9年，才卖出他的第一本书。约翰·柯川每天练习萨克斯管达17年之久，才开了自己的第一次萨克斯管演奏会。要想精通任何事情都需要很长时间，投资也不例外，尤其是因为需要很长时间才能得到有意义的反馈。在你真正开始以一种有洞察力的方式投资之前，至少要付出10年的努力。没有捷径可走，你必须从实践中学习。你必须了解自己在不同的环境和市场中的表现，从错误中吸取教训，并进行广泛的试验。

如果你研究一下最成功的投资者的记录，你会发现，大多数人一开始都很糟糕，坚持学习和坚持数年的意愿最终会带来成功。

3. 了解自己的弱点，承认自己的错误

不存在完美的策略，所有的策略都使投资者面临一定的风险。伟大的策略

定义了他们需要避免做什么和他们需要做什么。这是第二层次的思考，在这里，你可以获得真正的优势。大多数投资者本能地关注他们过去的成功，而不是失败。因此，他们一遍又一遍地重复同样的错误。

你应该把你的错误视为你最有价值的资产。很可能你已经知道自己擅长什么，不需要任何鼓励去重复自己的长处，而发现自己的缺点能帮助你进步。

首先，确保你记录下了所有的投资决策，并确定哪些是你认为错误的。当你犯错的时候，承认错误并写下来。检查一下你的投资工作，如果可以的话，让别人帮你检查一下你的分析。试着去理解为什么你做错了，你能从中学到什么，然后对你的流程进行深思熟虑的修改，这样就不会再犯同样的错误了。

其次，积极寻找持不同意见的人，这些人应该是你钦佩的朋友或同事，但他们的想法却截然不同。定期和他们会面，解释你的投资过程，并向他们展示你的投资组合。明确地问一些要求尖锐的反馈的问题：我的缺点在哪里？我最担心的是什么？认真倾听他们说的话。

4. 使用检查清单

在我看来，简单的检查清单是投资者可以使用的最有价值且未得到充分利用的工具。

检查清单是你在做投资决定前要经过的客观标准清单。你可以根据不同的情况制作不同的清单，例如投资分析、交易决策或特定类型的投资。

最重要的是，要简洁、客观。这样，当事情影响深远的时候，你就更有可能跟随它们。主动完善你的清单，随着时间的推移，当你更好地理解自己的错误时，它们就会发展起来。检查清单对排除常见错误最有用。

最后，严格要求自己。你已经构建了清单，现在应用它。如果一项投资不符合你的清单标准，就不要购买它。如果你发现自己没有检查或者没有按照你的清单去做，那么停下来，休息一下，重新开始。

5. 变得耐心

当谈到逆向价值投资时，耐心是绝对必要的。由于陷入困境的企业需要很长时间才能扭亏为盈，市场也需要很长时间才能恢复信心，因此平均持有期限可能为五六年。此外，最好的回报通常是在两到三年之后，这与大多数策略完全不同。

同时，对你的买入要有耐心。有时你遇到一只股票，你会想："这是一家很棒的公司，我必须拥有它！"结果却发现它有点贵。接下来你需要做的就是等待，设定目标价格，然后观望等待。90%的情况你最终会得到你想要的。

6. 让波动性成为你的朋友

市场过于情绪化，股价在估值过高和估值过低之间来回波动。重要的是不要低估波动性。看看长期的价格图表或52周高点和低点的列表，你就会明白波动有多剧烈。

对于成功的投资者来说，波动性是机会的来源，而不是需要担心的事情。波动性是让低买高卖成为可能的因素。永远记住，市场价格是为了你的方便而存在的，你不必对它们做出反应。关注你购买的股票的潜在价值——你对其真实价值的独立评估。只有在大幅折价的情况下才买入股票，然后以接近价值的价格卖出。

在这方面最好是系统的。如果你买了一只股票，而它价格却下跌了，重新检查一下投资情况，如果它仍然完好无损，而且财务状况良好，那么就逐步继续买入更多股票。当股价上涨时，当折价消失或即将消失时卖出，就是这么简单。

7. 执行就是一切

我们对市场的所有研究都表明，逆向价值投资能带来惊人的长期回报。然而，几乎没有真正的投资者能取得类似的结果，即使是在扣除税负和成本之后。很多人都尝试过，问题是大多数人都放弃了，变得心烦意乱或者选择了感觉更舒服的东西。

然而，获得这些回报的唯一方法是开发基本框架并坚持下去。一些投资不会奏效、波动性往往很高、新闻标题可能很难看，但你必须继续执行——买入并持有极其廉价、不受欢迎且鲜为人知的股票。

当涉及逆向价值投资时，系统才是明星，而不是投资者。投资者的工作是始终如一地遵循这一过程。重要的是，要日复一日、年复一年地坚持这个健全的框架。

8. 在黄金三角中投资

这是一个简单的三因素股票评估，我用它作为我选股的主要工具。我称其为"黄金三角"，因为投资过程取决于三个原则。虽然它很简单，但它已经被证明是非常有效的，并且取得了非常好的效果。

第一个标准是**价值**。价值投资的最高回报往往来自最便宜的股票。举例来说，我在2015年购买的每只股票都以35%的自由现金流收益率交易、买入价格不到账面价值的一半，并且本·格雷厄姆市盈率（价格除以7年平均收益）均为4。此外，所有股票的价格都比我保守估计的真实价值低了50%以上。但需要注意的是：持有这些股票令人不安，较高的回报是接受痛苦的溢价。

三角形的第二条边是**财务实力**。多数价值型股票未能强劲反弹，因为它们的财务状况过于疲弱。因此，全面评估财务实力至关重要。确保你选择的公司正在赚钱，即使是在最困难的时候。寻找一致的自由现金产生和运营盈利能力。

产生正现金流的能力是衡量财务实力最重要的指标。你还需要检查公司是否能够轻松地偿还所有债务，这包括负债和其他债务，如养老金和租赁。只选择能够以不超过两年或三年的适度现金流量偿还全部净负债的公司。

第三条也是最后一条边是**资本约束**。近年来，大量证据表明，资本约束是一个非常强大的阿尔法因素。简单地说，那些持续向股东（股票回购或股息）和/或债券持有人（债务不断下降）支付现金的公司往往会进行大量投资。此外，寻求节俭型公司：如削减成本、低资本支出和少有或没有并购的，避免开支较大的公司。买入自律、慷慨付出的公司会有很多优势。首先，这些企业为其所有者创造了实实在在的利润。因此，这是避免欺诈或管理不善的一个很好的方法。对资本约束的关注也会帮助你避开那些接近商业周期顶峰的公司，那时企业支出往往会飙升。相反，它将辨别出接近衰退周期底部的公司，它们的复苏时机已经成熟。

寻找三种因素都协调一致的投资机会。

9. 照顾好你周围的人

这听起来也许老套，但却是重要的。大多数投资者对要做什么都有合理的理解。然而，没有合适的气质和情感平衡，这是不够的。在高层，投资者往往变得傲慢和鲁莽。在社会底层，他们会变得极度沮丧或愤怒。所有这些情绪上的混乱是市场时而疯狂的核心原因。

相反，你需要保持乐观和脚踏实地，保持洞察力。认真对待投资，但不要让它成为你生活中最重要的事情。总是把你最亲近的人放在首位——家人、朋友和同事。对他们付出你的时间和精力，而不仅仅是你的钱。令人惊讶的是，即使是很小的动作也能有意义——花时间写卡片，说几句鼓励的话，或者拜访亲戚。在几次成功的投资之后，赚钱的兴奋感逐渐消退。然而，善意的回报却不断到来。最重要的是，这将帮助你学习、保持洞察力和实现一种成就感。

如果你是一名专业投资者，每天都要抽出时间帮助同事，特别是那些比你资历浅的人，或者那些正在苦苦挣扎的人——他们会非常感激的。这是我工作中最有价值的部分。

逆向价值投资是一种吸引人的、要求高的、有回报的投资，但最好的投资是你的人际关系。

Harriman's New Book
Of Investing Rules

詹姆斯·英格利斯-琼斯
James Inglis-Jones

  1990年，詹姆斯·英格利斯-琼斯从约克大学获得现代历史学一级荣誉学位，他继续从牛津基督教会获得现代历史学哲学博士学位。詹姆斯于1997年加入弗莱明投资管理公司，1999年负责英国股票投资组合的管理。1999年至2002年，他在摩根大通的机构投资部门工作，并作为欧洲股票集团的高级投资组合经理，经营和管理着大量零售和机构基金。詹姆斯于2006年加入狮固（Liontrust），负责开发和管理现金流解决方案投资流程。除了舍曼莎·格里夫基金之外，詹姆斯目前还在狮固欧洲成长基金、狮固全球收益基金、狮固GF欧洲小型企业基金和狮固GF欧洲战略股票基金的管理中应用了这个流程。詹姆斯是特许金融分析师和特许管理会计师。

> 在不太清楚自己在寻找什么的情况下
> 选择一只股票，
> 就像在一家炸药厂里点火柴一样——
> 你也许可以活下来，
> 但你仍然是个傻瓜。

如何优化流程，成就完美投资

1. 在开始投资之前，先定义一个投资流程

一位伟大的美国基金经理曾经这样描述：在不太清楚自己在寻找什么的情况下选择一只股票，就像在一家炸药厂里点火柴一样——你也许可以活下来，但你仍然是个傻瓜。清晰地知道你在寻找什么，这意味着要有一个明确的投资流程。

为了充分挖掘投资理念的长期潜力，重要的是要有一个独特的、能够在短期内严格而一致地应用的投资流程。正式记录投资流程的规则也是非常有建设性的；如果你不能清楚地向别人解释你的投资理念和流程，这可能是一个强烈的信号，表明你自己并没有完全理解它。

我们在狮固开发的投资流程的核心是，现金流是决定股东回报的最重要因素。其基本观点是，由专注于现金流交付的保守型经理人运营的公司，其表现应明显优于由激进的公司经理运营的公司，后者偏向于在现在的时点进行大规

模现金投资，以确保未来的增长预期。

当我们第一次制定流程时，我们花了一些时间思考如何最好地获取这些品质，最终得到了两个简单的核心比率——一个关注的是市场如何对公司的现金流进行估值，另一个关注的是公司产生现金的能力。我们今天投资的所有股票都是基于我们对现金流重要性的基本信念。

2. 充分利用历史数据检验投资流程的有效性

一个投资流程不能仅仅是理论上的，它还需要有历史分析的支持，以证明它是有效的。

好的流程之所以有效，是因为它们利用了投资者的行为偏见。例如，即使在投资情况恶化的情况下，投资者通常也不愿确认损失，但这种情绪偏见只会导致投资表现不佳的情况持续太久。

我希望看到大量的证据表明，一种策略会带来丰厚的回报。如果这一点不具备，那么我倾向于认为，这个流程不太可能建立在未来会重演的投资者行为的一个持久特征之上。

然而，对一项拟议策略的历史情况进行分析时应谨慎行事。如果使用不当，历史数据集很容易受到"数据挖掘"的影响。"数据挖掘"是指将模型建模到数据上，这意味着它在过去看起来很棒，但在未来用处不大。因此，为了将数据挖掘的风险降至最低，在开始针对数据进行测试之前，有必要制定和开发一个理论，说明它为什么应该奏效。

一个由可靠的理论支持和历史数据验证的投资流程是未来成功的基础。

3. 重要的是，你的流程并不适用于所有的市场环境

这或许令人惊讶，但投资流程的一个重要特征是，它并非总是有效的。如

果一个流程一直有效,每个人都会很快采用它,它就会失去效力。

一个好的投资过程是由这样一个事实来支撑的:它偶尔会表现得不那么好。这导致一些人放弃了这种方法,这有助于维持这种异常现象。学者们喜欢把这种效应称为"套利极限",在我看来,这是任何好的投资流程中至关重要的一部分。

4. 在困难的时候也不要改变你的投资流程

仔细考虑如何管理资金,并对长期历史数据进行测试,结果却在短期结果不佳时放弃,这是毫无意义的。这种弹性的缺乏只会导致较长期的低投资回报和损失。正如我已经说过的,一个好的投资流程的前提条件是它不是一直有效的。实际上,将资金配置到一个好的投资流程中的最佳时机,总是在其表现不佳时——利用波动性来提高预期回报,而不是降低预期回报。

有趣的是,投资管理行业的许多人都痴迷于3到5年中的高回报。我们的研究表明,虽然良好的投资流程可以给予令人印象深刻的长期回报,但这些回报通常会具有这样的特征:在3-5年的疲软周期内波动,然后让位于一个超额表现的壮观时期。这个特征也可以颠倒过来:在3-5年中表现强势,紧接着进入一个弱势周期。因此,在对投资策略进行评估时,这一短期框架是一个值得怀疑的基础。

5. 不要让表现和情绪的下降降低你的信心

我低估了在投资业绩不佳的不可避免的困难时期所需承受的情绪压力。在这个时期,人们会质疑自己的投资流程是否仍然有效。在这种情况下,质疑自己的方法是很有诱惑力的。但我发现,在这些时候,能够依靠经验支持我的战略是非常宝贵的。经验支持表明,这些时期只是应用投资流程的一部分。这给了我韧性和毅力，让我能够在困难时期坚持下去。

6. 加强而非改变你的投资流程

重点应该是进化而不是革命。随着对投资流程的经验和熟悉程度的增加，你可以确定增强或改进流程的方式。我们做了很多工作，研究了我们所选择的具有良好现金流量的股票，并引入了更系统化的方法，以确保拥有更好的分散性以及更高比例的高信誉股票。然而，这项工作只有在长时间实际应用了投资流程之后才有可能实现。

7. 最后——不要把投资决策建立在预测的基础之上

我们根据公司报告和账户中提供的现金流量的实证分析来选择投资标的。一些批评人士会说，这是在用后视镜开车，但我们的分析显示，这是迄今为止最好的方法，因为预测未来道路的难度很大。

事实上，我认为投资者往往过于强调自己的预测能力，尽管有大量学术文献证实，我们都不擅长预测。在我看来，机会的出现是由于投资者没有充分关注他们今天能在公司报告和账户中看到的现金流，而过多关注他们认为明天会发生的事情。

我的经验告诉我，从长远来看，抵制事后猜测市场、做出预测的诱惑，坚持一个定义明确的成功投资流程是有回报的。

尼尔斯·詹森
Niels Jensen

尼尔斯·詹森拥有超过30年的投资银行业务和投资管理经验。1984年，他在哥本哈根开始了自己的职业生涯，1986年移居伦敦。他于2002年创立了绝对回报合伙人公司，目前是该公司的首席投资官。2006年，他被任命为英国一家领先企业养老基金的董事，为该基金的投资策略提供咨询——他将继续担任这一职位。他毕业于哥本哈根大学，获得经济学硕士学位。

他是《指数化的终结》(*The End of Indexing*)的作者。

当长期熊市占据主导地位时,
股市几乎不会回到趋势线以上,
大多数股票都将一路回到
通道的底部。

尼尔斯·詹森

绝对回报和指数化的终结

投资规则不应该是一成不变的，投资者应该根据所处的环境调整自己的规则。从经验来看，我可以肯定那些不适应的人迟早会陷入困境。因此，在投资时，我的第一条也是最重要的一条规则，就是定义我应该遵守什么规则。

我这么说是想表达什么意思呢？我怎么可能有关于规则的规则呢？请允许我解释一下。在我看来，有规则，同样也有原则，其中最重要的那些总是适用的，那些就是我的第一前沿规则。它们的数量并不多，但它们都至关重要。第二个层次的规则——我称之为第二前沿规则——严格来说不是规则，而是原则。不过，我把它们当作规则来对待，因为无论发生什么，我几乎都会遵守它们。

沃伦·巴菲特曾说过一句如今很有名的话："如果你不愿意持有一只股票10年，那就10分钟都不要想着持有它。"从我30多年的投资经验来看，我可以自信地说，那些在投资上输得精光的人几乎总是那些不遵守规则和原则的人；当机会出现的时候，他们就会忘乎所以。

我的短期业绩记录并不突出（大多数投资者都是这样），但多年来，我发现我的长期业绩记录总是更好,所以我坚持长期投资,就像沃伦·巴菲特那样。

1. 让你的投资原则适应你所处的环境

为什么我的投资原则会随着我们所处的环境而改变,让我给你举一个非常简单的例子。许多投资者都喜欢成长型股票,原因不难理解。多年来,成长型股票的表现一直优于价值型股票——但如果你做了充分的功课,你就会发现,债券收益率和成长型股票与价值型股票之间的相对表现存在密切联系。

当债券收益率下降时,成长型股票的表现优于价值型股票,反之亦然。在过去35年的大部分时间里,债券收益率都在下降,很容易理解为什么许多投资者迷恋成长型股票。整整一代投资者从未见过在如此长一段时间内,价值型股票持续跑赢成长型股票,而这些人几乎都不记得原先的情景,因为这是35年以前的事情了。

现在,假设我们面对的是多年来的利率上升,即使利率上升幅度不大(我认为会是这样),一切都可能会改变。执着于成长型股票规则的投资者可能会失望,而那些准备好适应机制的不断变化的投资者更有可能跑赢大盘。

另一个例子是股市的整体表现。最极端的水平下,我把股权市场划分为长期牛市和长期熊市。在过去150年左右的时间里,美国经历了6次长期牛市,只有5次长期熊市(见表1)。

长期牛市的特征是市盈率不断上升,而长期熊市的市盈率则在下降,市盈率的下降导致了长期熊市的低回报。正如你所看到的,长期牛市和长期熊市总回报的差异是相当人的。

对于长期牛市或长期熊市应持续多长时间,没有任何规则,但历史情况提供了一些指引。只有一个长期趋势运行了超过20年,牛市和熊市都倾向于保持在一个相对可预测的通道上——至少在过去的150年里是这样的(见图1)。

从图1中也可以明显看出,自2009年以来,我们所处的长期牛市几乎100%高

表1　美国股市自1877年以来的长期牛市和长期熊市

年份	市场里程碑	变动百分比	年数总和	年化收益（不考虑股息）	年化收益（考虑股息）
1877	低	—	—	—	—
1906	高	396%	29.3	5.1%	10.10%
1921	低	−69%	14.9	−7.50%	−2.00%
1929	高	396%	8.1	21.90%	28.40%
1932	低	−81%	2.7	−44.90%	−41.20%
1937	高	266%	4.7	32.10%	38.70%
1949	低	−54%	12.3	−6.20%	−0.80%
1968	高	413%	19.5	8.80%	13.30%
1982	低	−63%	13.6	−7.00%	−3%
2000	高	666%	18.1	11.90%	15.30%
2009	低	−59%	8.5	−9.80%	−8.10%
现在	—	172%	8	N/A	N/A

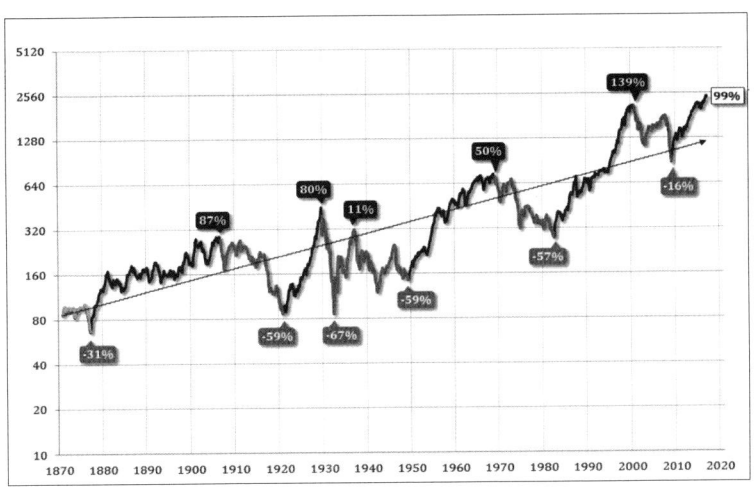

图1　标普综合指数——1877年至今（经通胀调整后的回归通道）

于长期趋势线,而当长期熊市占主导时,股市几乎不会回到趋势线以上,大多数股票都将一路回到通道的底部。这让我得出结论:总体而言,股票尤其是美国股票,是以未来几年的问题为基础进行定价的;因此,我目前只会对这类资产进行有限的配置。

我已经尽力打消你的期望,让我们再杀下一头"圣牛"。投资者中有一种根深蒂固的观点——可能是由所谓的美联储看跌期权(又称格林斯潘看跌期权)推动的——认为,无论何时情况变得艰难,美联储都会为你纾困,股市很快就会回到正轨。

正是出于这个原因,许多投资者选择不理会近年来的大多数风暴。如果你认同这一理念,让我提醒你,股票有时会在水下待上几十年,然后才会卷土重来(见表2)。

表2 自1900年以来持续时间最长的股市真实回报呈负数期

	真实回报	期间	年数
美国	−7%	1905—1920	16
英国	−4%	1900—1921	22
法国	−8%	1900—1952	53
德国	−8%	1900—1954	55
日本	−1%	1900—1950	51
全球	−9%	1901—1920	20
全球(美国除外)	−11%	1928—1950	23

我可以提出更多投资者应该遵守的原则,但时间不允许我讲太多细节。不过,至少有一点是值得一提的。由于利率徘徊在离历史低点不远的地方,而且每年退休的人越来越多,对其他收入来源的需求正在上升。

投资级政府债券的收益率不足以满足老年人日益增长的收入需求,因此对收入的追求正变得越来越有创造性。找到额外收入的最简单方法,可能会促使你买入收益率更高的股票（欧洲股票的收益率高于美国股票）和非投资级债券，但许多投资者认为，这些资产类别已经过于昂贵。

不过，在你把它们一笔勾销之前，要记住，情况已经发生了变化。随着需要固定收入的老年人的数量已经大幅增加，而且在未来几年只会进一步增加，提供可观收益的资产的定价将变得更加昂贵，这并非完全不可能。

换句话说，一个人需要将不断变化的人口结构以及这些变化可能对各种资产类别产生的影响纳入自己的投资原则。我们不能仅仅因为15倍的市盈率是过去的平均市盈率（至少在美国是这样），就认为15倍市盈率在未来也是相当合理的市盈率。

在这种情况下，我要提醒一下。我曾假设，在未来许多年里，高收益股票的市盈率预计将保持在相对较高的水平，但我已确立了一个原则，即一家公司不仅应支付有吸引力的股息，它还应该从营业利润中产生足够的现金用于支付内部股息。太多的高派息公司在支付股息的时候会求助于借款，而这将在某一时刻反咬它们一口。

2. 永远不要让短期趋势驱动你的投资组合构建

不同类型的趋势和主题为金融市场奠定了基调，我将这些趋势分为战术趋势和结构性趋势。战术趋势要么是周期性的，要么是行为性的，而且大多数都是中短期的。结构性趋势是非常长期的（需要持续许多年），它们大多不受投资者行为的影响，它们总是会不顾一切地展开。

周期性趋势指的是经济周期以及它们可能如何影响金融市场。行为趋势有点复杂。随着时间的推移，投资者的行为会发生变化，金融市场也会受到相应的影响。

一个简单的例子是，在金融危机之后，投资者通常要么处在风险偏好状态，要么处在风险规避状态。处于风险偏好状态时，所有的风险资产都会上升；而在风险规避状态中，仅有避险资产会趋于上升。自金融危机以来，美国国债和黄金一直是主要的避险资产，但日元在风险规避时期同样表现强劲。这对投资者产生了相当大的影响，因为通过投资组合分散化降低风险在2008年后变得更加复杂。

现在谈谈结构性趋势——到目前为止，在我的投资组合构建方法中，结构性趋势是最重要的。我已经确定了其中的八个，但如果你是日内交易者，我不建议让这些趋势决定你的投资策略。

然而，如果你像我一样投资，我可以向你保证，这八个趋势将在未来的许多年里塑造我们生活的世界和我们投资的市场。八个趋势——我称之为结构性大趋势——如下：

1. 债务超级周期的终结
2. 婴儿潮一代的退休
3. 中产阶级消费能力的下降
4. 东方的崛起
5. 化石燃料的消亡
6. 财富相对GDP的均值回归
7. 环境破坏
8. 淡水耗尽

除了这八个大趋势之外，我还确定了几个结构子趋势，所有这些子趋势都是由八个大趋势中的一个或多个驱动的，这些子趋势再次驱动了我的投资组合构建。

一个很好的例子就是"我的"结构性大趋势中的第一个——**债务超级周期的终结**。债务超级周期平均持续50年以上，而我们目前所处的周期是在20世纪40年代末建立的。经过6年毁灭性的战争，欧洲需要大规模重建，其中大部分资金来自债务。

自那以来，债务GDP比率一直在上升，但直到20世纪80年代初，债务增长的步伐才获得了巨大的动力，因此，金融监管机构现在非常关注并希望限制银行放贷。欧洲银行业监管机构尤其充满敌意，整个欧盟的银行都被迫减少贷款。我把这种结构性子趋势称为监管套利，因为它为另类投资领域的大量投资机会打开了大门。

投资者在构建自己的投资组合时，很少有时间去关注结构性趋势，这一点总是让我感到惊讶。这可能是急躁的表现；许多投资者发现自己很难看得比下周一更远。

也就是说，基于长期结构性趋势构建投资组合更有可能取得长期成功，但在短期到中期，你无法依赖任何安全阀。因此，我从不使用财务杠杆。早在2008年，我就了解到杠杆可能会造成重大损害，即使你的策略完全适合长期投资。

当我说永远不要让短期趋势驱动你的投资组合构建时，我需要确切地解释我的意思。我构建投资组合是为了有一个结构核心（这是收益的关键驱动因素）和一个战术叠加。换句话说，投资组合的核心是建立在我刚才提到的八大结构性趋势的基础上的，战术叠加是为了利用短期机会而设计的。不过，战术叠加对长期回报的贡献通常相当有限。

让我给你举个例子来说明它是如何起作用的。正如我刚才解释的那样，债务超级周期的结束带来了大量的监管套利机会，其中许多是以美元计价的，因为在向商业银行以外的企业提供融资方面，美国人领先于我们欧洲人一两步。

因为美国的经济周期比欧洲的经济周期进一步发展，只有预期美国短期至中期利率会出现更大幅的上升是合理的，而正是因为这个原因，一个简单的周期分析将使得人们预期美元/欧元汇率在价值上将进一步升值。因此，欧洲投资者不应该对任何美元投资进行对冲，而美国投资者应对其持有的所有欧元投资进行对冲。

结构性分析与战术/周期叠加相结合的方法无疑会得出这个结论，但事情并不总是那么简单。一些最强大的短期趋势是行为性质的，各种研究表明做多美元已经是一个非常拥挤的交易。

尽管行为趋势可以而且确实会在短时间内发生变化，但它们非常强大，在构建投资组合时忽略它们所需付出的代价确实非常昂贵。因此，它们构成了我的战术重叠的一个关键部分，但它们从来没有驱动投资组合的构建过程，只有八大结构性趋势能做到这一点。

3. 挑选你成为逆向投资者的时点

我的第三条规则是多年来让我赚到最多钱的一条规则，但不可否认，它也是最棘手的一条。要成为逆向投资者，但要小心选择时机。不要仅仅为了做一个逆向投资者而做一个逆向投资者。

很多年前，我当时的老板曾经教我在正确的时间发出正确的声音的艺术。他的建议很简单，那就是"走得久一点，说得响一点"，这条建议在那之后就一直跟随着我。他的哲学很简单。聪明的投资者永远不会向外界表达他们真正相信什么，直到他们把自己定位到相应的位置。当一个人在电视上声称自己看涨（看跌）时，他只是在谈他自己的事。他告诉我，他已经建立了很大规模的多头（空头）头寸。他过去如此，现在依旧如此。

如果多头美元已经是一个非常拥挤的交易，那么购买力将从何而来？经验告诉我，在进行投资组合构建时，必须考虑这些问题。

这里有一个棘手的部分，做一个逆向投资者并不总是有效的。多年来我了解到，仅仅让大多数投资者认同某种观点是不够的。要想让逆向操作策略发挥作用，你需要获得绝大多数人的支持。

其次，它也会影响你在周期中的位置。我发现，周期越早，逆向投资的可能性就越小。回到之前美元的例子，美元指数在2014年年中开始形成牛市趋势。在持续了大约9个月的强劲牛市行情之后，美元指数开始整固，此后（大部分时间）一直在横向移动。

巨大的收益、最近的整固以及一个非常拥挤的市场，这些因素结合在一起，让我产生了一种逆向操作的本能。我没有采取任何行动的唯一原因是，随着美国产出缺口继续缩小，美联储极有可能变得更具敌意。

回到我的趋势模型，我目前对美元的解读如下：

- 结构上：中性至看涨
- 周期性：乐观
- 行为上：悲观

就美元而言，我的大多数结构性趋势都不是特别看涨或看跌，只有一个明显的例外。从现在到2050年，美国的劳动力将继续增长，而欧洲的劳动力将会减少。所有这一切都是由于老龄化或是由于婴儿潮一代的退休（我称之为结构性趋势）。

这将导致美国的GDP增长趋势比欧洲高出约1%，前提是两大洲的生产率增幅大体相同（这是一个合理的假设）。在其他条件不变的情况下，这将导致美国利率上升、美元走强。

也就是说，在一个完美的世界里，如果我想要直接进行逆向操作交易，我至少需要两个，如果可能的话，三个趋势模型发出同样的信号——但在这种情况下，它们不会发出同样的信号，这就是为什么我要继续按兵不动。

约翰·金厄姆

John Kingham

  约翰·金厄姆是www.ukvalueinvestor.com的创始人和编辑,这是一个为防御性价值投资者提供投资通讯的网站。防御性价值投资是一种建立高收益、低风险的股票投资组合的系统方法。

  金厄姆还为《投资大师》(*Master Investor*)杂志撰写定期专栏"股息猎手"(Dividend Hunter),并著有《防御性价值投资者》(*The Defensive Value Investor*)一书。

股息投资者
应该要求10年不间断的
股利支付记录。

防御性价值投资者的准则

1. 只投资于一直支付股息的公司

首先也是最重要的,股息提供了一种收入,可以在今天使用,也可以在明天进行再投资以创造额外的增长。不过,股息也可以用来衡量一家公司的稳定性和潜在增长率。

股息投资者应该要求10年不间断的股利支付记录,因为这立即排除了新的未经测试的公司和最近已经停止它们的股息支付的公司。这样就留下了那些多年来一直愿意并有能力支付股息的公司,当然,这并不能保证未来的股息支付。然而,这是一个很好的起点。

2. 只投资于增长平稳并且增长可以击败通胀的公司

此外,你还应该寻找那些股息增长稳定、收入和收益不断增长的公司。

衡量增长稳定性或质量的一种方法是计算过去10年中股息增长的频率。如果股息每年都增长，那就是高质量的股息增长。如果股息总体增长，但在过去10年里发生过两次削减，那么这就是低质量的增长。这个想法也可以应用到公司的收入和收益中以了解公司的整体增长质量。至少，你应该寻找那些收入、收益和股息增长至少50%，最好是75%或更多的公司。

就增长率而言，总增长率可以通过过去10年的收入、收益和股息来衡量，然后与同期的总通胀进行比较。如果一家公司的增长速度没有通货膨胀快，那么按实际价值计算，它实际上是在收缩。

3. 只投资盈利能力高于平均水平的公司

好公司的另一个标志是高于平均水平的盈利能力。对大多数公司来说，由于来自其他公司的竞争，盈利能力被推向平均水平。然而，一些公司能够在较长一段时间内创造高于平均水平的利润，而这些公司往往会在很长一段时间内继续取得成功。你可以通过采用已用资本回报率指标（ROCE）、通过计算10年间它们的平均ROCE指标来找出这些公司。

根据经验，市场平均ROCE约为10%，因此坚持投资回报率始终高于这一水平的公司是个好主意。

4. 只投资财务负担可控的公司

未来股息增长的一个主要风险来自过多的债务和养老金。债务不一定是坏事，因为它们可以用来放大利润。但债务也会放大损失，因此虽然少量债务可能有益，但过多债务肯定是坏事。

衡量债务的一个好方法是利润，因为利润关系到公司偿还债务和支付利息的能力。防御性行业的公司借款不应超过该公司近期平均利润的5倍，而周期性行业的公司应更为谨慎,该比率应低于4。

设定受益年金计划和任何相关的养老金赤字也可能是一个严重的问题,因此,设定受益年金养老金负债应该不到该公司近期利润的10倍。

5. 只有当股价比市场平均水平更有价值时,才进行投资

低市盈率和高股息收益率常常被用来作为股票估值诱人的指标。然而,与其将今天的股价与今天的收益或股息进行比较,更好的方法是将今天的股价与公司10年的平均收益和股息进行比较。这可以周期性地调整收益和股息,减少了某些单一年度内异常高或异常低的收益或股息的潜在误导性影响。

你应该寻找的是增长率、增长质量和盈利能力都高于平均水平,以及债务和估值倍数都低于平均水平的公司。在这种情况下,平均水平意味着相对于富时全股票指数等主要指数,因为大多数投资者的目标是跑赢市场指数。

如果你找不到在所有这些方面都超过市场的公司,那就只能妥协:寻找那些能够将增长、质量、盈利能力和价值最好地结合在一起的公司。

6. 只投资于没有明显价值陷阱的公司

估值有吸引力的公司通常股价较低,因为其他投资者担心这样或那样的原因。那么,在某种程度上,你必须愿意做空公众,投资那些当前形势通常相当负面的公司。

但如果这家公司在投资之后破产,那么勇敢地投资一家没人喜欢的公司并不是一个好的策略。为了避免这样的命运,你需要区分那些存在短期且解决成本低廉问题的公司和那些存在长期且解决成本高昂(或不可能解决)的问题的公司。以下是一些需要注意的特性:

 1. 明确一致的目标和策略

2. 经营多年的支配性核心业务

3. 一个市场的领导者

4. 能够从重大项目中解脱出来,如果这些项目失败,可能会对公司造成永久性损害

5. 资本支出总额低于过去10年的利润总额

6. 销售来源于大量的小型项目,而不是几个大型项目或合同

7. 总收购成本小于过去10年利润总额

8. 稳定的市场需求模式

9. 预期会增长的市场

10. 关键产品或服务可能在未来10年基本保持不变

11. 免受商品价格波动的影响

12. 可以从目前可能导致公司长期严重损害的问题中脱离出来

如果该公司不能满足其中一半以上的特征,那么这可能就是一个价值陷阱,你应该避开它。

7. 只投资具有持久竞争优势的公司

如果一家公司没有竞争优势,那么它持续增长的机会就会少得惊人。竞争优势的主要来源有:

1. 强大的品牌或专利——这些几乎可以赋予某一特定产品垄断地位;

2. 较高的转换成本——顾客转移到其他竞争对手所需花费的精力、时间以及资金是昂贵的,例如银行账户;

3. 强大的网络效应——这使得产品或服务更好,因为更多的客户使用它,这使得较小的竞争对手很难获得立足点,这方面的例子包括eBay和Facebook;

4. 持久性的成本优势——更大的规模、独一无二的资产(例如更好

的零售地点或世界上成本最低的油田）或独特的工艺或技术。

这些竞争优势并不能保证未来的绝对成功，但持续获得成功的公司通常至少拥有其中之一。

8. 只有当你愿意持有股票至少5年时才进行投资

如果你只持有该公司的股票一天，即使一家公司的利润和股息注定要以每年20%的速度增长，你赚钱的可能性和赔钱的可能性还是一样大。这是因为在短期内，市场的随机波动将超过特定公司的任何积极方面的影响。你必须持有股票达到几年的时间，才能确信公司的收益和股息增长将超过市场的随机波动。

考虑到这一事实，在购买一家公司的股票之前，确保自己可以持有股票至少5年是一个好主意。如果你感到不舒服，那么也许你的内心深处有一个你以前没有注意到的疑问。这是一个发现这些疑虑并分析它们的好机会，以便决定是否应该倾听或忽视它们。

9. 在不同公司、行业乃至国家范围内进行分散化

分散化经常被描述为投资中唯一的免费午餐，因为它可以在降低风险的同时提高回报。可以通过三个维度进行分散化，为你的分散化资金获得最大的风险降低效果：

- 公司分散化——大多数投资者应该持有大约30家公司，各只个股的持仓规模为整体投资组合的3%到4%，这降低了任何一只所持有的股票表现不佳的影响；

- 行业分散化——持有30家铜矿业公司的股票并不能创造出一个分散化程度很高的投资组合。为了避免这个问题，你不应该在任何一个行业持有超过10%的股票；

- 国家分散化——如果投资组合中所有持仓股票的收益都来自英国，那么这个资产组合将高度依赖于英国的经济。为了降低这种风险，确保没有一个国家的总收益超过投资组合的50%。

10. 每个月只做一次买卖决策

大多数活跃的投资者都喜欢表现活跃，在他们喜欢的时候买进卖出。这是一个问题，因为：

a）更多的交易意味着持有的时间更短，在短期内赚钱或赔钱的概率约为50：50；

b）交易需要费用，所以你仅有的50%的盈利机会会因为税收和经纪人费用的负面影响而变得更糟。

为了减少交易数量，同时给活跃的投资者一些期待的活动，一个选择是建立一条规则，在任何一个特定的月份中只能交易一次。如果买卖交易在每个月中交替进行，那就是一年6次买入和6次卖出。按照这个速度，由30只股票组成的投资组合的平均持有期限为5年，这与早先的规则相一致，即愿意并能够持有至少5年。

11. 当宣布利润预警或削减派息时，不要恐慌抛售

对坏消息的恐慌性抛售通常是一个坏主意，这不仅是因为股票在受到坏消息冲击后，通常会表现得更好，这种下意识的反应也会让投资者失去信心，让他们被动作出回应，而不是主动行动。

如果一家公司宣布利润预警或削减股息，什么都不要做。阅读这份声明，然后等待效果在下一份年度业绩报告中显现出来，这可能需要好几个月的时间。至少这样你就可以冷静、有分寸地分析情况，而不是用很少的思考和大量的情

绪来应对。

12. 从赢家身上获利，不要在输家身上二次投入

如果一家公司的股价迅速上涨，它也会增加你投资组合中的股票头寸规模。在某种程度上，投资组合将过分依赖于一家公司，这是一种不可接受的风险。如果持有30只股票，平均持仓规模为3.3%，你可能会希望将投资组合中超过6%的头寸减半，然后将收益再投资于其他持仓。

另一方面，我不愿意在输家身上激进地二次投入。如果一家公司在投资组合中的比例因为股价下跌而从3%下降至1%，将其比例补仓至3%未必会是一个好主意。它很可能会再次回到1%，然后你再将其回补至3%。如果你一直这样做，你的投资可能会以在一家破产的公司上投入过多资金而告终。

13. 定期卖掉你持有的最没有吸引力的股票

公司的质量和估值的吸引力会随着时间而改变。在某个时候，要么价格会变得不吸引人，要么公司的质量会变得不吸引人。这总是正确的，任何合理分散化的投资组合中总是有一些持仓远比其他持仓更具吸引力。作为你每月交替的买入/卖出过程的一部分（规则10），卖出质量和价值两方面特征综合来看最不具吸引力的公司。接下来的一个月，该公司将被一个更具吸引力的股票所取代。

14. 不断改进你的投资流程

对你卖出的每一笔投资进行售后复盘，这将帮助你从成功和失败的投资中学习，而失败的投资往往提供了最有效、最有价值的教训。根据这些教训改变你的方法，但大多数情况下是做小的增量变化，而不是大的根本变化。

Harriman's New Book
of Investing Rules

拉尔斯·克罗耶

Lars Kroijer

　　拉尔斯·克罗耶（出生于1972年）是Alliedcrowds.com的创始人和管理者。Alliedcrowds.com是全球132个中低收入国家另类资本的主要目录和聚合网站。他是《财富独行侠》(*Money Mavericks*)和《投资解密》(*Investing Demystified*)的作者。

　　克罗耶目前在伦敦、纽约和香港的另类投资基金顾问委员会任职。他经常以金融专家的身份出现在各种媒体上，包括BBC、CNN、CNBC、英国《金融时报》、彭博社、路透社、《纽约时报》和《福布斯》。

　　在2008年春回归外部资本公司之前，克罗耶先生是特殊情况市场中性对冲基金霍尔特资本有限公司的首席信息官，这家对冲基金总部位于伦敦，由克罗耶先生在2002年创办。在创立霍尔特资本之前，克罗耶先生在HBK投资公司的伦敦办事处工作，主要从事特殊情况投资。此外，他还曾在SC基本面投资公司（SC Fundamental，一家价值型对冲基金）和拉扎德公司（Lazard Frères）的投资银行分部工作，这两家公司都位于纽约。在研究生期间，克罗耶曾在私募股权公司帕米拉咨询（施罗德投资公司的前身）和管理咨询公司麦肯锡实习。

克罗耶先生以优异成绩从哈佛大学毕业，获得经济学学位，并在哈佛商学院获得MBA学位。他是丹麦人，住在伦敦，已婚，有一对双胞胎女儿。

即使有些人能够跑赢市场，
但大多数人并不在这些人当中。

如何在做投资时避免投机行为和失眠

1. 大多数投资者不太可能有优势

今天大多数关于金融的文献或媒体都在告诉我们要如何赚钱。我们被关于下一个苹果或谷歌的选股建议狂轰滥炸,经常阅读有关印度或生物技术投资将成为下一个热门话题的文章,或者被告知一些明星投资经理的出色表现将如何持续下去。其中隐含的信息是,只有少数不知情的人没有听从这个建议,而那些照做了的人确实会因此而变得更穷。我们不希望自己成为那样的人!

如果我们从一个非常不同的前提开始呢?前提是市场是非常有效的。即使的确存在一些人能够跑赢市场,但大多数人并不在这些人当中。在金融术语中,大多数人都没有金融市场的优势,也就是说,他们不能通过主动选择不同于市场的投资来比金融市场表现更好。作为投资者,接受并理解这种优势的缺失,是我在最近出版的《投资解密》一书中提出的投资方法的一个关键前提,我认为这一点对所有投资者来说都是至关重要的。

考虑这两个投资组合：

A. 标准普尔500指数追踪投资组合，例如ETF或者指数型基金。

B. 一个由标准普尔500指数成分股组成的投资组合——任何数量的你认为其表现会超过该指数的股票。它可以只持有一只股票，也可以持有499只股票，当然也可以是介于两者之中的任意数量，甚至能以不同于指数权重的比例进行分配（指数以市值权重为基础）。

如果你能确保B投资组合的表现可以持续优于A投资组合，即使是在考虑创建投资组合B所需要的高昂成本和费用后，那么你投资标普500指数将具有优势。如果你不能，那你就不具有优势。

乍一看，在标准普尔500指数中占据优势似乎很容易。你所要做的就是从500只股票中挑选一部分表现会比其他股票好的股票，当然，里面肯定也有很多可以预测到的垃圾股票。事实上，你要做的就是找出其中一只垃圾股票而忽略其他的，这样你就已经领先了。这会有多难呢？同样地，你所需要做的也可以是找出一个赢家，然后你就会领先于其他人。

虽然这篇文章中的例子来自股票市场，但投资者在世界各地的任何一种投资中都可以拥有优势。事实上，有很多不同的方法可以获得优势，因此，有些人放弃了所有的优势，似乎是承认了自己的无知。他们的直觉可能会告诉他们，他们不仅想要有优势，甚至不想获得优势的想法都是廉价的投降。他们希望在市场上表现出色，并以此证明自己"明白"，或者拥有过人的才智或"街头智慧"。

但在考虑你的优势时，你相对于谁具有优势呢？很显然，是其他的市场参与者，但他们并非一群无脸人，考虑他们究竟是谁，他们具有什么样的知识，并且分析他们又分别具有什么优势。

假设一家聚焦科技的高评级共同基金/单位信托基金的基金经理，和我们一样也正在考虑投资微软。我们称这家投资基金为能力科技（Ability Tech），这名基金经理为苏珊。

苏珊和能力科技很容易就可以获取关于微软的所有研究报告，包括来自所有主流银行例如摩根士丹利和高盛的研究分析师的、篇幅长达80页的深入报告，这些机构自比尔·盖茨创业之时就开始紧盯微软和它的竞争对手们。分析师们了解微软的所有业务线，他们甚至了解为营销团队编写广告制作代码的程序员。他们可能曾经为微软或其竞争对手工作，可能曾经与管理团队当中的高级成员一同进入哈佛或者斯坦福进修。最重要的是，分析师们经常与银行的交易团队交谈，这些交易团队是微软股票交易市场的领导者之一，他们能比几乎所有交易员都更快、更准确地看到市场走势。

所有的研究分析师都会定期和苏珊进行长时间的谈话，因为能力科技的交易可以给他们带来佣金收入。微软对于能力科技而言是一笔大额头寸，苏珊会仔细阅读所有的报告——了解市场的想法是非常重要的。苏珊喜欢微软的技术产品开发方面，她觉得自己和技术人员说着同样的语言，部分原因是她在麻省理工学院学习计算机科学的时候就认识他们。但苏珊有点书呆子气的举止与她的同事们形成了平衡，他们看到了科技行业更大的趋势，特别看到了微软在市场上的形象，以及对不断变化的商业环境做出反应的能力。

苏珊和她的同事经常参加IT会议，与来自微软和同行公司的高级人员开会，并对他们中的大多数人直呼其名。微软还安排了访问世界各地办公室的高级管理人员包括销售和开发人员的机会，并安排苏珊与一些主要客户进行交谈。

与来自银行的研究分析师一样，能力科技拥有一支研究销售趋势和发现新的潜在挑战的专家博士队伍（他们是最先发现脸书和谷歌的人之一）。此外，能力科技拥有细致研究美国和全球金融体系的经济学家（毕竟，世界经济将影响微软的表现）。能力科技还拥有掌握交易模式识别技术的数学家来帮助分析。

苏珊喜欢阅读有关科技的书籍以及她能接触到的所有金融/投资书籍，包括巴菲特和价值型投资者的书。

苏珊和她的团队知道她所关注的股票的一切（包括一些她可能不应该知道的事情，但她总是把这些事情放在心里），其中一些比微软小得多，研究也不够深入。在一些比较网站上，她的得分在基金经理中名列前茅，但她并没有对此给予太多关注。在这样做了20多年后，她知道事情会很快发生变化，转而专注于停留在游戏的顶端。

苏珊有优势吗？

你认为你能胜过苏珊和成千上万像她一样的人吗？如果你认为可以，你可能很聪明，可能很傲慢，可能是下一个沃伦·巴菲特或乔治·索罗斯，可能是幸运的，或者集齐了以上所有条件。如果你不具备这些，那你就没有优势，大多数人都是如此。大多数人的境况都会因为认识到一旦一家公司在交易所上市它将拥有一个市场价格而改善。如果我们假设这是一个可以反映出股票真实价值的价格则会更好，它不仅吸纳了股票的未来正回报，还包括了事情不按计划发展的风险。所以这并不是说所有公开上市公司都是好的，事实远非如此，而是说，我们并不能知道比股票价格吸纳了在给定风险情况下给予股东合理的回报预期这一假设更好的信息。我们并不具备优势。

当我管理我的对冲基金时，我总是想起虚构的苏珊和能力科技。我会想到一个超级聪明、人脉广泛、精通产品的人，他经常在周围转来转去，目睹了成功和失败的内幕。然后我会说服自己，我们不应该参与交易，除非我们清楚地认为我们比他们有优势。你很难说服自己相信这的确是可能存在的情况，不幸的是，有时更困难的是，这确确实实是真的。

2. 即使你具有优势，通常也不足以弥补时间成本

管理一个投资组合所花费的时间是因人而异的（我们对自己的时间的估值都有所不同），虽然有些人认为这是一种有趣的业余爱好或类似于赌博的游戏，但也有些人认为这是一种他们更愿意避免的苦差事。

有人每周会花10个小时的工作时间在他们的投资组合上，这种情况下，一个小时的时间机会成本为50英镑、一年工作40周，那么总的机会成本将是每

年20 000英镑，这个数值在所有讨论过的成本中位列榜首。显然，这对于一个100 000英镑的投资组合而言是没有任何意义的，即使是对1 000 000英镑的投资组合而言，同样是昂贵的，花费更少的时间总是可以让他们受益。

还需要考虑的是，只有当你业绩出色时你才能获得补偿。因为持有一个指数跟踪器不花费时间，所以主动管理你的投资组合的时间成本——以上所提到的20 000英镑——只取决于你的表现比指数高出多少。如果指数上涨了10%，而你的投资组合上涨了11%，那么你花了这么多时间仅仅获得了1%的超额回报。因此，即使在非常不太可能的情况下，你可以持续击败指数，你必须能够远远地超过它或管理大量的资金，只有这样花费时间才是值得的。

3. 投资主动管理的基金仍然需要优势

你是否会得出这样的结论：如果苏珊和其他人一样忙得不可开交、见多识广，为什么不把我们的钱给她，让她帮我们变得富有呢？

很多投资者确实把他们的钱都交给了能力科技这样的产品或者富达基金以及它不断为你所能想到的所有事物开发共同基金的同行们。市面上存在针对工业、防守型股票（以及国防类股票）、黄金类股票、石油类股票、通信、金融、科技等加上各种地域划分的基金。在我看来，许多投资者已经从"股票选择者"变成了"基金选择者"。即使在今天，投资者们认识到指数跟踪的好处的多年之后，在每100英镑的投资额中，仍有85英镑投资于尝试战胜指数的基金经理（主动型基金经理），而投资于指数跟踪基金的，只有15英镑。

投资者们在诱人的基金大杂烩中进行挑选时，他们怎么知道究竟哪些基金将表现良好呢？

难道是因为他们觉得IT股的表现会优于大盘吗？

如果答案是肯定的，那么你实际上是在宣称自己具有优势，因为肯定的答案暗示你可以选择出市场中表现优于大盘的子板块。持续地挑选出表现优异的行业将是一项惊人的技能。

难道是因为苏珊令人印象深刻的简历（你认为有她这种背景的人能够找到超越市场的方法吗）?

如果是这样的话，你的优势实际上是指你知道某人具有优势（苏珊），这是另一种形式的优势。这是许多对冲基金投资者声称的那种优势。他们会说这样的话："通过我们艰苦的研究过程，我们选择了少数一直表现出色的优秀经理。"也许是这样，但这也是一个优势的例子。

难道是因为他们觉得能力科技想出了一些神奇的公式，可以确保他们的基金在总体上持续表现出色吗?

几乎没有数据表明，你可以客观地选出哪些共同基金将在未来表现出色。

难道是因为他们的财务顾问认为这是个不错的选择吗?

首先要弄清楚顾问是否有财务激励动机来向你提供建议，比如从费用中提成。世界正在朝着越来越高的顾问收费清晰化迈进，这使得了解财务顾问是否具有推荐某些产品的财务激励动机变得更为简单——记住一点，比较网站同样会从高昂的主动管理费中拿走一部分。现在考虑一下，你的顾问是否真的具备做出这种主动选择所需的优势。除非她有一段很长的历史记录，否则我会怀疑她是否的确具有超过大多数人的特殊优势?（如果她有这种独特的见解，她真的会大方分享吗？）

他们在过去的表现如此之好吗?

无数研究证实，过去的表现不能很好地预测未来的表现。如果生活只是如此简单，那么你只需要选出之前的优胜者，然后离开、置之不顾……

我们也常常被一种冲动所驱使，那就是做一些积极主动的事情来提高我们的投资回报，而不是被动地袖手旁观。还有什么比与一个业绩强劲的经理一起投资更好的呢，他又恰恰来自一家我们研究过的热门行业的、声誉卓著的公司?

不幸的是，正如上面所看到的，这种逻辑是站不住脚的。

4. 再说一次，即使你能挑出好的基金，成本意味着你需要额外优势

共同基金/单位信托投资基金收费非常高昂，其中一些会收取前端费用（尽管近年来不如过去频繁），但除了投资所需的成本外，所有的基金还会收取年度管理费用和各类支出（例如用于支付审计费、法律费用等）。所有的成本涉及很大的范围，但如果你假设每年的总成本为2.5%，这与实际花费的成本并不遥远。所以如果某人为你管理100英镑，所有的成本加总大约是每年2.5英镑，总是风雨无阻。

如果市场正在飞速发展，并且每年上涨20%或更多，那么向你著名的资金管理人支付十分之一的钱似乎是公平的。问题是市场并没有以每年20%的速度增长。也许我们可以预期股票市场以高于通货膨胀4%-5%的速度上涨，所以你必须挑选出一只在考虑成本前比市场表现高2%的共同基金，才能保证你的收益不比指数跟踪型ETF低（假设ETF每年的费用和各类开支为0.5%）。

事实上，你需要能够从10只共同基金中选出最好的，才能让它有意义！

要想知道费用随着时间的推移会产生多大影响，请考虑将100英镑投资30年的例子。假设市场每年的回报率是7%（5%的实际回报率加上2%的通胀，这是一个相当标准的预期），随着时间的推移，差别变得非常明显（在这个例子中，与指数跟踪基金相比，有2%的费用劣势）。

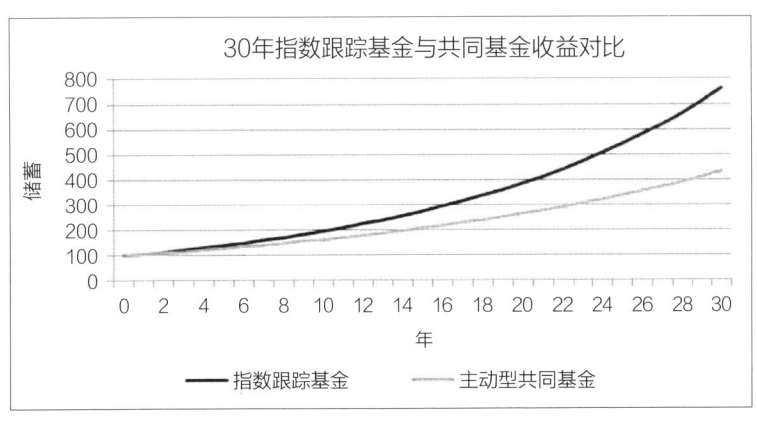

能力科技及其众多竞争对手竭尽全力以最清晰的方式展示他们的数据，但一些令人信服的研究表明，随着时间的推移，专业投资者的平均表现未能击败市场，事实上，他们的表现还不如收取的费用。

当然，确实存在你能选出表现最好的基金的可能性。比如说你有100英镑，可以投资于指数跟踪基金或者相比指数跟踪基金有2%的费用劣势的共同基金。进一步假设在接下来的10年中，市场每年可以创造10%的收益，每只共同基金相对于所有共同基金平均表现的标准差（风险的标准衡量指标，可以了解你可预期的回报范围及其频率）为5%（共同基金主要持有与指数相同的股票，它们的最终表现将会相当接近）。下面是一只指数跟踪基金与250只共同基金相比的收益图表：

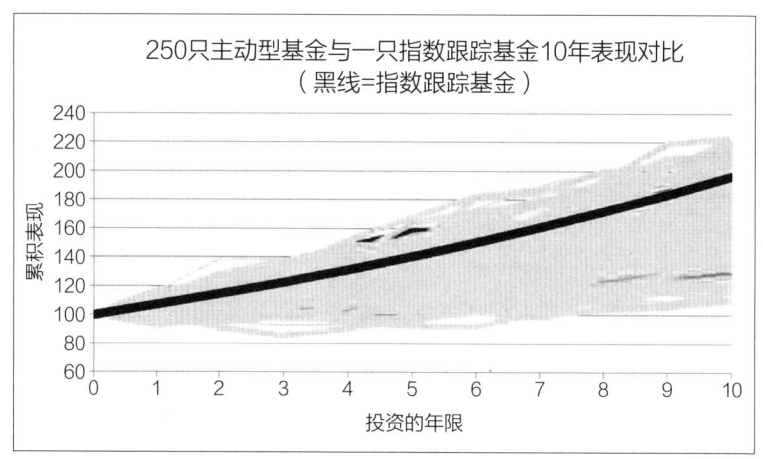

遗憾的是，将一个主动管理的投资组合与一个指数跟踪器进行比较，并不像从指数跟踪器收益中减去2%得到主动管理基金的回报那么简单。收益率每年都会有所不同，在某些年份，主动管理型基金的表现将超过其对应的指数，一些基金甚至会在10年的时间里跑赢指数。如果你能始终如一地选择表现优异的基金，你就有优势；如果你不能，那么你就应该买入指数。

投资10年以上的案例中，大约有90%的案例指数跟踪基金的表现会优于主动管理共同基金，这与历史研究的结果大致一致。因此，为了让选择共同基金比指数跟踪基金更有意义，你必须能够挑选出10%的表现最好的共同基金，那将给人留下非常深刻的印象。

如果你并不具备优势却盲目选择了共同基金，而非指数跟踪基金，你的100英镑投资将会因为高额成本平均损失30英镑。

要正确看待投资对于储蓄者一生的累积影响，考虑某人在25—67岁期间每年平均收入为50 000英镑，他把积蓄的10%投资于股票市场（忽略税收）。如果股票市场的表现和过去类似（每年收益比通货膨胀高5%），这个人把资金投资于一个主动管理的基金经理和投资于一个简单跟踪指数的产品相比，在他退休之时，资金的平均差异将会等于7辆保时捷汽车的价值（或者以今天的货币衡量，大约280 000英镑）。想想看，一个相当典型的储蓄者在一生中会因为钱流向金融行业而让自己变得更穷。

金融行业不会喜欢你这样做，但除非你有惊人的能力可以挑选出最佳的主动型基金经理，否则，选择买入复制市场的产品，从长期的角度来看，你的情况将会好很多。

尽管你可以用你最后的一点钱在那些超过市场表现、通过广告对它们的特殊技能进行营销的共同基金上下注，但有一点需要注意，不仅历史表现是未来收益的糟糕预测指标，要辨认究竟是机会（运气）还是技能（优势）在起作用同样是非常困难的。就像1024个抛硬币的人中可能会有一个能连续抛10次正面朝上一样，一些基金经理做得更好只是出于运气。实际上，金融市场的情况要糟糕得多，因为费用和成本侵蚀了收益。然而，如果你问一位连续5年表现优异的经理（50个抛硬币的人中会产生一位），她不会同意她只是因为幸运才表现优异的观点，尽管有些人总是如此。同样，一些基金经理由于运气不好而连续数年表现不佳，但这些基金经理从市场上消失了，从而引入了一种选择偏见，即只有赢家还留在市场上，有时甚至会让这个行业看起来比以往更成功。

5. 对于股票风险敞口，要做到广泛、低成本以及低税收

你唯一应该买入的股票风险敞口应该是最广泛、最便宜、最省税的全球股票指数追踪基金。

让我们看看为什么。令人充满希望的是，许多读者已经愿意接受以下事实——在我看来，随着时间的推移，他们的投资组合的财务业绩将会因为这些事实大幅提高：

1. 他们承认，大多数投资者没有超越金融市场的能力（通常被称为具有优势），因此，在可能的情况下他们应该投资指数跟踪产品。

2. 他们接受这样的观点：通过将交易维持在最低水平并以最低的费用、最低的税负进行投资，他们的投资组合从长远来看会表现得更好。

3. 他们承认，为了使长期财务回报更有希望，他们或许应该持有一些股票以避免安全债券或银行现金带来的枯燥回报。

但是他们应该持有哪只股票呢？

同意上述观点的人，唯一应该投资的风险敞口是他们能找到的最广泛、最便宜、最节税的股票指数追踪基金，该产品应尽可能密切跟踪全球股票市场。

从一个无法超越市场的投资者的角度来看，投资全球股市的每一笔资金都被视为是同等聪明的。这意味着如果市场认为苹果的股票价值100美元而微软的股票价值50美元，那么我们作为投资者以这样的价格持有其中的某一只股票就不会带有任何倾向性。如果我们确实有倾向性，我们实际上会说，我们比那些股票的现有投资者更了解未来股价的走势，除非我们相信自己能打败市场，否则我们不会这么做。买入苹果的人不会比买入微软的人更聪明、更见多识广或者不如他们。将这一逻辑外推到整个市场意味着我们应该根据它们占市场总价值的比例持有市场上所有的股票。如果我们假设市场仅仅指的是美国股票市场，而苹果股票占整个股市总市值的3%，那么我们所持有的3%的股票应该是苹果股票。如果我们不这么做的话，我们可以说，将3%的市值分配给苹果股票的资金，

并不像我们那样见多识广或聪明。

当然，与上一代人相比，今天在一个股票市场上以其总市值的比例购买数百只股票要简单很多，这与许多指数追踪产品提供的服务很接近。

但为什么要止步于美国市场呢？如果有25万亿美元投资于美国股市，5万亿美元投资于英国股市，没有理由认为英国股市不如美国股市消息灵通或有效率。与世界上任何其他市场一样，投资者也可以进入这些市场。我们应该按照它们在世界股票市场中所占份额的比例，并在切实可行的范围内对它们进行投资。

如果与它在全球股市中所占的份额相比，你能够将一个国家的比重超过或低估，在一个被低估的国家投资一美元不如在你配置更多资金的国家投资一美元那么聪明/见多识广。从本质上讲，相当于你声称从不同于数万亿美元的国际金融市场配置方式的配置中看到了有利之处。除非你具有优势，否则你无法做到这一点。因此，除了更加简单和便宜之外，由于投资者已经有效地在各个国际市场之间转移了资本，因此国际股票投资组合是最好的。

许多投资者高估了"本土"股票。英国在全球股市中所占比例不到3%，但英国股票在英国投资组合中所占比例通常为35%-40%。投资者们认为他们知道并且了解他们的国内市场，也许他们认为他们可以在进入更广阔的市场之前发现机会（公平地说，这种投资的集中性也经常是由于投资限制或者投资者错误地将他们的投资与当地市场相关的债务匹配）。各种研究都表明，这种"本土优势"并不存在，但我们的投资组合仍由本土市场所主导。

世界股票投资组合是我们能找到的分散化程度最高的股票投资组合，分散化的好处是巨大的。要了解国内市场分散化的好处，请考虑以下图表：

正如图表所示，随着我们在国内市场增加证券的数量，分散化带来的好处正在减少，这是情理之中的。在同一个市场上交易的股票往往会有很大的关联（它们在相同的经济、法律体系中），在挑选了相对较少的股票之后，你就已经分散了任何一只股票的大量市场风险。你实际上可以选取15-20只高市值股票并一直持有它们，假设它们不以同样的方式波动，通过这样的操作方式，你可以

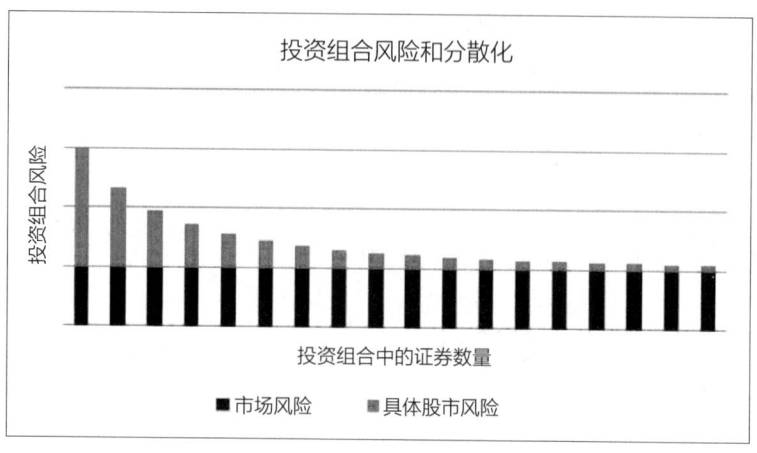

从美国指数型基金中获得大量优势（如果你只增加来自同一个行业的股票并且所有股票都以相同的方式移动，那么分散化的好处将会低得多）。它不是最广泛或最有效的美国投资组合（如果是的话，为什么你不选那些其他的股票？），但从分散化的角度来考虑，你已经完成了很多。

通过将投资组合扩展到本土市场以外，我们实现了更大的投资分散化。这不仅是因为我们将投资分散到更多的股票上，更重要的是，这些股票分布在不同的地理位置和地区经济中。就在几十年前，我们还不能真正有机会在世界各地轻松地进行投资，尽管许多地方的投资者仍无法做到无缝对接，但以地域多样化的方式进行海外投资比过去容易得多。

综上所述，我认为，广泛的市场加权投资组合的主要好处如下：

- 投资组合要尽可能分散化，投入市场的每一美元都被视为是同等聪明的；这与不能打败市场的投资者应该选择的投资方式是一致的。我敢打赌，许多日本投资者希望，在国内市场从过去20年的峰值下跌75%之后，他们已经在地理上实现了分散化。

- 由于我们只是尽可能广泛地购买市场，这样的投资组合就非常容易构建，因此非常便宜。我们不需要付钱给任何一个聪明的人去打败市场。随着时间的推移，成本效益会产生巨大的影响。不要忽略这一点。

● 这种广泛的投资组合现在对大多数投资者来说都是可行的，而就在几十年前，它并不能做到现在这样，当时大多数人认为"市场"只意味着国内市场，或者至多是地区性市场。利用这一发展，购买更广泛的产品。

6. 当你以这种方式进行投资时，汇率波动并没有那么重要

当你购买一种世界性股票产品时，你自然会招致外汇风险，因为大多数标的证券将以你持有的货币以外的货币上市。例如，你作为一名英国的投资者，当你购买以英镑计价的全球股票指数追踪产品时，你将间接买入巴西国家石油公司（Petrobras）的股票。巴西国家石油公司是用巴西货币雷亚尔报价的，因此，为了购买巴西国家石油公司的股份，产品供应商必须拿出英镑，兑换成雷亚尔，然后买入股票。同样地，指数中所代表的所有其他货币和证券都是如此。①

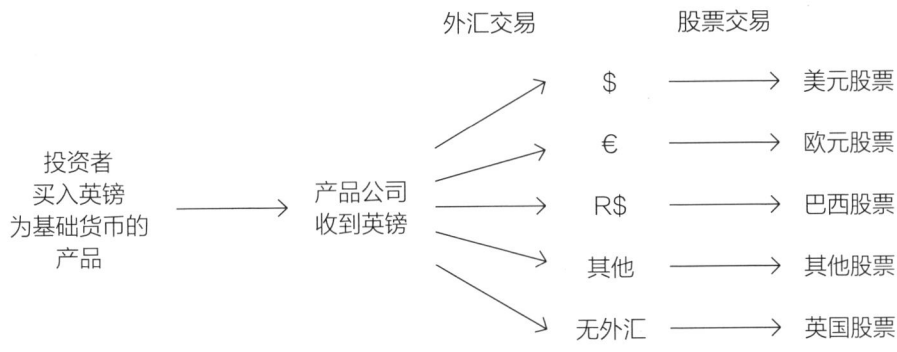

在上面的例子中，你既要面对巴西石油公司股价的波动，也要面对英镑/实际汇率的波动。看一个例子：

---

① 交易设置可能听起来既烦琐又昂贵，但主要的产品供应商自然会有现金流抵消来减少交易，但这些设置可以让你非常廉价地交易外汇和股票，或者会拥有衍生品风险敞口或者通过抽样来减少成本，让事情变得简单。

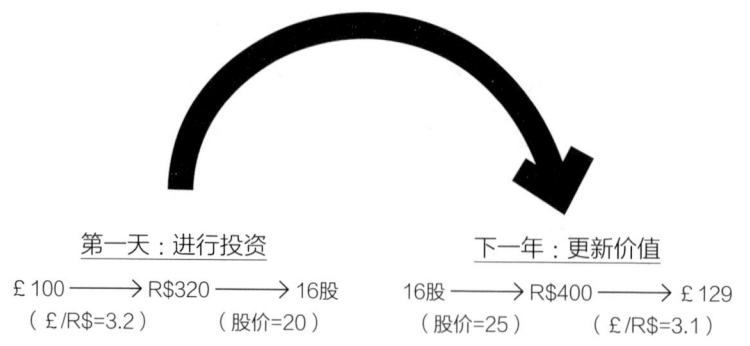

第一天：进行投资　　　　　　下一年：更新价值

£100 ⟶ R$320 ⟶ 16股　　　16股 ⟶ R$400 ⟶ £129
（£/R$=3.2）　（股价=20）　　（股价=25）　（£/R$=3.1）

在这个例子中，我假设巴西国家石油公司股价从20雷亚尔上升到25雷亚尔，而£/R$汇率从3.2下降到3.1。这些变动对投资组合的总影响是：在股票升值和汇率变动的混合作用下，100英镑投资的价值变为129英镑。

世界股票投资组合中许多不同的股票和货币敞口进一步增加了广泛投资组合敞口的分散化好处。如果你的基础/本国货币贬值或表现不佳，你的货币风险敞口分散化将有助于保护你的下行风险。

一些投资顾问认为，你应该投资于以你最终需要的货币计价的资产。按照这个逻辑，一个英国投资者应该购买英国股票，一个丹麦投资者应该购买丹麦股票，一个最终需要不同货币的人应该进行混合投资（如果不同货币的成本不同）。虽然我的确认为特定货币匹配的方式有一些优点，但我认为也许短期债务中通过使用本国货币购买本国政府债券可以更好地完成匹配——如果你担心主要货币对你而言波动太大，那我首先会质疑你是否应该承担股票市场风险。

在我看来，更广泛的投资和外汇风险敞口不仅从分散化的角度来看是有利的，而且还能在你的祖国发生糟糕的事情时为你提供保护。通常，每一种货币表现不佳都是因为该国存在问题（这一经验法则也存在例外情况），而正是在这种情况下，分散化的地理敞口所提供的保护对你是最有好处的。

7. 无法保证收益，但在考虑通胀后实现4%-5%的预期收益是合理的

股票市场的预期回报是由我们对股票风险溢价的看法所驱动的。股票风险溢价是市场对投资于股票市场而非最小风险资产的额外风险的预期回报的一种衡量指标。这并不意味着我们在暗示，股票市场目前特别低迷或具有吸引力；它意味着，相对于低风险资产，投资者历来都会对投资风险较大的股票要求溢价补偿。我们假设，投资者未来在投资股票而不是安全的政府债券时，预期会获得与以往类似的溢价。

股票风险溢价的大小有很多争议，但经常引用4%-5%这一数值。如果你对过去100年世界股票市场的回报率进行研究，这个时期的年复合回报率接近这个范围。当然，我们不可能知道，与未来相比，这段时期的市场对股票持有者来说是特别有吸引力还是特别糟糕。

1900-2015年收益（%）	实际收益**	风险
世界股票	5.00	高
最低风险资产	0.80	低
股票风险溢价	4.20	

*名义：未扣除通货膨胀　　实际：扣除通货膨胀

股票风险溢价并非自然法则，而仅仅是对未来回报的预期，在这种情况下，这种预期是基于这些市场过去的成就，包括发生的大幅下跌。经济学家和金融专家对未来股市回报的预期有很大分歧，一些人认为这种"从后视镜里看出来的预测"是错误的。我不同意这种观点：在我看来，股票市场回报率的长期历史和波动性很好地说明了我们可以预期的未来回报率。股票市场投资者在过去对股票市场所具有的各类风险要求一个4%-5%的回报溢价，我认为投资者未来很可能对股票市场类似的风险仍要求相似的回报溢价。

对使用历史回报来预测未来回报的一种批评是，它将在市场处于峰值时预测出更高的回报，而在市场处于谷底时预测出更低的回报。历史回报在2008年7月1日看起来比危机后的2009年7月1日要好得多，也许是因为你被2008年中期的高历史回报所吸引，而这正是你投资股票的时间。将当时的高历史回报率与低预期风险相结合，使得股市在错误的时刻显得非常有吸引力。

我理解这种对预期回报的批评，但认为数据的长度减轻了这种批评。拥有跨越多个地区、时间跨度长达数百年的数据，吸纳了波澜壮阔的上涨和下跌以及处于两者之间的各类波动，我认为历史数据是我们预期股票市场向前发展的风险和回报的最佳向导。

实际上，投资者多年来一直无法购买整个世界的股票。领先的指数提供商之一的摩根士丹利资本国际公司（MSCI）在20世纪60年代末才开始跟踪全球指数，我们真正能够找到追随这一或类似指数的流动性产品已经到几十年之后了。以下是摩根士丹利资本国际世界指数自创立以来的历史回报率。在这种情况下，我认为可以公平地说，摩根士丹利资本国际世界指数的时间跨度太短（需要40年以上），因此，无法利用这些数据来预测未来全球股市回报，因为我们拥有时间跨度更长的历史数据集（尽管不是当时的指数）。

因此，简单地说，我预计一个广泛的全球股票投资组合平均每年的回报率将比最低风险利率高出4%-5%。这并不是说我期望这种回报每年都能实现，而是说如果我要对未来的复利年利率做出预测的话，我给出的预测将是4%-5%。

预期未来回报*

	实际收益**	风险
世界股票	4.5%-5.5%	高
最低风险资产	0.5%	低
股票风险溢价	4%-5%	

*包含股息　　**通货膨胀调整后

注意，虽然这里的股票风险溢价是与短期美国债券对比得出的，我预期这一溢价同样适用于其他最小风险货币政府债券——因为短期美国政府债券的实际收益预期与包括英国、德国、日本等国家在内的其他AAA/AA级国家政府债券大体一致。

对于那些认为这些预期回报令人失望的人，我很抱歉。在一本书或电子表格中写下更高的数字并不能使之成为现实。有些人甚至认为，期待股市未来能像过去一样好是一厢情愿的想法。此外，4%–5%的最小风险资产的年回报率溢价很快就会增加很多；你可以期望你的钱大约每15年翻一番。

对于很多人来说，把能指望从股市中赚到的东西建立在历史回报或我对这些数据的"猜测"这样不科学的基础上，可能是错误的。也许是这样，但在有人提出可靠的、更好的预测股市回报的方法之前，这是我们拥有的最好的方法，在我看来，这是一个非常好的向导。

此外，我们知道股票溢价应该是某种东西——如果投资风险较高的股票没有预期回报，我们就会把钱投在低风险债券上。

简单地预测一个稳定的风险溢价的另一个问题是，我们不会随着我们周围的世界而改变它。大多数投资者都认为，在2008年股市崩盘之前相对稳定的时期，未来的预期回报率应该与2008年10月恐慌和绝望达到顶峰时一样，这可能是错误的。那些在2006年平静的市场中考虑投资股市的人，真的会像那些在2008年10月陷入混乱的人一样，期望获得同样的回报吗？

如果有人愿意在高度恐慌的时刻介入市场，那么他就会期望因为承担了额外的风险而得到补偿，这意味着风险溢价不是一个常数，而是在某种程度上取决于市场的风险。在预期长期风险较高的时候，股票投资者将预期获得更高的长期回报。上述股票溢价是基于平均风险水平的预期平均值。

作为一名寻求高于最小风险回报收益的投资者，你可以增加一个广泛的世界股票投资组合。你可以合理地预期每年的回报率比最小风险政府债券的回报率高出4%–5%，我们预期最小风险政府债券的回报率是每年0.5%，尽管预期回

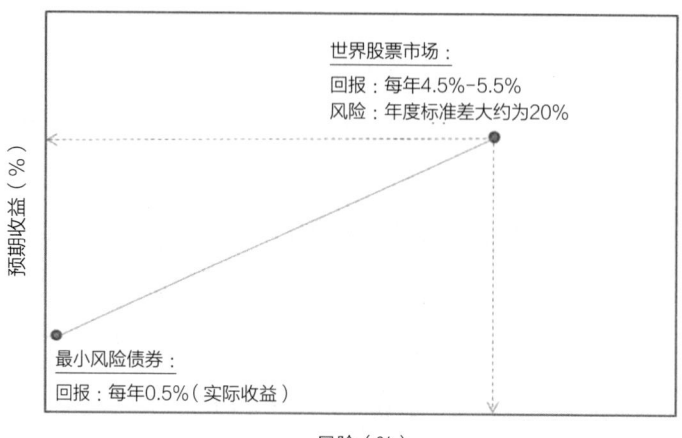

报率会以每年20%左右的标准差而显著变化。

如果世界股票市场对你来说风险太大,把投资与最小风险债券结合起来,找到你喜欢的风险水平。简要说明一下:

最小风险	低风险	中度风险	高风险
100%最小风险 0%股票	75%最小风险 25%股票	50%最小风险 50%股票	0%最小风险 100%股票

或者你可以做出任何适合你个人情况的组合。

按照这种方法,在我看来,从长远来看,你会比绝大多数投资者做得更好,他们总是支付大笔不必要的费用从而导致较低的投资回报。记住,这个投资组合可以通过合并两种指数跟踪证券来创建:一个跟踪最低风险资产,另一个跟踪全球股票市场。一个只有两种证券的优秀投资组合——谁说投资很困难?

如果这看起来过于简单,或许要记住,全球股票风险敞口代表着对知名的、以全球多种货币经营的企业的潜在风险敞口。因此,你的两种证券使你得到了令人惊异的分散化,并且最小风险证券使你得到了最大的安全保障。你想要得到多少,这取决于你自己和你想要的风险/回报状况。

约翰·李
John Lee

约翰·李（特拉福德的李勋爵）1942年出生于曼彻斯特，父亲是家庭医生，母亲是儿童心理学家。在获得特许会计师资格并在股票经纪行业工作一段时间后，他成立了一家专门从事合并和并购的公司，后来这家公司发展成为一家小型公共投资银行集团。1979年，他被选为保守党议员，在下议院任职13年，其中6年担任国防、就业和旅游部长。在1992年大选失利后，他担任了克里斯蒂医院NHS信托基金和曼彻斯特科学与工业博物馆的主席，并于1998年9月成为大曼彻斯特的高级治安官。2006年，他成为了终身贵族——特拉福德的李勋爵，目前作为自由民主党人在上议院任职。

50年来，约翰一直是一名认真的私人投资者，他在16岁时完成了自己的第一笔股票交易。他为英国《金融时报》撰写了"我的投资组合"专栏长达十余年，共撰写了200多篇文章。在2003年12月，他透露他的PEP/ISA投资组合价值100万英镑，而初始投资仅为126000英镑，它增长了很大的规模。多年来，约翰一直在许多上市公司和私人公司的董事会任职。

他是《如何在股市中挣到100万——慢慢来》(How to Make a Million-Slowly)一书的作者。

我常常希望,
更多的公司能够保持更长时间的独立
并延续它们的增长故事,
而不是屈服于捕食者。

约翰·李

慢慢赚到100万的12条黄金法则

我是通过我父亲第一次了解到股票市场。他是一名医生,喜欢把他微薄的积蓄拿来投资,我的一个难忘的记忆是他坐在他的书房/图书馆的地板上、嘴里叼着烟斗,身边堆着两大堆资料,其中一堆是《证券交易所公报》(现在已经不存在了),另一堆则是《投资者纪事报》的副本(这个杂志目前仍然很强势,我每周都读,偶尔还为它贡献文章)。起初,我会因为他在一件在我看来非常无聊的休闲活动上花费时间而嘲笑他,但最后好奇心战胜了我,我开始研究杂志中关于投资技巧和公司分析的神秘世界。16岁时,我买了我的第一只股票——以45英镑的价格买入航运公司Aviation & Shipping,天知道我为什么会买它!它是拥有一艘船的骄傲船主,在我"上船"、持有它的股票的几个月里,它不幸地沉没了。对于长期投资生涯而言,这可不是一个吉利的开始!

现在,近60年过去了,回想我的一个爱好,它给我带来了巨大的快乐和兴趣,并发展成为我的核心活动。幸运的是,多年来它给我带来了相当程度的经济独立。我买卖过数百只股票,也曾犯下很多错误,但幸运的是,成功的次数更多。这是一段吸引人的、永无止境的旅程，在旅程中，我积累并保留了大量关于特定公司和个性的知识，希望能从我的错误中吸取教训，并一点一点地构建我的投资组合——ISA和非ISA。我已经接受了大约50次收购，其中包含许多熟悉的名字，如Forte、Pifco和Wyevale，但也有许多读者不太熟悉的名字，如Breedon、Delcam、Friedland Doggart和Wintrust，都是以小盘股为主，我主要关注的是小盘股。通常情况下，收购报价的溢价要比当前市场价格高出很多，但我常常希望，更多的公司能够保持更长时间的独立并延续它们的增长故事，而不是屈服于捕食者。

那么，经过多年的股市活动，我得出了什么结论呢？三个最重要的结论是：

1. 成功投资只有两个绝对要素：常识和耐心，后者是最重要的。

2. 避免损失是至关重要的。在这里，我将高尔夫与股市作一个类比：就像在第17洞时一杆进河或进树林会毁掉你的一轮比赛一样，损失也会拖累股票市场的整体表现。所以，避免承担不必要的风险。例如，我不会投资初创企业，也不购买矿业、勘探或生物科技股。这些公司最好留给那些专业于这一行业并在这一行业成为专家的人，投资它们的业务投资者很可能会被严重烧伤。

3. 如果一个人投资了一家不错的、正在成长的公司，而且他喜欢这家公司，对它有信心，而且它的利润和股息在大多数年份里都在增加——看在上帝的份上，就一直跟它待在一起吧！不要卖得太快，不要反复无常。股市不是赌场——目标必须是买入一家不断增长的公司，希望你的持股变得越来越有价值；如果你真的相信这家公司，那就毫不犹豫地多买一些；最重要的是，把时间投入到投资方程式中。我最大的持仓是香料生产商Treatt Plc，它的总部位于伯里圣埃德蒙德和佛罗里达。我曾经24次买入Treatt的股票，随着我的信心、信念和知识的增长，我的股票也在不断增加。可悲的是，根据我的经验，很少有投资者将任何真正的策略或结构应用于他们的投资，他们仅仅是在获得第19洞的预感、别人的建议或八卦消息之后随机购买！

我的投资组合越来越多地集中在少数几只股票上——大约20只左右——我很少卖出。当PEP在20世纪80年代被引入的时候，我每年都在其中投入我的最大限额，并将所有的红利再投资。之后它们被ISA所取代，这两者实质上是同样的东西。2003年我被评为第一个ISA百万富翁（即在扣除了每年从外部转入ISA账户的资金后，已经获取了足够的利润，使得ISA账户中的资金增长到超过100万英镑的规模）。今天我要说的是，ISA可能是西方世界中最有吸引力的储蓄产品！它免缴所得税、资本利得税以及遗产税（遗产税的免缴仅适用于在另类投资市场上市的"核准"股票），此外，在死亡的时候税收优惠还可以转移给在世的配偶——每一个认真的投资者都应该拥有一个ISA。今天，我每年获得的ISA股息超过了我所投入的所有资本，此外，我仍在利用这些股息进行再投资！

以下是我送给投资者们的12条黄金法则——你会发现它们关注的是ISAs，但这些原则同样适用于非ISA投资组合。

1. 试着投资你每年都能负担得起的东西

如果可以的话，把你的股息进行再投资，而不要把它们从ISA账户中取出。这么做的目标是在长期内建立一个重大的投资组合。不要担心在一年纳税年度里你是否会无法承担继续投入资金。

2. 目标是持有股票至少5年

太多的投资者频繁变动持仓情况、太快将利润套现。真正的钱是通过持有一只股票并希望它不断增长而获得的。

3. 选择成熟的、持续盈利、股息不断增长的公司

如果投资者选择已经做得很好的公司，而不是寻求复苏或正在亏损的公司，那么他们更有可能获得持续成功。

4. 避免进行大的赌博

所以，避开初创企业、勘探和采矿类股票以及生物技术公司，本质上来说，这些公司的风险更高。毫无疑问，有些人会做得很好，但另一些人可能会损失一大笔钱。

5. 只选择董事或者控股团体持有重大股份的股票

拥有大量投资的董事不太可能会让公司承担过多风险。在理想的情况下，我会选择那些你认为运营这些企业的人会谨慎管理并专注于长期发展的企业。

6. 只有当你完全了解其基本业务时，才投资这只股票

一般来说，我会避开高科技公司或从事一系列不相关活动的公司。

7. 最理想的选择是在国际而不仅仅是在英国开展业务的公司

我喜欢在英国注册、在我们更严格的公司治理规则下运营的公司，但我更喜欢一家愿意承认发展中国家正在以比我们这样的成熟经济体更快的速度增长的公司。

8. 避开债务高企或董事会频繁变动的公司

通过投资管理保守、能产生大量现金并保持充足储备的公司，我获得了很好的表现。这些特性能使公司处于一个有利地位，尤其是在公司经历一个困难的交易年度，这些特性能够确保公司继续支付股息。

9. 让利润奔跑，即使持有的头寸大得不成比例

投资顾问们经常建议，如果某只股票的比重变得特别大，就应该把它切掉并拿走一部分利润。我个人认为，成功的股票应该保持原封不动，即使相对于其他股票而言，它们的比重确实变得很大。这就是为什么Treatt在我的ISA中占主导地位——它是我的第二大持仓股的3倍。

10. 迅速面对错误

除非市场整体下跌，否则我会采用20%止损规则。如果你发现自己的投资组合发生了亏损，止损规则不会让你感到愤怒或近乎沮丧。每当你看到一只亏损的股票还在你的投资组合中，它就会刺痛你的信心。因此，出于经济和情感上的原因，要尽快摆脱。

11. 不要因为你喜欢的股票上涨了几便士就推迟购买

投资者们常常会想要少付一点钱。往后看5年，你究竟支付了55便士还是50便士都是无关紧要的。对自己的判断要有信心，记住，你是在做长期投资。

12. 对于ISA投资者来说，设法让你的基金规划经理在税后收取费用，而不是只从免税基金中扣除他们的费用

对于规划经理而言，每半年或一年从你的ISA罐子中扣除一笔收费太容易了。如果他们这样做，就会减少你宝贵的免税额度。

尼克·劳斯
Nick Louth

尼克·劳斯是一位惊悚小说畅销书作家、屡获殊荣的财经记者和投资评论员。他曾是路透社记者,曾为英国《金融时报》《投资者纪事报》和《货币观察家》撰稿。尼克·劳斯已经结婚,住在林肯郡。

尼克著有:《咬住》(在英国亚马逊Kindle上销量排名第一)《心碎者》《镜子》《有趣的钱:伯纳德·琼斯的投资日记》《伯纳德·琼斯和财神庙》《狼人与傻瓜》《扩大你的资金,每10年将你的财富翻番》。

他最新的一本小说是《沼泽中的身体》,他的网站是nicklouth.com。

接受市场的涨跌，
就像一年中的季节变迁一样。
坚持适中的平均水平，
这样才能实现你的长期目标。

尼克·劳斯

借助一个绝妙的数学原理，获得有意义的回报

不管他人曾跟你说过什么，成功的投资都不是什么高深的学问。任何人只要有一小部分储蓄可以用于长期投资，就可以在不了解公司、资产负债表或市场的情况下实现这一目标。它涉及一个相当奇妙的数学原理——复利，剩下的只需要耐心和坚持。

1.尽早且持续地进行储蓄、寻求适度收益、进行再投资

从复利中获得最大收益的途径是尽早开始储蓄，在不提现的情况下持续储蓄；从股息或其他形式的收入中寻求适度且可预测的收益，而不是资本收益，然后将这些收益再次投入到资本中。

2. 反复操作

然后每10年至少重复一次以上操作，但3次或3次以上更好。

超过100年的市场历史表明，通过成本极低的市场追踪基金或投资信托来追求这种平稳的行为方式，通常会带来7%的年收益。这听起来不多，但足以让你的钱每10年翻一番。你没有其他可靠的方法可以比这做得更好！

3. 抵挡进出市场的诱惑

这么操作只有少数几个陷阱和诱惑需要避免：不要试图通过交易或在市场中进进出出迅速致富。按照定义，所有交易者平均而言无法超过市场平均水平，因为每次卖出都对应着他人的买入，反之亦然。事实上，在计入成本和时间后，多数交易员的表现都低于预期，有些人甚至失去了所有现金。相反，你应该接受市场的涨跌，就像一年中的季节变迁一样。坚持适中的平均水平，这样才能实现你的长期目标。

4. 尽可能地降低成本

将所有成本降至最低，这样收益才会落到你所投入的资本上，而不会落到某个中介头上。成本也会复利。使用养老金和ISAs的税收减免，但不要太聪明。投资是赚钱的方式，而不是什么好到难以持久的税收计划。慢方法的美妙之处在于，无论白天还是黑夜，你都能获得可靠的收益，而无需全神贯注，然后你就可以自由地继续你的余生。

约拉姆·卢斯蒂格

Yoram Lustig

约拉姆·卢斯蒂格是T. Rowe Price多资产解决方案EMEA的主管。约拉姆和他的团队与欧洲、中东和非洲的客户和潜在客户进行了协商讨论,以确定T. Rowe Price如何通过公司广泛的股权、固定收益和资产配置投资能力来最好地满足他们的投资需求和目标。

约拉姆有15年的投资经验。在2017年加入T. Rowe Price之前,他曾在安盛投资管理公司担任多资产投资英国业务主管,在英杰华投资者担任多资产基金主管,在美林证券担任投资组合构建主管。他于1998年开始他的律师生涯。

他是《多资产投资》(Multi-Asset Investing)和获奖作品《资产配置手册》(The Investment Assets Handbook)的作者,这两本书均已被翻译成中文。他的最新著作是畅销书《金融时报退休储蓄与投资指南》(The Financial Times Guide to Saving and Investing for Retirement)。

首先要明白你为什么要投资,然后再进行投资。

开始投资前,你应该问自己的八个问题

1. 我为什么要投资

你如何进行投资、投资什么、你所能承受并且应该承受的风险都取决于你的目标。首先,确定你的投资目标,然后设计一个投资解决方案来实现它们。仅仅打败一些普通的指数,比如标准普尔500指数就很不错了,但它并不能满足你的财务需求。

你希望获得什么样的投资成果?你的风险承受能力如何?在你需要钱之前的时间范围是多少?你的投资中有多少应该是流动的,这样你就可以在必要的时候迅速卖出?你应该把你的钱放在哪里来避税?如何降低成本?这些是投资前需要回答的问题。首先要明白你为什么要投资,然后再进行投资。

需要特别考虑的一个方面是时间。当时间充足时,它是你最好的朋友。你拥有的时间越多,你就能对你的投资组合投入越多,让复利工作更长时间,同时纠正错误并弥补损失。但当时间不充足时,它就是你最大的敌人。试着用足够的耐心来进行长期投资。

2. DIY还是求助于专业人士

大多数的选择都需要权衡取舍，在一个决定的利弊之间做出平衡。DIY投资方法需要做出一些牺牲：做功课、学习、体验和理解投资，同时还要承担犯错误的风险，但它节省了你必须支付的专业服务费用。

除非你对自己的技能有信心，否则财务顾问可以帮助你做一些你自己可能做不好的事情。然而，顾问也可能犯错误，一些不称职的顾问可能不会像你自己那样关心你的财务健康。

这取决于信任。你相信自己管理财富的能力吗？你愿意做出一些牺牲吗？如果是这样的话，DIY也是一种选择。你相信专业人士为你管理财富吗？你愿意付钱吗？你是否有足够的财富来支付这些费用？专业人士必须是你值得信赖的顾问，而不只是帮你忙的朋友——你是在为他所承担的责任买单。不要沉迷于天花乱坠的谈话和华丽的演讲，选择一个有良好记录、看起来很有经验的人。

无论是否选择DIY，都要学习足够的知识来质疑你的顾问。不要盲目地相信任何人。

3. 如何做计划以实现我的目标

一个好的专业人士应该从定义你的投资回报目标、投资风险目标以及你的投资限制（时间范围、流动性需求等）开始。然后专业人士应该制定一个最有可能实现你的财务目标的投资计划。我们说的是可能性，因为投资是一种概率性而非确定性的行为——无法实现目标的风险总是存在的。但即使是不确定的时候，你也必须有一个计划。

投资策略应当明确以下问题：

- 你投资的是什么——股票、债券以及其他类型的投资
- 你分配给每个类别资产的比例——股票/债券/其他
- 你如何投资每个类别的资产——主动型基金、指数追踪基金、个别证券
- 如何动态地管理你的投资组合——根据不同的个人情况和外部市场情况改变投资组合

对投资结果影响最大的决定是你的资产配置——你在股票、债券和其他类型的投资中分别投资了多少。

如果你选择了DIY，你的计划应该是简单的——不要把它复杂化。有了计划，坚持下去，同时保持灵活性以适应不断变化的环境。成功的投资需要自律，而自律来自遵循一个有组织的计划，而不是让噪声和分心干扰你。这就像使用马眼罩挡住马的视线，使它看不到后面和侧面，从而把注意力集中在前面的路上。我们的世界充满了可怕的事件和令人担忧的新闻。如果你让它们影响你的投资决策，你可能会惊慌失措，在市场底部抛售，在市场顶部兴高采烈地买入。坚持一个长期计划，着眼于最终的目的地，保持头脑清醒，这些是避免反复无常的、糟糕的投资者行为的方式。

然而，计划必须根据实际情况进行调整。股市的一次崩盘可能会是一个买入的机会，即使此时买入并非是你计划的一部分，也要考虑一下。如果你是为退休而投资，那就把你的投资旅程分成几个阶段，为每个阶段制定一个不同的计划。当你年轻、处在积累资产的阶段时，你的策略可能主要是通过投资股票来抵抗通货膨胀。在退休前10年左右，考虑逐步降低风险，从激进的增长策略过渡到资本保值策略。退休后，你可能会转向一种专注于创造固定收益、与通货膨胀保持同步的策略。

事情不太可能完全按计划进行，但如果没有计划，你就不知道下一步该做什么。

4. 为什么承担风险

风险是投资领域的大象。储蓄和投资有什么不同？在银行存钱风险很小（除了银行倒闭的可能性之外），因此回报甚微。你不冒太大的风险，所以你应得的报酬也就很低。投资时你必须承担风险——你的投资可能会涨跌。为什么进行投资呢？因为投资潜在的回报高于无风险[①]的储蓄。

如果无风险投资和高风险投资的回报相同，每个人都会购买无风险投资，这将推高其价格并压低其未来回报，直到无风险预期回报低到足以促使投资者转向风险投资，在这时风险资产的预期回报弥补了风险。市场倾向于正确地对风险进行定价，因为它反映在投资的价格以及它们未来的潜在回报（风险溢价）上。投资的一个基本法则是，潜在回报与风险是一致的。

如果你追求回报，那就接受风险，因为它是回报的另一面；如果你不想承担风险，那么投资就不适合你。你的收益目标应该符合你的风险承受能力：你承担风险的能力和意愿。更高的回报伴随着更高的风险。如果你能承受损失，因为你有足够的时间来弥补损失，你就有更高的风险承受能力。如果因为资金承受了风险而无法入眠，那么你承担风险的意愿就很低。风险容忍度是因人而异的。

风险是什么？简单地说，它是错过你的财务目标的可能性。如果你的目标是不亏损，那么亏损就是你的风险；如果你的目标是战胜通货膨胀，落后于通货膨胀就是你的风险。虽然波动率或标准差是衡量风险的常用指标，但它本身并不是风险。投资的真正风险是永久性的财富损失（下行风险）。了解你的风险，承担风险的同时也要控制风险，不要承担超出你承受范围的风险。

[①] 虽然没有什么是完全无风险的——通胀可能会使储蓄的实际利率（经通胀调整后）为负——但一切都是相对的，相对于投资而言，储蓄几乎是无风险的。

5. 我确切地知道未来会发生什么吗

不，你不知道。任何人都不知道。

不要把所有的鸡蛋都放在一个篮子中。如果你把鸡蛋都放在一个篮子里，结果这个篮子掉在了地上，那你就一无所有了。如果你把鸡蛋分散在几个篮子里，即使一个篮子掉了，你仍然有鸡蛋。这就是分散化的主旨。由于未来是未知的，你也不知道哪些投资可能会上涨或下跌，所以将你的投资组合分散在不同的投资中，这些投资可能表现不同，从而增加了持有一些表现良好的投资的机会。通过分散不同投资行为（低相关性）的投资，你可以降低投资组合的整体风险。据说这是投资中唯一的免费午餐，因为你无需支付费用或放弃所有潜在回报就能降低风险。

什么时候不应该分散化呢？就是你知道未来会发生什么、哪些投资会做得很好的时候。这种情况什么时候会发生呢？真的很少，或者当你有优势的时候。分散化的缺点是它带给你的是平均回报，而不是惊人的回报。但这也意味着，如果你输了，你的损失也是平均的，而不是惊人的。未来是未知的，所以要进行分散化。

6. 主动管理还是被动管理

投资中有一个永无休止的争论，那就是你该主动管理还是被动管理你的资金。主动管理意味着选择你认为可能比市场平均表现更好的证券，并根据每种类型的投资或市场在未来的表现来调整你的资产配置。被动管理是指使用跟踪器跟踪大盘的表现，并保持你的配置不变——买入并持有。

如果操作正确，主动管理可以增加价值。然而，这需要时间、金钱和天赋——持续做出有效的选择需要技巧。被动管理带来的平均市场回报更少、交易成本更低，但它同时也更简单，收费也比主动管理低。选择哪种方法这个问题的答案是"视情况而定",这个答案很恼人。

主动管理可以产生比市场更好的业绩。如果你选择了比其他人表现更好的证券,或者在投资下跌前卖出、在上涨前买入,你就能获利。关键在于,主动管理需要预测未来。如果你的水晶球成功了,你就赢了——但如果乌云密布,你就输了。众所周知,预测未来是非常困难的,即使对最有才华的专业人士而言同样如此。既然你不能依靠运气,只有当你真正致力于它或使用一个值得信赖的专业人士的服务时,你才应该选择主动管理。否则,被动管理才适合你。

糟糕的主动管理会带来价值的毁灭。但即使它每年都只带来一点价值,主动管理的好处也会在很长一段时间内积累起来,产生巨大的影响。然而,试图进入市场和退出市场(市场择时)通常以表现不如只进行投资并长期保持的策略而告终。

7. 我该吝啬一点吗

一般来说,吝啬不是一种积极的品质。你应该量入为出地为自己和所爱的人花钱——除非你的目标是照顾你的继承人,否则把你的财富带进坟墓是没有意义的。但在投资上吝啬实际上是一种好品质。你在成本和税收上省下的每一分钱都是你投资绩效中的下一分钱。我们在投资中唯一能控制的事情就是收费和税收——对于其他一切的控制都是有限的。所以控制好你能控制的东西。

设法与你的顾问协商降低费用(金融咨询是一个竞争激烈的市场),目标是以较低的费用购买基金和证券,并将尽可能多的投资投入到节税的投资工具中——重要的不仅仅是资产类别的配置,还有资产的放置。然而,需要注意的是,你应该在不影响投资质量的前提下节省费用和成本——如果你付出的是花生,那你只能引来猴子。不要仅仅因为价格便宜而选择你的顾问或投资。如果你的顾问或投资很糟糕,你可能要付出比节省下的任何费用和成本都大的代价。

价格的另一个方面,是你为你的投资所支付的价格决定了它们未来的表现。

在其他条件不变的情况下，更高的价格意味着更低的未来回报，更低的价格意味着更高的未来回报。购买投资就像购买其他任何东西——你并不想多付钱。投资的挑战在于，很难知道正确的价格是多少。历史是最好的向导。在股票市场大幅上涨之后，价格可能会很高，但这并不意味着，在可能恢复到某种平均估值之前，股市不会再上涨一些。除非发生了结构性的变化，改变了价格水平。

你今天付出的代价决定了你明天得到的回报。不要在投资上花得太多，但也不要花得太少。

8. 我是否应该只投资，然后忘记我的投资组合

摆弄你的投资通常对你没什么好处，因为它会产生不必要的交易成本，并导致基于恐惧和贪婪的情绪化投资决策。但忽视你的投资也会伤害到你。你要像照顾植物一样照顾你的投资组合，让它茁壮成长。保持活力，但不要过度积极。

快速而有规律地投入资金，这样它就能参与到市场中来，你就能在一段时间内平均你的投资价格，避免高买低卖。调整你的投资组合，不要太频繁，也不要太不频繁（每年或每半年），让它与你的投资策略保持一致。检查你的投资表现是否会让你感到意外，以及你是否正在朝着你想要的结果前进。确保你对自己的投资选择和策略感到满意，这些选择和策略与你的需求和市场状况相关。投资是一个永无止境的故事，需要耐心和维护。也许最重要的是需要运气。祝你好运！

Harriman's New Book
of Investing Rules

克里斯·迈耶
Chris Mayer

　　克里斯·迈耶是邦纳家族办公室的投资总监。他写过几本书,其中包括《如何找到100倍回报的股票:基于365只100倍股的研究成果》(*100 baggers: Stocks That Return to 100 to 1 and How to Find Them*)。他的新作《你是如何知道的?华尔街、投资和生活清晰思考指南》(*How Do You Know? A Guide to Clear Thinking About Wall Street, Investing and Life*)于2018年初出版。

经理层持有股权是风险共担的
最佳形式。
有一句老话是这么说的,
'没有人会洗一辆租来的车'。

要想在股市中成功,你应该做的四件简单的事情

1. 与那些和你利益相关的人一起投资

> "我作为基金经理的经验表明,企业家的本能等同于大量的股权。"
> ——马丁·索斯纳夫《沉默的投资者,沉默的输家》
> (Silent Investor, Silent Loser)

我不得不同意索斯纳夫的观点,他是一位意志坚强、言辞犀利的基金经理,在执掌50年后,最近才放弃了自己的基金。他还写了几本关于他的经历的书,非常有趣。我最喜欢的是1975年的《华尔街的谦逊》(Humble on Wall Street)。

我以索斯纳夫的话作为开头,因为我在自己的职业生涯中吸取了它的深刻教训。如果我能和你们分享一种投资策略,那就是:与那些和你利益相关的人一起投资。

有很多研究支持这样一种观点:拥有大量内部人持股的股票表现优于同行。

这也是很直观的。

所有者会做一些雇来的人不会做的事。有时这些东西可能很小，但随着时间的推移，它们会累积起来。例如，我记得读过IHS Markit对3000多家上市公司的研究，发现在2012年第四季度，只有225家公司支付了特别股息——在即将到来的增税之前。这225家公司的平均内部人持股比例为25%。所有者会考虑诸如税收之类的事情。

经理层持有股权是风险共担的最佳形式。有一句老话是这么说的，"没有人会洗一辆租来的车"。但这不是唯一的。当你和他们一起投资之前，要注意管理团队的激励方式。看一看薪酬方案。他们会奖励每股价值创造吗？他们是使用有意义的指标，比如投资资本回报率，还是只关注利润等不那么相关的数字？

阅读代理委托书，这是公司所做的最重要的披露，也是我开始阅读的文件。（在美国，代理委托书名为DEF 14A表格，其中详细列出了股票所有权、管理层薪酬等信息。）

关键的一点是，你想要投资像所有者一样思考的管理团队。当他们一开始就是所有者时，事情就更好办了。

2. 要有耐心

菲尔·卡雷特一直是一位长期投资者，直到1998年101岁时去世为止。沃伦·巴菲特称他为"我心目中的英雄之一"。

1996年，路易斯·鲁凯瑟在电视上采访了他，并问道："在过去的25年里，关于投资你了解到的最重要的一件事是什么？"

卡雷特回答道："耐心。"

我从来没有忘记这次交流。获得复利的力量是成功投资的核心，而复利的力量需要时间来发挥作用。如果你一直在往外拿你的钱，就不会得到它的回报，就像你在番茄开花结果之前就把它们拔掉一样。

这里有一个我喜欢的例子：如果你有一美分，每天都会翻倍，持续30天，你会在最后一天得到1070万美元。这说明了两件事。首先，它展示了复利的力量。但它也告诉了你，回报主要是后期获取的。毕竟，如果你在第30天有1070万美元，那么在第29天你会有多少呢？答案是535万美元。28天呢？只有260万美元。想想这一点。

耐心很重要的另一个重要原因是：即使是最好的投资，也会经历一些毫无用处或者更糟的时期。

我最喜欢的故事来自米特尔曼投资管理公司的克里斯·米特尔曼。他说，想象一下，如果一个朋友在1972年把你介绍给沃伦·巴菲特，告诉你他跟着巴菲特赚了多少钱。你检查了一下，发现伯克希尔-哈撒韦公司从1962年的8美元涨到了1972年底的80美元。所以，1972年12月31日，你以80美元的价格买了这只股票。

3年之后，你的投资会下跌53%。更糟糕的是，标准普尔500指数仅下跌了14%。所以你厌恶地卖出了这只股票。这是一个天大的错误！到1982年12月31日，这只股票上涨至775美元，今天的价格已经涨到了27.2万美元。

投资是回报掌握在自己手中的游戏。

3. 不要期望一直获胜

我喜欢研究伟大投资者的业绩记录。我学到的一件事是，没有一个投资者是一直伟大的。

投资公司戴维斯顾问公司2011年的一项研究考察了190位共同基金的基金经理，他们的10年业绩使他们在截至2011年12月31日的10年里跻身前25位。

戴维斯顾问公司随后提出了一个有趣的问题：在这些表现最好的基金经理中，有多大的比例曾经在至少一个3年周期中业绩表现不佳？更具体地说，这些最佳基金经理中有多大的比例至少在一个3年的周期中表现位于最后的25%呢？

答案可能会让你震惊：96%。

换句话说，他们当中几乎所有人都曾有表现不佳的时期。此外，他们当中的三分之一曾至少有过一个3年周期的表现位于最后的10%，这意味着他们的同行中90%的人至少在3年内击败了这些顶级选手。

另一个很好的例子是约翰·邓普顿爵士。1954年，他创立了邓普顿增长基金，这将是他的旗舰基金。在他的管理下，邓普顿增长基金38年的平均回报率是16%，这几乎比当时的市场水平高出4个百分点，创下了惊人的纪录。如果你在1954年把1万美元交给邓普顿，然后简单地放在那里，那么当他1992年辞职时，你就有170万美元，这是170倍的回报！他在没有借助负债的情况下完成了这项成就，而且经常有多余的现金。

然而，在这38年中，他的基金有10年发生了亏损——接近25%的时间。

任何一年的投资回报都是微乎其微的，它们以不可预测和不平衡的方式起起落落。如果你追逐短期业绩，那你很容易就会在股票上涨之前把它卖掉，在股票处于高峰时买入股票。所以，不要追逐短期业绩。

4. 不要过度分散化

大多数人持有太多股票。我见过持有30或40只股票的个人投资组合。那太荒唐了！一个人不能同时紧跟这么多股票，也不可能知道关于这些股票所有值得知道的东西。

此外，我还要问你：你的第30个最佳点子真的值得拥有吗？你的第29个好点子怎么样？我总是告诉人们要集中投资。我认为10-15笔投资是个不错的数字，甚至更少。

我总是记得乔尔·格林布拉特说过的话。格林布拉特在管理哥谭资本时有着令人羡慕的记录，后来他还写了很多关于他的投资方法的书。格林布拉特指出，仅在不同行业持有8只股票，就能消除约80%的非市场风险（或与整体市场走势无关的风险），16只股票将消除93%的风险。

换句话说，在达到一个临界点后，增加股票并不能降低风险。

除此之外，还有各种各样的研究表明，最好的回报往往来自集中的投资组合。我想让你看看艾伦·波尼洛、迈克尔·范·比玛和托比亚斯·卡莱尔的《集中投资》（Concentrated Investing）一书，以了解更多信息。这本书包括了管理如此集中投资组合的投资者的简介。

卢·辛普森就是其中之一。从1979年到2010年退休，他负责管理盖可保险公司的投资组合。他的记录非同凡响：每年回报率为20%，而市场仅为13.5%。

辛普森集中投资的理由很简单："好的投资理念，或者说符合我们标准的公司是很难找到的。当我们认为我们找到了一个时，我们就会做出很大的投入。"

随着时间的推移，辛普森的投资越来越集中。1982年，他在2.8亿美元的投资组合中持有33只股票。他不断削减自己持有的股票数量，尽管他的投资组合规模不断扩大。到1995年，也就是他的最后一年，他在11亿美元的投资组合中只持有了10只股票。

现在，这几乎与你从金融顾问那里听到的一切背道而驰。如果你不知道自己在做什么，这可能是一个危险的建议。但我的观点是，如果你只关注自己最好的想法，那些你真正了解的想法，那么你可能会做得更好，而不是把赌注下在一种错误的想法上，认为自己是更安全的。

HARRIMAN'S NEW BOOK
OF INVESTING RULES

蒂姆·摩根
Tim Morgan

在媒体的描述中，蒂姆·摩根被称为"忧郁博士"和"可怕的蒂姆"，他从未回避过争议，无论是指出英国经济的严重弱点，呼吁为被长辈劫持的年青一代伸张更大的正义，还是解释市中心骚乱与受挫的唯物主义之间的联系。他编制了生活必需品指数（the Essentials Index），对实际生活成本提供了无价的见解。

在剑桥大学接受教育的蒂姆一直对经济、政治和军事问题着迷。他对海上战争的痴迷使他对突击队的演习乃至航空母舰的飞行甲板了如指掌。

从2009年到2013年，蒂姆·摩根博士一直担任英国领先的金融机构德利万邦的研究主管，他以对迫切的经济和政治问题提供激进的答案而闻名。

他是《成长后的生活》(*Life After Growth*)一书的作者。该书是对经济如何真正运转进行广泛研究的产物，对当今和未来的经济问题提出了激进的解释。

百分比很有用，
但从来没有人用它来买午餐。

蒂姆·摩根

异常时代的风险与回报

为投资设置规则或参数的方法有很多。我想说的是，没有一套适合所有人的金科玉律，尤其是因为个人投资者的情况和目标有很大不同。你采用的规则或指导方针必须是最适合你自己需求的，但这些规则还必须考虑到更广泛的背景，即我们生活的经济、政治和财政时期，这是非常不正常的时期。最明显的，是包括股票、债券和房地产在内的资产市场正处于或接近历史高点。与此同时，债务也处于创纪录的水平，自2008年全球金融危机（GFC）将金融体系推至灾难边缘以来，利率一直处于或接近于零。

新的异常

所有这些情况都是异常的。名义上，利率接近于零，经过通胀调整后为负，这意味着按实际价值计算，储蓄者正在赔钱。这一点在养老基金中最为明显。在养老基金中，低利率已将预期的未来回报拉低至远低于预期的未来支付水平，造成了巨额赤字,并将资金置于风险之中。低利率也会拯救那些在更正常的情况下会倒闭的企业,为新的、更好的企业创造空间,这是一个被称为"创造性破坏"的基本过程的一部分。包括房地产在内的资产价值,反映出的是超级廉价的信贷,而非强劲的经济增长或不断增长的收入。

这些异常情况给投资者带来了重大挑战。首先,高价资产市场对收入造成了挤压,使得有吸引力的回报难以找到。近年来的不同时期,大量的政府债券以负收益率交易,这意味着投资者在为自己向政府贷款的权利买单。

无论你怎么看,这在理论上和历史上都是不寻常的。投资者不能再简单地持有低风险的工具,从而获得少量(但是是正的)资本回报。换句话说,任何给定回报水平下的相关风险远远高于传统情况。除了出现巨额养老基金赤字,低利率的负面影响还包括储户收入的严重损失。

"异常"不一定意味着"马上改变"。正如经济学家凯恩斯所言,"市场非理性的时间可能比你保持偿付能力的时间更长"。但我们确实需要问自己,某种形式的均衡是否会在适当的时候恢复——我们是否会回到利率更高、实际利率为正的环境?如果是这样,廉价信贷的刺激措施会不会逆转,迫使资产价值下降,收入上升?

在谈到我自己的投资规则之前,我的目的是探讨廉价资金的"新异常"所隐含的一些风险。

沉迷于债务了吗

这里有一项统计数据,任何投资者都应该问问到底发生了什么。从2006年到2016年的10年间,世界经济产出(GDP)增长了29万亿美元(32%),而全球债务增长了98万亿美元(61%),这意味着每增加1美元GDP,就对应着3.39美元的债务。

在此期间,我们还增加了43万亿美元的银行间债务,而全球养老金储蓄可能比需要的少94万亿美元。

我们有两种截然不同的方式来看待这种关系。一种观点认为，这种情况没有什么好担心的，特别是因为偿还债务的成本非常低。

坦率地说，另一种观点是，这是一种"庞氏经济学"——为了保持一种"一切照常"的假象，我们通过积累债务和"让后代充当人质"的方式来抵押未来。

普遍的共识倾向于宽松的解释，但任何试图支持这一观点的人都可能记得，在2008年之前的几年里，随着债务（和风险）的升级，同样的大多数人也认为没有什么原因会导致失眠。他们当时错了，现在也可能同样错了。

我想说的是，债务的绝对数量并不是这个动态所带来的最大问题。偿还总是可以推到未来，如果通货膨胀在未来的任何一个时候加速，历史债务的实际价值就会被侵蚀。

相反，增长与借贷之间的关系令人不安的是，前者似乎已成为后者的质押物。换句话说，我们目前的增长率取决于不断扩大的债务。

以英国为范例

英国的数据说明了这一过程。在2006年和2016年之间，经通胀调整后，英国国内生产总值增加了2030亿英镑（12%），而债务增长了1.181万亿英镑（32%）。显然，至少有一些借款用于推动消费，而消费是迄今为止GDP的最大组成部分。每1英镑的增长都伴随着5.8英镑的新增债务——很明显，这不是一个可持续的情况。

那么，如果借贷没有以这种方式增长，GDP会发生什么呢？换句话说，在这段时期"增长"记录中，有多少实际上相当于借来的钱的支出？这很重要，因为如果出于某种原因，借款能力受到限制，那么还会有多少增长呢？

英国是一个很好的例子，说明了为什么无限期的借款可能是一个危险的假设。2006年后的10年中，负债增加了1.18万亿英镑，使总债务在2016年底达到4.88

万亿英镑，相当于GDP的252%。仅2016年一年，借款总额就达到1520亿英镑，而增长仅为340亿英镑。

但这个债务数字只讲了不到一半的故事，它没有包含银行间或"金融"部门的债务。官方数据显示这一数字为1.77万亿英镑，占GDP的91%，但一些可观的估计值是它的两倍。无资金储备的公共部门养老金约为1.5万亿英镑（预期未来员工缴费与预期未来资金流出之间的差额）。在最近一次降息之后，英国《金融时报》报道称，私人养老基金的赤字上升至9 750亿英镑。

即便如此，对于养老金缺口总和而言（约为2.6万亿英镑），这可能是一个保守的说法。一家受人尊敬的国际组织最近的一份报告估计，截至2015年底，英国对养老金的总体投资不足8万亿美元（约合5.54万亿英镑）。在世界范围内，这些养老金短缺是货币政策的直接后果，这些政策几乎破坏了投资回报率。

对于你在2007年为养老金支付的每1英镑，现在你可能需要立即节省2.70英镑才能达到同样的效果。

毫无疑问，英国债务和"准债务"的总规模已经变得非常巨大。"经济"和银行间债务总额介于6.6万亿英镑（占GDP的343%）和8.4万亿英镑（435%）之间。除此之外，养老金缺口可能介于2.6万亿英镑（占GDP的138%）和5.8万亿英镑（300%）之间。即便如此，这也还不包括核退役承诺和PFI（私人融资倡议）计划下的负债。

当然，准债务与标准债务不同，因为标准债务会受到合同的约束。与此同时，在极端情况下，很难想象任何政府会违背对员工的承诺，或者在私人养老金条款解体时袖手旁观。在这一点上，我们至少应该承认，债务（和准债务）的大规模、持续的增加可能不是一个无限期可持续的过程。

所以，如果借贷能力受到限制，增长可能会发生什么呢？我的估计——基于一个公式得出，但归根结底仍属于估计——在2005年至2015年间，英国债务增加了1.37万亿英镑，其中13%用于补贴通货膨胀。虽然在借款总额中所占比例不大，但仍然达到1820亿英镑，或者说，占据了那段时期内增长的绝大部分（85%）。

此外，利用借贷来促进消费（进而推动GDP增长）在2005年之前就开始了。我的计算是，如果没有借贷带来的消费，2016年的GDP可能无法达到1.94万亿英镑，而只有1.55万亿英镑左右。

当然，这会导致两个深远、非常令人不安的影响。首先，如果不考虑"借来的消费"，潜在的经济增长可能远低于普遍接受的接近2%的水平。如果经济活动不能再通过借贷来提振的话，增长可能会低至0.4%。其次，债务与GDP的比率可能远高于对外公布的252%，如果与剔除借贷消费的GDP数据相比，则接近320%。当然，这甚至是在你开始考虑银行间债务和养老金供应不足之前的数据。

系统性问题

尽管相当极端，但英国的情况与其他西方发达经济体并无明显不同。按照通胀调整后的数据，美国的债务在2006年至2016年间增加了11.1万亿美元，同时期的GDP增长总额为2.3万亿美元。同时期内，法国的债务增长了1.9万亿欧元，而经济增长仅为0.16万亿；西班牙借入了4600亿欧元，而增长仅为350亿欧元。在过去10年中，意大利的经济产出实际上减少了（1000亿欧元），债务却仍然增加了近5000亿欧元。

此外，西方利用债务推动GDP增长的习惯已经蔓延到新兴市场经济体（EMEs）。2006-2016年，中国公布的43万亿元人民币的增长伴随着净新增借款146万亿元人民币，加上银行间债务大幅增加（人民币82万亿元）。

这个过程的"原因"可以用几种方式解释。首先，通过将技术工作外包给新兴市场经济体，全球化似乎已经推动西方消费者利用借贷以维持其消费水平。由于税收收入低于预期，全球化的工资压低效应也使西方政府更深地陷入债务之中。在一种被称为"新自由主义"的经济意识形态下，对负债的态度变得更加宽松。金融服务的"放松管制"使借贷变得前所未有地简单和便宜。

然而，原因远远没有结果重要，这些因素共同导致了风险，对所有的投资者都产生了影响。在全球金融危机后,当局削减了官方或"政策"利率,并使用QE(量化宽松政策)推高了债券价格,从而压低收益率,其目的是避免因为难以支付世界巨额债务而导致的问题。ZIRP或者说"零利率政策",是一种紧急时期使用的短期解决方案。

但现在这种"紧急状态"持续的时间比第二次世界大战要长得多!当然,低利率会鼓励人们进行借贷,自2008年以来,债务的增长速度甚至比危机前更快。

风险时期的两条规则

1. 聪明的投资者从知道自己的目标开始

投资者需要注意的中心点是风险问题。由于廉价信贷大幅推高了资产价值,如果借款成本上升,资产价值可能大幅回落。如果利用借贷来促进经济活动的做法不再具有可持续性,那么经济增长可能会大幅下滑,甚至出现逆转,从而对投资造成不利后果。我们可能会面临银行业危机的重演,从债务水平大幅上升开始,政府干预的能力因自身债务水平的上升而减弱。可以想象的是,作为回归均衡过程的一部分,通胀可能会飙升,它会摧毁历史债务的实际价值。

回报低迷、风险上升的氛围,只会增加遵循可靠投资原则的重要性。不管在什么情况下,明智的投资者都是从知道自己的目标开始的。我正在寻找的,是收入还是资本增值?我是交易者还是长线投资者?我对风险的态度是什么?

风险问题总是至关重要的,因为风险和回报是相互关联的。低风险的投资也可能提供适度的回报。如果你想获得高回报,你通常不得不接受更大的风险。

当然,投资于错误定价是完全有可能的,它既能提供高回报,又能提供低风险。不过,要找到这些投资,你必须能够发现市场普遍忽略的东西。由于市场价格应该代表所有参与者的总体知识,因此发现异常似乎很困难。然而,从逻辑上讲，市场价格也概括了所有参与者的总体误解，因此异常现象确实会发生。

棘手的一点是发现它们，这里要提到一个例子。你是否注意到，有多少高估值公司的几乎所有收入都依赖于同一有限的收入来源，即广告收入？你是否也注意到，很多消费者不仅在装载广告拦截器，而且还在研究如何编写自己的广告拦截器，这样的消费者数量正在呈指数级增长？

作为一名分析师，我的立场是投资公认的低风险，原因很简单，因为所有形式的投资都存在隐含的风险，因此承担比你必须承担的风险更多的风险似乎没什么可说的。

2. 计算现金

我对股票投资的态度是偏向于基本面投资的——这意味着我想买入事实，而不是炒作。我的指导方针一直是"计算现金"。别人都说我是多疑的，当别人告诉我一家公司的盈利能力将变得多强时，我总是会半信半疑。我需要被说服，这意味着我需要看到现金流，或者至少知道它将从哪里来。百分比很有用，但从来没有人用它来买午餐，我们永远不应该忘记，投资的目的是现在投入一些现金，以便以后得到更多的现金。

这意味着更多地关注现金流，而不是利润——毕竟，支付股息的是现金，而现金可以让企业进行足够的投资，以领先于竞争对手或至少赶上竞争对手。现金的衡量指标可以帮助你了解一家公司究竟有多强大。股息的现金流覆盖率是多少？债务与每年产生的现金相比如何？公司市盈率指标表现如何？而且，最重要的是，我们对现金流入的未来趋势有多大的可见度？

显然，如果我们的衡量标准是有效的，我们就需要一个"干净的"现金流量数据，这意味着在衡量现金流时，要剔除一次性的收益或损失，并排除营运资本（存货、债务人和债权人）的变动。尽管我之前评论百分比不能用来买午餐，但把它拿来衡量现金回报是一个不错的主意，即计算现金流占总投资资本（未折旧的）的比例。

在任何时候，目标都应该是确保风险和回报的最有利组合。所谓的投资，以及它们实际上能带来什么，可能会有很大的不同，而基于现金的方法可以帮助我们衡量这种"感知差距"到底有多大。

即使在正常时期，测量现金也是一个可靠的方法。在这个极不正常的时代，持有现金比以往任何时候都更重要。

查理·莫里斯
Charlie Morris

查理·莫里斯是Newscape的首席投资官,他于2016年5月加入Newscape,负责直接基金业务的重组和监督。他是Newscape 分散化增长基金（Newscape Diversified Growth Fund）的首席经理,Newscape新兴市场股权基金的联席经理,也是投资委员会的资深成员。

在加入Newscape之前,查理在汇丰全球资产管理公司担任绝对回报主管长达17年,负责管理资产超过30亿美元的多资产基金。他是金融媒体熟悉的面孔,经常担任Atlas Pulse和英国最古老的金融通讯《舰队街通讯》的编辑。从事基金管理之前,查理是英国陆军掷弹兵卫队的一名军官。

当股市某个领域涨潮时,
另一个领域不可避免地会退潮。
你可以利用这一点。

万物都是相互关联的：投资者指南

自20世纪90年代初以来，我一直在关注金融市场——先是作为私人投资者，然后是基金经理——有一件事变得越来越清晰：一切都是相互关联的。当时，我忽视了债券，对货币失去了兴趣，完全忽视了大宗商品，只盯着股票市场。然而，如果你仔细观察，会看到股市某个领域涨潮时，另一个领域不可避免地会退潮。此外，我最终了解到，改变的驱动力来自我曾经忽略的其他资产类别，特别是债券。

多年来，我似乎从未看到生产牙膏和狗粮等产品的消费品公司像水泥或汽车公司那样繁荣过。如果黄金出现了繁荣，那就要小心科技股。在这个简短的章节中，我将解释这背后的原因，以及投资者如何利用它。

主动型经理未能建立"投资组合"

许多主动型基金经理把自己的风格定义为质量型、成长型或价值型，以表明他们的方法最适合获取长期成功。成长型股票涨得又快又高，价值型股票价格便宜，而质量型股票则富有弹性。所有这些都是有吸引力的品质，但世界永远在变化，多样化是值得的。拘泥于一种风格是一种低效的投资策略，因为在某些时候你会发现自己陷入了困境。保护资本是投资者最优先考虑的事情，因为50%的损失需要100%的收益才能让你回到起点。

你会发现这都是关于债券的，那些我在30岁之前一直忽略的无聊事情。全球债券市场规模庞大，估计超过100万亿美元，大约是股票市场规模的两倍。债券为政府、市政、公司和消费者提供资金。信用风险、预期通胀、发行情况、经济前景、人口趋势和政府政策等一系列因素决定了债券价格。债券驱动货币成本，进而决定了股票市场的哪些部分会繁荣或萧条。

石油决定价格

能源是经济中最重要的投入成本，它将对宏观经济产生影响。石油是密度最大、可运输的能源形式，因此它会推动通货膨胀就不足为奇了。如果通货膨胀率是货币价值下降的速度，那么当石油便宜时，货币最值钱，当石油不便宜时，货币最不值钱。

如果油价上涨，那么成本就会上升，因为消费者在非必需品上的支出会减少。石油价格的上升通常是由经济强劲引起的，这对于其他大宗商品而言往往是看涨信号，因为例如小麦和铜等大宗商品的生产都高度依赖于石油。因为预计未来货币的价值将下降，长期通胀预期的上升也会导致债券价格下跌。这意味着今天的债券购买者需要更高的回报来补偿未来的损失。

假设经济强劲，随着政府试图对通货膨胀率进行控制，更高的消费价格将转化为更高的利率。在此期间，通货膨胀和债券收益率都在上升，因此曲线呈现上升态势。上升的曲线（债券收益率加上通胀）也往往有利于保险公司和银行，因为它们的利润率会提升。这种强势也将在新兴市场和整个工业领域显现出来。

中国觉醒

这个例子来自2002年拉开序幕的"中国年代"。在这一年，中国的人均GDP刚刚超过1000美元，而1978年，也就是邓小平改革开放的那一年，中国的人均GDP为156美元。截至2016年，这一数字飙升至8123美元。

1000美元是一个临界点。随着中国的崛起，它将成为一股不可忽视的经济力量。通过临界点后，中国消费大宗商品的规模是前所未见的。铜价涨了10倍以上，而油价从1998年的10美元上涨到2008年的148美元，"石油高峰"成了热门话题。

价值陷阱

在中国需求惊人的时代，通胀与债券收益率同时上升。意料之中的是，大宗商品、新兴市场、金融和工业企业，尤其是那些积累了杠杆的企业出现了泡沫。整个经济体享受了一个定价权阶段。

然而，当2008年次贷危机爆发之时，表现最糟糕的正是这些股票，它们的价格被曲线的上升所推高。这些股票中有很多由价值型基金经理所持有，他们想要持有不会下跌得太厉害的廉价资产。他们认为自己是保守的，但他们却是危机期间表现最差的基金经理。他们为什么会沉没？因为自2002年以来一直在上升的曲线，在危机期间突然像石头一样跌了下来。

具有讽刺意味的是，价值型基金经理是基金管理领域最傲慢的群体。他们认为自己在智力上优于别人。事实上，他们并非如此。

质量——救世主

次贷危机不仅见证了曲线的崩溃，还目睹了实际利率从2008年最黑暗时期的3%暴跌到2012年的-1%，也就是说，债券收益率低于通货膨胀率。投资者转向了日用消费品等防御性股票。这些公司是我们需要而不是想要的产品的制造商，它们的利润相对来说是可以预测的，它们的资产负债表也很强劲。虽然这些都是很好的品质，但它们往往成长缓慢。因此，它们具有债券的特质。

绅士更喜欢债券

当利率和通胀下降时，债券表现最佳；当曲线下降时，则与上面所提的"中国年代"情况相反。2008年后优质股的价格飙升，直到2016年，它们的市盈率明显高于过去。随着债券收益率跌至历史低点，这应该不足为奇。这些公司已经看到它们的自由现金流收益随之而来，它们已经变得昂贵，而且随着债券收益率的上升，它们会贬值，这是理所当然的。

鉴于质量型股票偏好下跌的曲线，而价值型股票偏好上涨的曲线，它们可以被描述为相反的情况，事实上它们的确如此。将质量和价值相结合的投资组合比只持有其中一种的投资组合更加稳健。沃伦·巴菲特可以被合理地描述为一位典型的质量和价值管理者，跟着他没有害处。

成长型股票通常也是周期性的

20世纪90年代末，石油价格便宜、经济表现强劲，这使得利率的增长速度明显低于通货膨胀。因此，实际利率（利率和通胀之间的差额）出现飙升。尽管大宗商品和新兴市场出现了危机，但那个时代出现了自1929年以来最大的股市泡沫。在整个泡沫期间，其实股票市场中下跌的股票比上涨的股票还要多，但由于股市有一个板块在上涨：成长型股票，仅仅这个板块的上涨就推动了整个股票市场。

当然，在那个时候发生很多事情，互联网诞生了，千年虫事件让所有烤面包机在新年前夕爆炸，但债券市场的行为引领了所有的趋势。虽然2000年3月达到的股价高峰是非理性的，但前几年的走势完全是理性的。无论网络公司如何起起落落，互联网的发展在那以后从未停止。

当来自其他投资的竞争减少时，那些预计将比市场增长更快的公司理所当然将具有更高的价值。当时，非技术市场被懒散地归为"旧经济"。随着20世纪90年代末实际收益率出现上升，低增长或零增长资产的现值（如债券和日常消费品）开始下降。对旧经济的厌恶是理性的，但一如既往，它走得太远了。

泡沫破裂

最终，每个泡沫都会破裂。科技股在2000年3月见顶，这恰好与实际利率的峰值重合。随着这些实际利率开始从令人头晕目眩的高位回落，在随后的熊市中，投资者争相购买债券和债券型股票。

在科技股繁荣的过程中，成长型基金经理做得非常好，他们认为自己是神，而乏味、传统的质量型基金经理和价值型基金经理成了笑柄。然而，科技泡沫之后真正的赢家既不是质量型股票，也不是价值型股票，而是黄金。

不要忽视黄金

有人说，黄金度量了中央银行的工作，就好像如果货币升值了央行的工作就没有做好一样。这是因为，如果在经济降温时（债券收益率下降时）通货膨胀出现上升，那么实际利率也在下降（实际利率等于债券收益率减去通货膨胀率）。通货膨胀描述了货币贬值的速度。在这种环境下，表现最好的资产是黄金（或值得信赖的通胀挂钩债券），因为在这种不利的经济条件下，黄金是最可靠的保值资产。

1999年，黄金价格开始从低谷上涨到每盎司250美元。根据我的计算，当时黄金价值被低估了43%，更合理的价格应该接近400美元。但市场有自己的想法，低廉的价格给我们提供了一个机会。

分解黄金牛市

在黄金牛市中，黄金价格飙升了611%，比公允价值高出48%。在此基础上，611%的涨幅中有480%是合理的。我说的是合理的，因为一开始的时候黄金价格过低，这段时间的复合通货膨胀率为35%，而实际利率从1999年的4%暴跌至2012年的-1%，这证明了黄金价格进一步上升103%是合理的。

在这段时间里，股市几乎没有什么表现。包括股息在内，标准普尔500指数的年化收益率仅为1.5%，富时全股票指数的收益率则为3.8%。最大的输家是纳斯达克，该指数11年期间的收益率仅为0.5%，而黄金年化收益率达到惊人的15.7%。增长和黄金似乎是对立的。

1980-1999年期间，持有黄金的人经历了糟糕的回报，但随后又迎来了繁荣时期。遗憾的是，对于黄金投资者来说，黄金似乎只在40%的时间内有所表现。所以，最好把黄金和经济增长结合在一起。

把黄金和纳斯达克进行结合的简单投资组合表现非常好，尽管两种资产都出现了泡沫和崩盘。原因很简单，它们是负相关的。在过去20年里，黄金的价值上涨了4.3倍，而纳斯达克指数上涨了6倍。如果你以50:50的比例进行投资，并在每年年底对你的投资组合进行再平衡，那么你的回报率就会是原来的7倍。对于这样一个简单的想法来说还不错。

对立方相互抵消

如果你处在一个增长环境中，当实际利率上升时，表现最差的资产将是黄金。这是合乎逻辑的，因为不断上升的实际利率使银行存款更具吸引力，这反过来又给黄金价格带来了下行压力。此外，我也证明了质量型策略和价值型策略本质上是相对立的。长期来看，两种都持有将战胜只持有其中一种。

总之，价值型策略从上升的曲线中受益，质量型策略则是从下降的曲线中受益。成长型策略受益于实际利率的上升，而黄金喜欢实际利率的下降。但如果成长型投资大幅上涨，质量型和价值型投资未必会下跌，因为它们不是对立的。不要买入黄金，或者买入尽可能少。相似地，在一个价值型环境中，可以持有黄金和成长型投资。在这样的时期，你应该避开质量型投资，因为债券和它们的股市朋友下降了。

一个有效的投资组合

进一步考虑这一观点，我们应该将这四种风格结合起来，并定期调整我们的投资组合。这意味着无论强大的债券市场向你抛出什么，你的投资组合中都有一个正在飙升的赢家。当然也会有输家，但是再平衡意味着将以低廉的价格买入更多的股票。这很好，因为势力最终会转变，而你为此做好了准备。另外两种风格很可能会混在一起，而且它们会在未来的某个时候出现。这就是如何继续爬上扶梯的方法。

重点不是解释过去，而是为未来做准备。债券市场制度决定了股票市场的不同领域会发生什么。不要被成长型投资、价值型投资、质量型投资或黄金所迷惑；持有它们中的所有，就不会有所谓的震惊。当然，你仍会遇到困难，但你会比一个专注于某一风格的投资者过得更好。

指数型基金

噢，只是跟踪指数？我已经听到了你的尖叫了。这个策略很好，但要跟踪哪个指数呢？标准普尔500指数是高度分散化的指数，但自1998我开始担任专业基金经理以来，它已经两次下跌了50%。其他指数的情况更是糟糕，因为它们都具有成分偏见。

例如，纳斯达克由成长型公司主导，台湾证交所也是如此。富时100指数在自然资源类股票的权重很大，瑞士指数装满了质量型股票。新兴市场往往在价值型环境中表现最好，但也有自己的怪癖。各国的指数只反映了目前的情况，而存在的任何投资组合效率都是巧合。我并不是说指数构造得不好，只是在说你不用费多大的力气就能做得更好。这意味着更高的回报和更高的分散化程度。记住，分散化并不意味着拥有一切，而只是拥有那些本质上不同的东西。

总结

别忘了,总体而言,成长型公司在失宠时并没有停止增长,他们仍在推动互联网、生物技术或软件等经济前沿领域的发展。它们的溢价逐渐下降,因为其他成本更低的资产为投资者提供了更好的机会。同样,水泥厂或石油公司也从未消失,只是不再流行。

各种资产类别的行为之间存在关联的证据不仅是间接的,也是合乎逻辑的。你可以尝试预测债券市场,然后扑向正确的领域,但这比听起来还要难。

使用反馈循环是可能的。问问自己,股票市场上什么东西便宜,什么东西贵?然后考虑债券市场的主流趋势。利率和通胀是上升还是下降?一旦你做出了自己的决定,在你喜欢的体制中投入多一些,而在不喜欢的体制中投入少一些。但不要疯狂,分散化是有好处的,你很快就会看到它在起作用。你的投资组合会因为分散化而做得更好,你的波动性也会降低。这就是我每天在Newscape所做的。

奈德·纳勒兰
Ned Naylor-Leyland

　　奈德·纳勒兰在2015年加入欧德共同全球投资者基金，负责管理欧德共同金银基金。他是世界黄金白银投资领域的知名人物，拥有超过17年的投资经验。在加入欧德前，他在奎尔特·切维奥特公司任职，2009年1月，他为切维奥特资产管理公司创立了一只专门从事贵金属投资的基金，投资于黄金、白银以及相关的股票。他之前为史密斯&威廉森公司工作。奈德拥有英国布里斯托大学西班牙语学士学位。

" 历史的回声越来越响亮,
改变正在进行中。
"

历史的车轮与金色的未来

1. 历史很重要

关于经济和金融市场历史的书籍的书页是陈旧又乏味的。市场评论员们每天都在研究历史,试图从中寻找相似之处,吸取似乎没有吸取的教训。尽管历史很少提供完美的答案,但评论家们这样做是正确的;金融事件和趋势的周期性和流动性为这种做法提供了理由。

回溯到近600年前,全球储备货币总是寿命很长却是有限的,跨度在80-110年之间。如今的市场与20世纪70年代有着明显的相似之处——当时,美元作为储备货币的地位在黄金窗口突然关闭后受到质疑——因此,我们可能已经接近了美元作为储备货币寿命的终点。历史的回声越来越响亮,改变正在进行中。

2. 黄金正重新占据其应有的地位

为了更清楚地了解情况，有必要回溯到1944年，当时的布雷顿森林协定正式确立了美元作为全球储备货币的地位，协议中约定，美国国债可以以35美元/盎司的价格兑换成黄金。布雷顿森林体系正式确立了对美国债务的巨大的综合性需求。

当时，我们仍然保持着一种长期存在的以黄金换石油的标准——例如，沙特阿拉伯用黄金等价（以美国国债的形式）换取石油；黄金/石油比例的历史平衡仍然完好无损。然而，20世纪70年代带来了许多变化。1971年，美国总统理查德·尼克松宣布"暂停"美元与黄金的兑换，以应对这种所谓"黄金窗口"出现挤兑的可能性。

在此基础上，需要一种新的方式来确保对美元的持续需求，沙特迅速伸出援助之手。事实上，1973年，沙特阿拉伯同意只接受美元购买石油以换取军事支持和资源，它还同意用这些美元购买美国国债。1975年，OPEC的其他成员国加入了OPEC，同意不就石油达成任何双边货币协议。随着一项正式的石油美元协议的签署，黄金已被暂时从货币体系的核心地位上取消。同时，全球储备地位不受约束的"过度特权"也被授予给美元。

把时间快进42年，当前，这一协议正在瓦解，黄金正重新获得其作为非政治货币的应有地位。然而，全球货币体系是在经历一次构造的重塑，或者仅仅是构造板块回到了它们原来的位置？

3. 东方和西方正在分化，黄金是其核心

那些没有从美元储备货币地位中获益的国家，现在正在创建直接的双边互换协议，增加它们的黄金储备，并减少美国的债务持有量。以人民币计算，中国和俄罗斯已达成近7000亿美元的长期油气交易。中国用人民币购买伊朗的石

油，而印度用黄金购买伊朗的石油。这些只是美元非中介化的几个例子。

新成立的上海国际黄金交易所允许人民币直接兑换实物黄金，这似乎改变了游戏规则。因此，我们现在有了人民币作为石油—黄金中介，就像美元曾经那样：以人民币出售石油，然后兑换成黄金。

自2016年5月以来，中国已将其国债敞口减少了7%以上，这进一步证明了这种全球转移。俄罗斯和沙特阿拉伯同样也是卖家。我们处在一个动荡的时刻；按照西方的规定，东方正在绕过人们长期认同的行事方式。丝绸之路经济带和亚洲基础设施投资银行等项目和组织正在取代国际货币基金组织（IMF）和世界银行等机构，成为向新兴世界提供金融支持的首选机构。

东方和西方似乎正在分化，美元、人民币、石油和黄金是这种转变的核心。

4. 区块链将继续存在——黄金将继续上涨

此外，全球货币体系重塑的核心是区块链的分布式账簿技术，该电子系统消除了金融交易中对第三方中介机构（如银行或政府）的需求。从人民币转成黄金的过程中，我们已经知道，贵金属被用作中介渠道，但区块链的出现进一步推动了全球货币的大门，并可能加速黄金作为全球货币的重新崛起。区块链解决了黄金的可移植性和可分割性问题。

现有制度的挑战之一是由第三方中介机构引起的摩擦。这种摩擦——无论是通过银行还是货币交易所——不需要存在。无论你喜不喜欢，货币和银行部门的非中介化正在发生。那些对区块链和新的加密货币的到来不屑一顾的人，就像一个骑着马的美国农民，嘴里含着玉米穗，嘲笑他看到的机械怪物，他看到的是一辆路过的福特T型车，那些人就像这个美国农民一样目光短浅。就像20世纪初的机动车一样，区块链将继续存在。

当然，对国际货币基金组织和世界银行内部的人来说，建立一个新的全球货币体系的必要性并不新鲜。早在2010年，当时的世界银行行长罗伯特·佐利克就预测到了这种情况。他谈到了世界如何需要一个反映当今经济和货币格局的新的合作货币体系。他预测，任何此类新体系都可能涉及"人民币走向国际化，然后开放资本账户"。

他补充称："该体系还应考虑将黄金作为国际参考点。"

一旦黄金重新融入全球货币体系——这似乎只是时间问题——它也将不可避免地开始向区块链迈进。

5. 美元的最后几天

世界大国在全球货币体系的边缘相互竞争，冲突的前景并非遥不可及。美元作为世界储备货币的日子已经到了秋天，秃鹰在头顶上盘旋。但国际货币基金组织、世界银行和20国集团（G20）可能已经准备好联手制定一项以黄金为中心的互惠货币协议，而不是西方或东方的力量。换句话说，这是一个服务于所有人的协议。

这种创造可能涉及IMF的特别提款权（SDR）——IMF在1969年创建的一种国际储备货币，旨在补充成员国的现有储备——美元、人民币，以及黄金（你猜对了）。加上区块链的速度和无摩擦的本质，以及实际货币的自然规律，我们应该拥有长期以来一直缺乏的全球货币体系。

人们可以从全球范围内取回稳健的资金，立即获得无摩擦的支付，国家可能会取得对金融系统的全面监管——这是它长期以来所觊觎的无现金社会。

历史的车轮一直在转动。

马修·帕特里奇
Matthew Partridge

马修·帕特里奇是一位经验丰富的金融记者。他为英国最畅销的个人理财周刊《理财周刊》(MoneyWeek)撰稿。马修是一名训练有素的历史学家，他在杜伦大学获得了经济学和历史学位，之后在伦敦经济学院获得了经济史硕士和博士学位。他曾在伦敦大学金史密斯学院任教，也曾在多家投资银行和一家知名经济咨询机构工作过。

他是《超级投资者》(Superinvestors)的作者。

重要的是,
要确保你接触到的是一些
其他观点和信息,
不仅仅是
有关市场的日常讨论内容。

马修·帕特里奇

从历史上最伟大的投资者身上学到的

普通投资者所能获得的信息和建议从未如此之多，问题在于区分真正有用的信息和无用或适得其反的建议。一种方法是观察那些在较长一段时间内成功跑赢大盘的专业投资者。在我的书《超级投资者：历史上最伟大的投资者的经验教训》(*Superinvestors: Lessons from the greatest investors*)中，我研究了20位这样成功的投资者，包括交易员、风险投资家、成长型投资者、价值型投资者以及一些无法归类的投资者。以下是我从学习中学到的十大经验。

1. 市场是有可能击败的

几十年前，许多学者相信有效市场假说。这个假说表明，如果一个人没有某种形式的（非法的）内幕消息，他就不可能一直跑赢股市。无论是像乔治·索罗斯这样从市场中赚了数十亿美元的人，还是像尼尔·伍德福德和尼克·特莱恩这样的新星，都很难调和这个假设，至少从严格意义上讲是如此。越来越多的研究还揭示了大量的市场异常现象，以及行为怪癖对市场行为的惊人影响的证据，从而创造了机会。

当然，必须承认，许多投资者都是非常聪明的人。然而，令人惊讶的是，有相当一部分人的教育背景较为普通，一些老一辈的投资者，比如20世纪初的交易传奇人物杰西·利弗莫尔，年纪轻轻就辍学了。有趣的是，在这个名人堂里，只有不到一半的投资者接受过正式的经济、金融或商业教育。这表明，良好的人文或自然科学培训对投资者同样有用。总体而言，即便是在如今这个信息瞬息万变、流动性强的电脑化市场，对于精明的投资者来说，仍然有很多机会。

2. 条条道路通罗马

有些投资策略比其他策略更有可能成功。例如，研究表明，在较长一段时间内，专注于购买廉价股票的基金经理的平均表现往往好于那些试图买入快速增长公司股票的基金和信托基金。风险投资基金也往往跑赢市场，或许是因为它们缺乏流动性。然而，最伟大的投资者成功运用的各种方法表明，有多种方法可以击败市场。事实上，即使是那些采取同样整体策略的投资者，比如成长型投资，每个人都有自己的看法。

因为通往成功的道路有很多种，最好的办法是找到一种与你的技能和资源相匹配的策略，而不是采用一种可能完全不合适的方法。例如，短期交易需要大量的时间来持续监控你的头寸以及较高的风险容忍度，因此不建议全职工作或者想投资创建一个长期养老金的人选择这一策略。在这种情况下，一个更长期的策略可能更为合理，比如购买有足够的竞争优势来实现数十年增长的高质量公司的股票，然后持有它们（就像菲利普·费雪一样）。

3. 灵活性很重要

书中描述的大量伟大的投资者，随着他们的投资生涯的发展，改变或至少修正了他们的投资方式。最明显的例子是约翰·梅纳德·凯恩斯，他最终放弃了资产配置和杠杆货币交易，转而成为一名极其成功的价值投资者。即便是那些在职业生涯中始终坚持整体投资策略的人，也愿意偶尔破例，比如本杰明·格雷厄姆在盖可保险公司不再是价值股之后很久仍坚持投资。

保罗·萨缪尔森或许是不让自己的观点限制投资行为的最好例子。即使当他开始研究时他（以及其他人）提出了有效市场假说，他仍然会主动投资，而他对被动投资的倡导并没有阻止他参与到商品公司的主动管理中。为了回应巴菲特的一位粉丝的来信，他决定调查巴菲特，这最终导致他购买了伯克希尔-哈撒韦公司的股票。

4. 不要朝三暮四

尽管灵活性可能有用，但过于灵活可能是危险的。抛弃一个明显行不通的策略是一回事，但一时心血来潮改变它可能会导致草率的决策，让你陷入麻烦。一个大问题是，同一种投资所需的技能在不同的环境下并不总是有效。例如，成功的交易员在关闭亏损头寸时，必须做到迅速而无情。相比之下，风险投资家需要大量的耐心，因为一家公司要想开始盈利可能需要多年的亏损。因此，每当交易员参与长期投资或者风险投资家参与短期交易时，结果通常都很糟糕。

这同样适用于挑选投资基金。在由安东尼·波顿管理的富达基金公司中进行投资，会让你赚很多钱。然而，那些跟随他来到中国的人经历了很多动荡，即使他们最终略微领先。事实上，那些在最初几个"好"月份后入市的人发现，他们的投资价值大幅缩水。波顿自己也承认，让他在英国公司获得成功的方法和假设，在一个欺诈猖獗、股东需求远不及管理层突发奇想的新兴市场根本行不通。

5. 除非你有优势，否则不要投资

有效市场假说的支持者们有一点是正确的，那就是不可能每个人都跑赢市场，因为每一个赢家都对应着一个输家。事实上，一旦你把交易成本考虑进去，它就真的是一个负和游戏，交易双方都会赔钱。这并不意味着主动投资必然是一个坏主意，因为精明的投资者完全能够弥补交易成本，就像在21点游戏中，牌局计数器能够克服庄家的优势一样。不过，如果你没有优势，那么你最好还是把钱投到低成本指数基金中，把"交给赌场总管的钱"降到最低。

无论是找到了一个成功的策略并坚持下去，还是不断尝试，直到找到一个始终有效的策略，所有在《超级投资者》中描述的投资者都有一些"优势"，使他们能够跑赢市场。从爱德华·索普利用统计分析来识别那些廉价（和昂贵）的股票期权，到约翰·邓普顿意识到，与美国相比，世界其他地区的公司被低估的程度要高得多，都是如此。

6. 利用那些出现的机会

没有优势的交易或者潜在回报相对较小的交易，是一个糟糕的想法。然而，当一个赚大钱的机会出现时，你应该抓住这个机会，将你的投资组合中的一大部分投入其中。我书中描述的大多数投资者的投资组合往往比他们的同行更集中，因为他们觉得好机会是有限的。即使是那些通过不断赚取小额利润而发家致富的交易员，比如大卫·里卡多和杰西·利弗莫尔，也愿意在职业生涯的某些阶段表现得更加激进。

沃伦·巴菲特曾使用过一个著名的打棒球的比喻。一般的棒球运动员在任何情况下都会挥杆,而最好的棒球运动员则要等到理想的击球点出现后才能打出本垒打。当然,投资者的处境甚至比棒球运动员还要好,因为无论他们允许投多少球,他们都不可能被三振出局。同样地,当爱德华·索普的21点牌计数系统显示赔率对他有利时,他就会大量下注;在不利时,则会将赌注缩到最小。

7. 在买入之前,考虑一下你什么时候卖出

很明显,决定什么时候买进或开仓是很重要的。不过,在某些情况下,选择正确的时机卖出或补仓,也会在决定你能从一笔交易中赚多少钱方面发挥巨大作用。如果过早卖出获利机会,你就会错过获得巨额利润的机会,就像沃伦·巴菲特在20世纪50年代首次投资盖可保险公司时所做的那样。相反,长期持有一个亏损的头寸,可能会导致一个小小的亏损变成一场灾难,就像罗伯特·威尔逊和度假村国际集团的案例中发生的那样(在我的书第16章有更详细的讨论)。

然而,"卖出你的输家,让赢家奔跑"这句老话虽然实用,但也存在风险。那些过早地从亏损的头寸中解脱出来的人,最终可能会因受挫而坐在一旁,结果随后的股价出现了飙升。实际上,沃伦·巴菲特和罗伯特·威尔逊似乎都接受了偶尔出现的短期逆转,从而获得了长期成功。总的经验似乎是,无论你最终采取何种退出策略,制定某种计划都是很重要的。这样的计划需要与你的投资时间、你愿意承担的风险以及你度过糟糕表现时期的能力相适应。

8. 竞争环境并没有你想象的那么倾斜

《超级投资者》中描述的大多数投资者都管理着别人的钱,这意味着他们面临着被解除头寸或投资者撤回资金的威胁。此外,他们还面临着各种各样的投资限制,比如他们可以投资每只股票的投资组合数量。虽然他们都成功了,但

这些限制对他们赚钱的能力产生了负面影响。例如，尼尔·伍德福德承认，在科技股泡沫最严重的时候，他承受了很大压力，不得不买进估值过高的科技股。凯恩斯对他所在的投资委员会在多大程度上鼓励了集体思维，在多大程度上阻碍了原创思维，感到极度痛苦。

当然，专业人士也有一些优势，比如他们拥有一批随时待命的分析师团队，随时可以接触到公司高管，他们也可以把所有的时间都花在考虑投资上，而不需要在业余时间做决定。散户投资者投资非上市公司也非常困难。尽管如此，私人投资者仍有更大的自由，可以选择与市场共识相悖的头寸，进行大笔押注，而不会有人对他们虎视眈眈。这些因素在一定程度上有助于公平竞争环境，但前提是你要充分利用它们。

9. 规模巨大的基金很难击败市场

专业投资者从控制大量资金中获益，因为研究和管理等固定成本可以分散在更大的资产基础上。拥有大量资产还可以让专业人士在董事会层面影响公司政策。然而，这也有缺点。除非基金经理希望将投资分散到更广泛的公司，这可能对回报产生负面影响，否则拥有庞大的资产基础实际上会阻止基金经理投资规模低于一定程度的公司，使其难以进行逆向投资，而逆向投资将产生巨大的回报。

沃伦·巴菲特就是一位因为规模过大而不能像过去那样成功的基金经理。在伯克希尔-哈撒韦公司市值达到数千亿美元后，巴菲特一直在努力超越市场。事实上，他曾多次表示，如果他能重新管理数百万美元，他将能够对默默无闻的公司进行深度投资，这使他在20世纪五六十年代经营BPL时获得了巨大回报。值得注意的是，许多投资传奇人物，比如乔治·索罗斯，一旦基金超出了一定的规模，最终就会把自己的基金关闭，只专注于自己的资金运作。

10. 不要被泡沫困住

《超级投资者》中的大多数伟大投资者都将自己的基金或投资办公室设在伦敦和纽约这两个全球主要金融中心以外，部分原因是希望与华尔街（或伦敦金融城）的共识保持身体和情感上的距离，这个距离让他们能够以全新的眼光看待事物，因此避免了和其他人一样的投资。当然，这也适用于普通投资者。一方面，24小时金融电视和金融网站的兴起意味着你可以获得和专业人士一样的信息。然而，如果你不小心，你很容易屈服于华尔街（或伦敦金融城）的群体思维。

因此，偶尔后退一步是明智的。这可能包括关掉电视，把报纸的财经部分收起来，并看一些能获得不同、更长远的观点的东西。这可以是一本普通的兴趣杂志（比如《经济学人》），也可以是一本对事物看法稍有不同的金融杂志（比如《理财周刊》）。重要的是，要确保你接触到一些其他观点和信息，不仅仅是有关市场的日常讨论内容。

Harriman's New Book
OF INVESTING RULES

雅各布·里斯－莫格

Jacob Rees-Mogg

雅各布·里斯-莫格就读于伊顿公学和牛津大学三一学院，毕业于1991年。他的职业生涯始于伦敦的罗斯柴尔德投资管理公司，1993年在香港加入劳埃德乔治管理公司。

雅各布在LGM率先推出了全球新兴市场股票产品，作为首席投资组合经理，他将该策略的资产增至超过50亿美元。2007年，他与人共同创立了专门的全球新兴市场投资管理公司——萨默塞特资本管理公司。随着时间的推移，该公司在伦敦和新加坡的管理下已增至89亿美元。2010年5月，雅各布被选为东北萨默塞特郡的国会议员。

有隐藏价值的公司的关键在于
它的价值是隐藏的。
如果公司的价值在投资者的头寸
刚刚得到填补时就显而易见，
那将是一个奇迹。

投资新兴市场要有坚冰般的理性和钢铁般的意志

1. 去机会所在的地方

> "一些物种增加了,另一些则减少了,在很短时间内,世世代代的生物都处于不断变化中,就像赛跑者传递生命的火炬一样。"
>
> ——卢克莱修

这就是新兴市场的吸引力所在。人们认为,在过去200年里,西方经济的成功并没有什么神奇之处,它来自稳定的政治结构、产权和吸纳商业的氛围。近几十年来,一些国家采取了不同的道路,经济受到严控和集中,这些国家已经发生了变化,促进了经济增长和投资机会的繁荣。

在早期阶段,由于基数效应较低,增长的百分比可能高得惊人。它可以持续数年,并不需要以西方变得更穷为前提。然而,经济增长的接力棒已经从发达国家传到了发展中国家,并带来了最好的股市前景。所以,第一条规则是去机会所在的地方。

2. 拥有坚冰般的理性和钢铁般的意志

"街上有血的时候就是买入的时候。"

——巴伦·罗斯柴尔德

这条规则的基本观点是鼓励逆向思维。在一个大众都比较了解的主题领域，长期前景很可能会被定价。然而，投资者情绪起伏不定。它可以被与经济基本面无关的事情所左右。比如大国关系紧张或国家领导人年事已高的情况，市场上或许会有各种各样的谣言。那么，第二条规则就是拥有坚冰般的理性和钢铁般的意志。

3. 不要忘记全球环境

"如果黄金生了锈，铁又该怎么办呢？"

——杰弗里·乔叟《坎特伯雷故事集》

随着新兴市场成为投资者策略的核心，脱钩问题一直是争论的焦点。这是一种幻想。世界上最大的经济体仍然是美国；正如2008年所显示的那样，如果压力过大，新兴市场也会受到冲击。同样，中国经济表现良好或货币政策宽松，对全球市场都有利。

因此，新兴市场的明智投资者必须密切关注成熟市场的情况。这与第一条规则并不矛盾，但它提醒了我们风险。长期前景可能很好，但短期内会有风暴，投资者需要做好准备。多年来，我一直都知道，在这样的危机时刻，人们离开新兴市场，却错过了随后的好年景，因为主要的主题再次出现。因此，第三条规则是不要忘记全球环境。

4. 不要让大局分散你对细节的注意力

> "耙下的蟾蜍,知道每个齿尖的确切位置;路上的蝴蝶,向蟾蜍宣讲要知足常乐。"
>
> ——拉迪亚德·吉卜林

投资者需要知道自己相对于市场上其他人的地位,并坚持做自己擅长的事情。由于环境的原因,蟾蜍必须是专家;他只需要把注意力集中在耙齿尖上。另一方面,蝴蝶可以看到广阔的地平线。混淆他们的相对位置可能很危险。

这就意味着宏观和微观决策都要正确。人们很容易被新兴市场的强劲表现所迷惑,从而投资公司治理欠佳的疲弱股票,这不会带来成功。公司访问和对报告和账目的认真研究是必不可少的。第四条规则是像蟾蜍一样。

5. 了解并接受任何分析的局限性

> "我无法预测俄罗斯的行动,它是个包裹在谜团里的谜中之谜。"
>
> ——温斯顿·丘吉尔

新兴市场的某些方面虽然有趣,但本质上却深不可测。这尤其适用于政治事件,这些事件有时会影响市场,但在其他情况下可能被忽视。泰国已故国王的权力一直笼罩在军事政变的迷雾中。同样,几个世纪以来,克里姆林宫研究一直是俄罗斯专家的游戏,目的是弄清楚最高领导人想要什么。尽管如此,任何外国投资者都无法真正清楚地了解克里姆林宫。因此,第五条规则是了解并接受任何分析的局限性。

6. 支持你自己的判断

"假如你希望某件事情在被完成时已经是做完了的，那么就应该很快完成它。"

——威廉·莎士比亚《麦克白》

当需要做出决定或形成想法时，要迅速行动。害怕发生货币贬值或政变，如果结果证明是正确的，将不会给你留下退出的机会。因此，如果它似乎有充分的理由，立刻下达卖出指令。

同样，如果一只股票看起来估值过高，就卖掉它，不要等到别人都得出同样的结论。同样地，当详细的股票分析显示一家公司值得购买时，在市场意识到这一点之前就去做吧。聪明的交易员或许能够靠大量订单勉强维持生计，但一个得出正确结论的投资者必须通过迅速下单而从中获益。拖延往往表明不确定性，而非审慎。因此，第六条规则是支持你自己的判断。

7. 要勤奋，要比竞争对手了解得更多

"知识就是力量。"

——弗朗西斯·培根

市场参与者往往记忆力较差；例如，英国在20世纪80年代末出现了房地产泡沫，而仅仅20年后，泡沫又再次发生了。但知识渊博的投资者知道发生了什么，并记住发生了什么。

细节是重要的，它不仅关系到公司的行为，而且关系到所有者和管理者是否诚实。他们的声誉好吗？声誉是否合理？详细分析可以揭示隐藏资产或非合并负债。随着会计准则变得更加统一，这种情况已不像以前那么普遍——但资

产负债表外的项目仍可能很重要，通常会列在报表附注中。当市场的势头带动市场时，投资者可能会忽略债务水平、应收账款或库存天数。但当势头发生逆转时，问题就出现了。

知识渊博的投资者不会遭遇不测情况，他们将另择投资时机；业余选手可能会被淘汰。第七条规则是——要勤奋，要比竞争对手了解得更多。

8. 卖出不好的点子

> "一个人不应该羞于承认自己的错误，也就是说，他今天比昨天更聪明。"
>
> ——亚历山大·蒲柏

对所有风险进行了评估，对公司进行了拜访，做出了购买股票的重大决定。然后，股价出现了下跌——所以，它更划算了，这个时候，购买更多的股票一定是正确的吗？

这将取决于具体情况。如果公司的某些失败变得明显，或者公司管理表现疲弱，那么就卖出股票。有时，可能是国家风险已经改变，并给了卖出的理由。投资者改变对股票的看法并不可耻。让他的客户原谅交易成本，要比原谅不必要的损失容易得多。

第八条规则要求有一定程度的谦逊和谦卑，这在金融家中是很少见的。要卖出不好的点子。

9. 要知道权力的位置，不要违背它进行投资

> "枪杆子里出政权。"
>
> ——毛泽东

新兴市场通常有独裁政府或者最近才成为民主国家，他们很不愿意被外国投资者指手画脚。因此，明智的做法是要知道权力的位置，不要违背它进行投资。

尤科斯就是一个很好的俄罗斯例子，普京认为尤科斯的所有者霍多尔科夫斯基是他的敌人，因此攻击了整个公司。投资政府支持的公司，并避开那些由反对者运营的公司，会更好，更安全。假设政客们是理性的，他们不会用过多的税收或监管来攻击他们所拥有的公司，而是会寻求保护它们，帮助它们成长。有时这会导致效率低下，就像巴西国家石油公司一样，但对投资者来说，这往往是一条很好的途径。第九条规则是"不要和美联储作对"，这句话适用于新兴市场。

10. 要有耐心——好运有时需要一点时间才会眷顾勇敢的人

"没有耐心的人是多么可怜啊！"

——威廉·莎士比亚《奥赛罗》

投资经理通过发现别人忽略的股票获利。不幸的是，其他人或市场不一定能立即意识到这一点。

有隐藏价值的公司的关键在于它的价值是隐藏的。如果公司的价值在投资者的头寸刚刚得到填补时就显而易见，那将是一个奇迹。有时候，其他人可能需要一年甚至更长时间才能从一只股票中看到同样的优点。只要这种情况仍然存在，就必须等待。最容易犯的错误就是丧失信心，然后卖出。好运有时需要一点时间才会眷顾勇敢的人。

大卫·施耐德

David Schneider

  大卫·施耐德是一名分析师兼作家,专门研究现代金融格局的矛盾和心理基础。他通过投资研究和资产管理领域的经验获得了自己的见解。

  1994年,18岁的大卫买了他的第一只股票。他后来在德国接受商业银行家培训,并在伦敦和东京学习金融。大卫在金融界的职业生涯包括在东京西德意志银行担任股票研究助理,负责研究日本消费电子类股,以及在汤姆森金融和伦敦劳埃德银行担任财务顾问。2005年,他在东京和新加坡联合创立了两家持有多/空股票策略的对冲基金。

  大卫是游牧投资者公司(www.schneiderai.com)的创始人,该公司是一家国际投资研究公司。他还是80/20投资秀的主持人——这是一个金融播客,涵盖了财富管理、全球金融市场以及在世界各地寻找投资机会等话题。在他的空闲时间,大卫喜欢在他当地的拳击馆打拳击(以及被打),或者在世界各地追逐F1巡回赛。

  他是畅销书《80/20投资者》(The 80/20 Investor)的作者。

财务成功的先决条件是
具有高标准。

在你投资公司之前，先开一家公司

如果你对你们国家最富有的人进行研究，你会发现他们要么是最大的土地和财产所有者，要么拥有自己的企业，或者两者兼而有之。换句话说，他们拥有并控制创收资产。因此，想要变得非常富有，或者至少在财务上有保障的最好方法就是拥有这些类型的资产（我还把高薪工作或独特的、被合理利用的才能算作创收资产）。

尽管如此，传统的投资理念是把钱投入共同基金（或其他金融产品），然后慢慢等待。然后你被鼓励把更多钱交给不同的金融服务提供商，最好是每月一次，他们向你保证会好好照顾它。那么你需要做的就是，希望从长远来看一切都会疯狂地实现成功。

如果没有的话——真倒霉。

更投入的人可能会把它掌握在自己手中，他们研究现代金融文献以了解金融业的实际运作方式。哦，孩子，他们是来请客的！除了诺贝尔奖得主为知识分子的霸权而战，你还会注意到"市盈率和夏普比率""现代投资组合理论""资产配置模型"等时髦词汇和短语。对于普通的散户投资者来说，如果这些术语不能帮助你避免亏损，那么它们就没有意义，也没有价值。但令人悲哀的事实是，股票或共同基金的普通买家和新手短线交易员通常都会遭受损失，或者表现严重不佳，无论他们多么确信自己了解这个游戏。一项又一项研究表明，大多数散户投资者在选择投资产品或通过交易来进行市场择时方面表现糟糕。

大多数所谓的"投资"实际上是押注于价差。许多方法涉及股票筛选、数据或图表分析等技术——与长期投资、创造货币价值或对社会的贡献无关。

如果你想成为一名交易员和全职投机者，当然没问题。但如果你对投资这个主题感兴趣——也就是说，现在就投资以便将来得到更多回报——你需要遵循一套不同的规则。第一条规则可能会让你大吃一惊：

1. 在你投资公司之前，先开一家公司

沃伦·巴菲特一贯以睿智而著称，他曾经说过："我之所以成为一个更好的投资者，是因为我是一个商人；我之所以成为一个更好的商人，是因为我是一个投资者。"

假如你研究一下沃伦·巴菲特的早年生活，你就会了解到他是如何通过送报纸起家，然后把自己的积蓄投入到他租来的弹球游戏机和一辆破旧的劳斯莱斯汽车上。他以创收资产为基础，创建了自己的商业平台，为他未来的事业提供资金。他承认，早年自己创业的经历，为他未来的理财和投资生涯提供了宝贵的经验。

因此，在你考虑购买别人的资产之前，先创建自己的资产，就像巴菲特那样。这可以是对自己的投资，也可以是从零开始创业。

如果你开始经营自己的生意，你需要把你的热情、优点或个人爱好货币化。如今，随着数字平台的多样化和数字世界的普及，任何人都可以创造简单的创收资产。

你的第一个平台可能不会很快盈利，但如果管理得当，它永远不会让你破产，它还将教给你有关真正的商业投资的每一个有价值的教训。你将直接学习经济学的基本概念——如投入和产出，以及根据需求和供给决定价格。你将了解经济周期的影响，以及如何使你的企业不那么容易受到它们的影响。你将真正理解复利的魔力，这是许多金融大师所推崇的。你还将体验基础会计和预算的速成课程；你会看到你的钱花出去了，但很少（最初）流入。你将学会控制你的支出——这是任何财务成功的关键技能。你还将了解实际现金流之间的差异——即流入你的银行账户的现金与会计收益之间的差异。

最后，你还将学习到创造销售所需的关于市场营销和促销技能的一切——如何鼓励潜在客户为你打开钱包，从限时优惠到买一送一或Expedia.com赖以出名的那些可怕的压力销售技巧（"50位客户在一小时之前预订了这家酒店！"）。至少，当这些复杂的技术被用到你身上时，你会意识到它们的存在。

2. 总是对成功概率进行评估，并习惯把钱包捂得紧紧的

通过个人MBA课程，你会知道建立和维持盈利企业是多么困难。你会意识到，无论何时打开钱包把钱交给他人，都在冒很大的风险。拥有自己的资产将教你如何评估每笔金融交易成功的概率。仅这一点就可以防止你在金融市场赌博和愚蠢地下注。大多数时候，你很可能会把钱包捂得紧紧的。

3. 比较股票市场的可能回报和你个人的资本成本

如果你首先建立了自己的现金引擎并拥有了自己的创收资产，你很快就会意识到，一直把钱投入股市或任何类型的共同基金都很愚蠢，原因是你通常能从你所控制的资产中获得更高的回报。经常把潜在的回报和你以更少的风险能实现的回报进行对比。购买指数型基金可能会让你获得5%的收益，但也可能会让你

损失50%的收益，与投资自己的公司相比，指数型基金的吸引力要小得多。

你有没有想过，为什么顶级交易员和投资经理如此渴望在昂贵的研究和教育课程中分享他们的技巧，或者他们为何如此渴望管理你的资金？好吧，他们知道这样做是一项非常有利可图的业务，它带来的回报要远远高于他们给出的投资建议和提示。

4. 避免为别人的资产超额支付

投资金融市场最大的风险不是价格波动，而是超额支付风险。超额支付风险就是为你得到的回报付出太多，也就是说，你得到的回报比之前预期的要少得多。对你付出的代价要求至少同等的价值是常识。拥有自己的创收资产会让你接受这方面的培训；在公开市场上，超额支付的现象每天都在发生。你总是为人气付出代价，得到的结果是平庸的回报，甚至是亏损。

5. 让分散化来得自然一些

随着对每笔金融交易成功概率的评估，风险管理成为一个话题。如今，人们强调过度分散化——人们认为，我们需要持有500只股票，甚至数千只股票，并在任何时候都要将数百只债券和数只基金分散在所有主要资产类别中。这就是我所说的"愚蠢的分散化"，它有它的局限性。过度分散投资的最终结果是在高收费结构下的微薄回报。精心的风险管理总是要花钱的，即使你使用的是廉价的指数型基金。

按照定义，投资意味着在未来冒险，我们无法通过分散化来完全消除这一点。另外，随着你的主要现金引擎的建立，对自然分散化的理解也随之而来。所有未来的现金流必须来自你的主要收入来源。因此，有效的分散化意味着，随着时间的推移，你需要建立几个收入来源并拥有足够的现金储备，让你能够抵御任何金融冲击,就像我们在2008年经历的那样。这样你就不会被迫以低于标准甚至更糟的价格出售你的资产。

6. 遵循80/20的投资方式

财务上的成功只取决于几个决定。对大多数人来说,我们自己就是最好的赚钱机器。因此,我们应该首先照顾好自己或自己为投资付出的努力。意识到这一点,你应该以简化和精简你的投资策略和投资组合为目标。

如果你只关注生活中重要的任务和决定,你自然就会对你的投资和你在这些投资上花费的时间更加挑剔。这种态度的一个结果是,你只能偶尔投资金融市场——换句话说,当你获得令人难以置信的成功机会时,真正的价值将使你的所有努力都值得。

7. 永远不要忘记第一条规则

这里提到的所有规则都指向所有投资规则之母:永远不要赔钱。通过首先建立自己的创收资产,你将从一开始就认识到这一规则,而不是押注于价差和不断上涨的市场。随着你建立自己的资产,你会意识到你所承担的风险——以及对合理补偿的要求。财务成功的先决条件是具有高标准。

对于那些已经在生意场上并且拥有大量现金的人,我想提醒他们为什么以及他们是如何进入他们现在所处的位置的。这当然不是通过在股市疯狂投机和购买那些只有银行家才能真正理解的深奥金融产品。我总是让他们回想起我上面的第一条规则,详细阐述了本杰明·格雷厄姆在近70年前就已经观察到的事情:

> "当投资最商业化时,它才是最聪明的。看到这么多有能力的商人试图在华尔街运作资产,却全然不顾他们在自己的事业中取得成功所遵循的所有合理原则,真是令人惊讶。"

埃德蒙·盛
Edmund Shing

埃德蒙·盛是总部位于伦敦的法国巴黎银行（BNP Paribas）股票及衍生品策略全球主管。

在巴黎和伦敦度过的21年金融市场职业生涯中，埃德蒙曾在BCS资产管理公司（担任全球股票投资组合经理）、巴克莱资本（担任欧洲股票策略主管）、法国巴黎银行（担任自营交易员）、宝盛、施罗德和高盛工作。

他还拥有伯明翰大学的人工智能博士学位。

你可以在推特上关注他（@TheIdleInvestor），在www.idleinvestor.com上可以找到他的网站，上面会有定期的市场评论和投资想法。

一家公司发现,从长期来看,投资组合中表现最好的客户是那些(A)已经去世或(B)忘记自己有投资账户的客户。

了解你自己！选择一个适合自己的系统

在为投资银行和基金经理做了20多年的金融工作后，我犯了很多投资错误。

然而，不幸的是，我早期的投资做得很好，在我还在上学以及后来在大学毕业后的第一份固定工作的时候。

为什么这是个坏消息？只是因为它给我的印象是，我可以在没有太多的知识、经验或系统的情况下成为一个成功的投资者。随后，我犯了一些代价高昂的投资错误，这凸显了我必须要学习很多东西。

因此，随着时间的推移，我学到的第一条投资规则是：

1.不要把初学者的运气误认为是投资技巧！

作为一个投资者，你总是会犯错误，关键是要确保你从错误中吸取教训，以后不要再犯。任何投资者都可能犯的最大错误之一就是对自己的投资能力过于自信——在投资方面，就像在生活的许多领域一样，骄傲往往先于失败。

2. 找到一个适合你现有资源和性格的投资系统

许多非常成功的投资者都有许多共同的特点，其中最重要的一点是，他们有一个适合自己性情和性格的投资系统。

一旦你决定了一个适合你的投资系统或流程，投资就会变得容易得多。第一步是问自己：你将把你的资源，即你的时间和精力集中在哪里？

我比较幸运，因为我全职从事金融工作，所以我可以通过工作获得很多资源，我也可以合理地花费时间研究好的投资主题和想法。

因此，我可以使用一个时间密集型和资源密集型的投资系统，因为这两种系统我都有。相比之下，其他人可能做不到这样，因此将不得不选择一种不那么需要时间或资源的不同投资体系。

就我个人而言，我决定将我的时间和精力投入到两个领域，学术研究表明，在这两个领域中，随着时间的推移，投资者可以在他们的投资组合中创造最大价值：

- 资产配置
- 小规模价值型股票

3. 密切关注你的资产配置，因为你很有可能在这个领域对你的投资回报产生重大影响

大量的学术研究表明，投资者花费太多时间研究购买一家公司的股票而不是另一家公司的股票的相对优势，而从长期来看，我们可以对我们的投资组合产生的最大的差异（无论是绝对业绩还是在降低证券投资风险方面）是我们投资的**资产类别和地理区域**。

因此，我将个人投资组合中的很大一部分用于资产配置，比较投资于股票、政府债券、公司债券、房地产和大宗商品的相对收益。我在大多数情况下都使

用ETF，因为它们可以在交易日的任何时候轻松买入和卖出，而且可以确切地知道交易达成的价格（不像单位投资信托每天只会进行一次定价）。

不过，我也会使用投资信托基金进行某些资产配置，例如欧洲股票市场，因为：

1. 像新兴市场股票和小盘股等资产类别的特定区域和板块仍然相对低效，这为优秀的基金管理公司持续跑赢大盘提供了足够的空间。

2. 我还可以利用股票价格相对有时可以交易的投资信托基金的资产净值暂时扩大的折价，即资产配置中的价值型策略。

我强迫自己把资产配置从英国转移到欧洲大陆、美国和新兴市场以获得足够的分散化，并试图确保我不仅仅投资股票，还投资债券和其他资产类别，如大宗商品，以降低整体投资组合的风险。这样做也有货币分散化的好处，例如，可以确保我不太受英镑波动的影响。

我用于投资组合的资产配置部分的最重要的系统是趋势跟踪，学术研究已经证明它可以产生强大的绝对表现，同时限制下行风险。

4. 设法弄清你的投资优势在哪里：你在哪个方面可以比市场有优势？

学术研究认为效率较低的另一个领域是小盘股和微型股。鉴于这些股票的流动性有限，专业基金经理往往不会过多关注这部分股票市场，这为有眼光的私人投资者提供了绝佳的机会。

从长期来看，价值投资也表现得很好，尽管有时长期表现不佳。但对于我这样眼光长远的投资者（我在个人养老金中投资小盘股）来说，这可能是一个很好的投资策略。

我采用的系统是双重的：

1. 首先，我使用Stockopedia这样的公司数据库筛选英国和欧洲的小型和微型股票以满足我的初始统计标准，即提供价值的公司（利用指标作为标准，例如企业价值/息税前收益）和提供质量的公司（如投资资本回报率和皮尔托斯基F分值）。

2. 一旦我将最初的股票范围缩小到一个候选名单上，我就会对每家公司进行调查，看看我是否认为这家公司运营良好、是否存在潜在的隐藏或低估资产、是否有可能在未来实现良好的增长。

我也在找实现这一价值的潜在催化剂，包括对于更大的竞争对手而言公司作为收购对象的吸引力，或以高价出售资产或部门的潜在机会。作为一个明显的起点，我会查看该公司的网站和我在那里找到的最新的投资者介绍。

这符合我的性格，因为当我外出购物时，我确实喜欢物有所值，而且我发现很难买到高价值的成长型股票。此外，学术研究表明，长期购买昂贵的成长型股票并不能带来出色的投资表现，反而会让投资者面临更大的损失风险。

5. 抵御过度交易投资组合的诱惑

虽然我的正常工作日的大部分时间都坐在几个装满财务信息的电脑屏幕前面，但这对我个人的投资组合并没有你想象的那么有用。

对大多数人来说，经常花大量的时间进行投资通常不是一件好事，因为它会鼓励人们盯着屏幕，从而导致投资组合的过度交易。

请记住，在美国投资管理公司富达最近对其投资客户进行的一项调查中，他们发现，从长期来看，投资组合中表现最好的客户是那些（A）已经去世（B）忘记自己在富达有投资账户的客户。

也就是说，投资组合在较长的一段时期内没有受到干扰，因此交易和管理成本都比较低，而这些成本会降低投资业绩。所以请记住：通常最好的投资决策是以静制动、什么都不做。

6. 任何投资系统只有在你坚持不懈和有耐心的情况下才能奏效

你可能已经完成了上面列出的所有步骤，以制定出你认为最适合你和你的投资目标的投资系统。

但是，只有在你应用系统时能够保持一致，并且耐心地给系统较长时间（这里我指的是几年，而不是几天或几个月），它才能一直为你工作。

再回到我们这个时代最伟大的投资者身上，这两种品质一次又一次地作为最优秀投资者的关键特征出现——远比其他特征重要，例如原始智慧。所以要有耐心，抵制改变方向的诱惑！

7. 让利润奔跑，在损失变得太大、太痛苦之前止损

我必须诚实：当我回顾我作为个人投资者的历史时，我最终感到相当失望。我可以看到，我经常承担太大的投资风险，结果就是我遭受了很多损失，而如果我真的从以前的错误中吸取了教训，这些损失是完全可以避免的。

同样地，时常会发生一件事：我对某家公司进行了研究、买入了一笔数量可观的股票，然后为了迅速获利而卖掉，随后却发现，正是由于我在研究中发现的因素，这只股票的价格上涨了很多。在许多情况下，这是一个更糟糕的错误。毕竟，你在任何一只股票上只能损失100%，但从理论上讲，如果你继续长期持有表现强劲的股票，你可以获得比这高出许多倍的收益。

可以用一个有趣的事实来说明这一点：你是否知道，自1929年以来，美国股票市场中仅有4%的公司总体表现比持有现金更好？

因此，这意味着大多数公司的表现都不是很好。而在过去几十年里，正是苹果和微软等少数几家表现出色的公司创造了股票相对于债券和现金的实际超额表现。

那么，你就更有理由坚持持有你的赢家股了。

有几种方法可以避免在未来重复这些错误。最重要的是，我记录了每一个买入或卖出的投资决策，写下了每次买入或卖出的原因。

当谈到出售现有头寸时，我总是问自己一个问题："在目前这个水平上，我有充分的理由卖出吗？"行为金融学研究表明，投资者倾向于过快地获取利润（从而错失了未来的大量额外利润），并在太长时间内承担亏损（即不承认自己的错误，并拒绝恰当地管理投资风险）。我和下一个犯这些错误的人一样有罪，但我正试图重新训练自己。

在当下，我永远不会宣称自己是一个伟大的投资者：我所能做的就是在我追求成为伟大投资者的过程中，践行这些投资规则。

彼得·斯皮勒

Peter Spiller

彼得·斯皮勒于2000年创建了CG资产管理公司，自1982年以来一直担任资本负债信托公司的首席经理。他曾担任嘉诚资本管理公司的合伙人和战略总监，以及凯普·瑞尔·迈尔斯（Capel Cure Myers）的美国股票投资者。

如果投资期限足够长，
市场是可以定时交易的。
只有短期是随机的。

在投资中，只有短期是随机的

1. 基金是避税天堂

如果可能的话，一个纳税账户的长期投资组合应该投资一只基金。原因是，任何资本利得税都要推迟到投资实现时才征收，而如果持有到死亡，资本利得税就会被取消，而不是每年对已实现的收益征税。长期的差异可能是惊人的。

我经营资本负债信托已经35年了。假设平均资本收益税率为25%，年度的换手率为20%（也许是保守的估计），年度收益率为15%（信托在此期间内实现的实际收益），在离散型投资组合中投资1 000英镑，将产生51 298英镑的税后现金收益。在基金内部，即使在支付25%的终点资本利得税以确保公平比较之后，实际回报也将超过10万英镑，而且这是在考虑所有费用之后，费用是之前的直接投资组合中忽略的。这就导致了基金相对于直接投资组合的最终优势：即费用在分配前被扣除，因此它们实际上是免税的。

当然，税率、费用和收益越低，这些优势就越少，但它们通常是正的。

2. 资产配置应与价值相呼应

众所周知，资产配置应该反映投资者的时间框架。那些接近退休的人承担不起在熊市底部出售资产的风险，而一个年轻的工人可以忍受他的养老基金承担更大的波动性和流动性不足。学术机构的时间框架甚至更长，基本上是无限的。

但这并不意味着那些时间框架较长的人只会持有股票这一长期回报率最高、波动性最高的资产类别，这是因为风险与回报的平衡取决于资产的价格。对长期投资者来说，更好的做法是调整投资组合的期限以反映每种资产类别的预期回报率。从根本上说，大多数资产的估值反映的是长期的实际无风险利率。当实际利率较高时，估值将较低，预期回报率也将较高。关键是，有吸引力的预期回报应尽可能长时间锁定；一般来说，股票是期限最长的资产，因此资产配置应大幅增持股票。同样，债券投资组合也应该是长期的。相比之下，当无风险回报率较低时，投资组合的期限应尽可能短，这意味着投资于短期债券、对股票进行较低配置，也许房地产也是如此。当然，相对价值在所有资产配置中都扮演着重要的角色。但重要的是，如果投资期限足够长，市场是可以定时交易的。只有短期是随机的。

3. 对ETF保持警惕

ETF越来越受欢迎，而且往往有很好的理由。看看美国标准普尔500指数中主动型基金管理的历史记录，很少有人会得出这样的结论：主动型基金的额外成本是值得花的。在一个经过充分研究的流动性市场中，价格是有效的，赢家将是那些成本最低的人，而不是最聪明的人。不幸的是，指数跟踪的伟大洞察力并不适用于所有市场。市场效率越低、流动性越差，通过ETF进行投资就越不适用。即使是公司债券和小规模公司股票等相当大的资产类别也是如此。在这两种情况下，ETF都声称可以在流动性有限的资产类别中提供每日流动性。通常情况下，ETF或授权参与者（AP）出售标的股票都很容易被投资者吸收。但在持续赎回的情况下，AP将不愿意为大量库存提供融资，尤其是因为监管改革提高了它们的资本成本。他们会简单地降低对ETF当中股票的报价，也许净资产价值会有相当大的折价或者至少可以在接受折价后显示出利润的存在，以将个人资产的市场规模提高到高于正常的市场规模。

实际上，投资者将无法以接近"实际价值"的价格变现资产。如果投资者坚持到市场稳定下来，他们不应该受到太大伤害——但不难看到，在一个困难的市场中下行的势头是如何积聚的。考虑到ETF的规模，它们的问题可能会对该资产类别的估值产生巨大影响。换句话说，非流动性资产所有权性质的变化，可能会使各种资产下一轮熊市的走势与过去大不相同，这对于现实世界的影响是相当重要的。例如，如果垃圾债券的主要市场枯竭，那么企业可能很难为到期债务进行再融资。

4. 公司治理很重要

在投资信托领域，董事会对于投资的长期成功是至关重要的。两个重要的变量分别是总投资回报（这取决于管理人）和股票价格与净资产之间的关系。如果这些资产具有流动性，那么就没有理由存在大幅折价；所有的折价都是自愿的。不幸的是，并非所有董事都明白这一点。通常情况下，他们被任命时几乎没有投资信托的经验，尽管他们通常在其他领域都有成功的记录。例如，如果信托由一个对股东利益漠不关心的经理所控制，那么董事的工作应该是确保其他股东（他们可能被称为被压迫的少数）如果想出售他们的份额，不需要接受很大的折价。可悲的是，董事们有时无法履行这种责任，无论是由于惰性、无知或缺乏进取心。

不那么极端的是，实力强大的管理机构有时给人的印象是，把自己所管理的资金规模置于股东的利益之上。再说一次，董事的角色是维护后者的利益，特别是当董事会的承诺被违背时，例如折价永远不会超过X%。对投资者来说，教训是要避免此类信托。如今，大幅折价具有明显的吸引力，在熊市中折价可能会加剧，从而演变成一场噩梦。以较低折价或者无折价的价格买入公司治理良好、尤其是存在无折价机制的信托是最好的。

5. 不要相信投资信托中的投票

富有想象力的投资银行家们引入了最终投票，这样他们就可以在一个折价普遍存在的世界里推出新的信托。最终投票的理念是，通常在5年或者7年后进行一次投票，这次投票将确保信托只有小幅折价或者无折价，如果折价过大将导致信托清算，因此对于折价新投资者们就可以松一口气。但是，火鸡不会为圣诞节投票，而股东们总是会为了自己的利益投票。

但在实践中，事实证明并非如此。大幅折价、有时甚至业绩表现可怕的信托也通过了最终投票，其中的原因太多，有时甚至是不光彩的，无法在此展开讨论，但我们从中得到的教训很清楚：投资者只有在充分了解董事会和其他股东的情况下，才能购买此类信托。

6. 换手率是业绩的敌人

费用是未来回报的决定性因素，注意到费用的重要性已成为一种风尚。但费用仅仅是总成本的一部分，换手率的影响可以是巨大的；想一想佣金、交易价差以及英国股票的印花税。此外，由于市场的短期方向或多或少是随机的，有点倾向于按势头表现，因此高换手率通常没有什么优势。从长期来看，买到物有所值的股票并安然度过短期波动，效果会好得多。这有助于避免最后一个陷阱：人总是设法变得过于聪明。

格雷格·斯坦梅茨
Greg Steinmetz

格雷格·斯坦梅茨是纽约一家投资公司的证券分析师。他是《有史以来最富有的人：雅各布·富格的生平》(*The Richest Man Who Ever Lived: The Life and Times of Jacob Fugger*) 一书的作者。

雅各布·富格（1459-1525）
创造了一笔财富，
将美元按照现在的国内生产总值与
当时的国内生产总值进行换算，
这笔财富大约为4 000亿美元。

达芬奇时代的价值投资

雅各布·富格去世于第一家证券交易所成立的一个世纪前，但他对价值投资的了解不比任何人少。富格生于1459年，是德国文艺复兴时期的银行家，他的顾客包括国王和几位教皇。他说服一位教皇将贷款收取利息合法化。他与马丁·路德纠缠不清。他精心挑选了一位皇帝，这位皇帝统治着历史上最大的王国，直到拿破仑和希特勒的到来。在此过程中，富格创造了一笔财富，将美元按照现在的国内生产总值与当时的国内生产总值进行换算，这笔财富大约为4 000亿美元。

富格通过遵循一些不会让任何人感到惊讶的简单规则赚到了钱：

1. 在其他人恐惧时买入
2. 把资源集中到最好的点子上
3. 听从自己的劝告
4. 在暴跌之前知道自己的财务数据
5. 把收益和风险进行比较

6. 掌握最新的消息

7. 如果事实对你有利，那就坚持到底

所有这些都不是什么令人目眩的见解，这份清单只不过是价值投资者的剧本。

那么研究富格有什么意义呢？他的故事启发我们要坚持规则，我认为，价值正是来源于此。富格的例子表明，价值投资经得起时间的检验。现代市场通常是有效的，在富格的时代也是如此。法兰克福贸易博览会允许来自欧洲各地的货物并排比较，从而实现了这一点。但低效率的情况仍然存在。几个世纪以来，正是低效率为价值投资群体创造了机会。

富格的第一笔大交易发生在他30多岁的时候。在威尼斯人威胁要推翻蒂罗尔的西格蒙德后，公爵的银行家们抛弃了他。富格从朋友和家人那里借了他能借的所有东西。他把钱借给公爵以支付给威尼斯人，并让他们离开。公爵向富格支付了20%的利息。在他的余生中，他把富格作为他的主要银行家。如果公爵不把钱还给富格，富格就会被毁，被关进债务人监狱。但富格计算出失败的可能性很小。他在大运河当学徒时就了解威尼斯人，他知道他们的要价。他也知道西格蒙德很值钱，因为他的抵押品是欧洲最大的银矿。公爵偿还富格所需要的一切都埋在地下等着开采。一个低效率的市场是不会允许富格收取20%的利息的。但投资中不可估量的情感组成部分——恐惧，把其他人拒之门外。

几年后，当他最大的债主之一，一位奥地利主教突然去世，教会试图立即收回他的钱时，富格表现出了他的冷静。富格的钱被贷款套牢了，他没有足够的流动性来满足这个要求。一旦富格没有现钱的消息被传出，就会出现银行挤兑，那么富格就完了。富格悄无声息地和教会谈判取钱的问题，同时演了一场戏，他以疯狂的速度向外贷款以平息财务困境的谣言。

富格知道自己的数字，说他是复式记账法的早期采用者是一种轻描淡写的说法。在第一本会计教科书问世前几年，他就从威尼斯商人那里学会了会计。他是第一个派审计人员去现场核实他的经理们给出的数字的人。他是第一个编制合并资产负债表的人，把他所经营的所有分部的财务数字汇集到一张报表之中。现在这都是常规了，自富格时代以来，它因其卓越的表现而延用至今。

富格对自己分析形势的能力信心十足。在他生命的尽头，匈牙利国王在喀尔巴阡山脉夺取了富格的铜矿。土耳其人正密谋占领匈牙利，并已到达贝尔格莱德。富格知道国王对自己和自己的钱的需要程度超过了他对国王的需要。他拒绝作出让步，要求完全恢复他的财产，还要加上罚款。国王拒绝了，由于没有富格的财政支持，无法进行必要的防御，他在战斗中被土耳其人杀死。国王死后，富格为保卫匈牙利提供资金。土耳其人被击退，死去的国王的继任者放弃了对富格矿场的所有权。

共同基金投资者最常见的错误是在股价高时买入，在股价低时卖出。这不是富格会犯的错误。在他漫长的职业生涯中，他一次又一次地在资产价格下跌时分配资本。他对事实的信赖使他成为有史以来最富有的人之一。要遵循价值投资的原则，还需要更多的证据吗？

HARRIMAN'S NEW BOOK
OF INVESTING RULES

汤姆·史蒂文森
Tom Stevenson

  汤姆·史蒂文森是富达国际旗下的富达个人投资的投资总监。他负责制定和阐明投资策略，并代表企业作为发言人、广播员和专栏作家。

  在加入富达之前，汤姆是一名财经记者，在英国为《独立报》和《每日电讯报》等多家出版物工作，他继续为《独立报》撰写每周专栏。他经常出现在天空新闻和BBC上。

要做出理性决策,
亏损是非常糟糕的准备工作。

不要亏钱，亏了很难赚回来

1. 不要混淆风险和波动性

有一个关于股票市场的神话，那就是股市是不稳定的，因此是有风险的。股票市场经常是不稳定的，但长期证据表明，退出市场的风险远远大于进入市场的风险。我们的研究表明，20年前将1 000英镑投资于英国股市并将收入进行再投资，到了今天，它将价值3 700英镑。然而，错过这段时期当中市场表现最好的10天，将使得总回报减少至2 000英镑；错过这段时期当中市场表现最好的40天，最终的价值将会下降至仅仅670英镑。对投资者来说，唯一重要的风险是经通胀调整后的实际资本永久性损失。市场的短期涨跌并非风险，而是以暂时具有吸引力的价格买入表现最佳的资产类别的机会。

2. 不要犹豫——成为一个猎人或刺客，而不是兔子

我读过的关于投资最好的书之一是李·弗里曼-肖尔的《执行的艺术》（*The Art of Execution*）。其核心观点之一是，不同的投资者对投资价格的重大变动的反应有所不同。例如，股价20%的下跌可能会导致一个投资者立即止损，弗里曼-肖尔把这位投资者称为"刺客"；另一个人可能会利用这个机会购买更多的股票，这位投资者是个"猎人"。最容易受到批评的投资者是那些最终被车灯照到的人，他们什么都不做，只是绝望地希望价格会再次上涨。这是兔子，一个犹豫不决的人，不知道该怎么办。不幸的是，我们大多数人都是这样！

3. 写下你投资的原因

这是我从安东尼·波顿那里得到的一个建议。波顿是富达的传奇人物，他成功地管理了"特殊情况基金"长达28年。安东尼总是建议记下支撑每一笔投资的投资论点。通过这样做，当股票跌破你的入市价格并开始恐慌时，你就会有客观而冷静的心态来坚持。要做出理性决策，亏损是非常糟糕的准备工作。当事情对你不利的时候，知道你为什么喜欢这只股票将会帮助你决定你是否要继续喜欢它。

4. 只管去做——从现在开始

我最喜欢的一个投资寓言故事讲的是谨慎和铺张浪费的故事：有一对姐妹，她们的投资方式截然不同。第一个在年轻时就开始了投资，她努力进行了20年的储蓄。她的姐妹享受了20年的时光，推迟了储蓄，但开始储蓄时，她也定期存下来相同的数额。两者都得益于投资中最强大的力量——复利的魔力。唯一的不同在于，她们之中只有一个人还可以得益于投资中第二强大的力量——时

间。她们的投资策略结果截然不同。谨慎的一个在18-38岁期间每年储蓄1 000英镑，然后停止储蓄，但继续看着她的投资增长。在她60岁之时，她一共投资了20 000英镑，她的退休金价值500 000英镑。她的姐妹在38-58岁期间同样储蓄了20 000英镑，当她60岁的时候，她的退休金只有80 000英镑。

5. 进行分散化——没有人拥有水晶球

年复一年试图预测表现最佳的资产类别是徒劳的。事实上，在过去20年里，没有任何一种资产类别能够保持其连续数年表现最佳的头衔。均衡的投资组合，包括股票、债券、房地产、大宗商品和现金，有助于平衡投资回报并带来更好的长期收益。有趣的是，股票和大宗商品等高风险资产与债券和现金等防御性资产之间的关系并不对称。在过去20年里，风险资产和防御性资产有很多年出现相互抵消的情况，导致整体回报率为中性。也有一些年份，一切都一起上涨。但过去20年中，没有出现过哪一年一切都一起下降。这对一个不对投资组合进行干预的长期投资者来说是个好消息，因为这意味着他们可以明智地投资一个平衡的投资组合，然后就把它忘掉。

6. 不要忽视显而易见的事实——有时候真相就在你眼前

2016年最大的惊喜之一是英国公投的结果。直到计票结束之前，没有人预计英国会投票离开欧盟。令许多投资者更加惊讶的是，市场对英国脱欧的反应。直到今年年底，英国股市飙升。这并不奇怪。所有人都认为，英国脱欧的不确定性对在英国上市的股票来说是个坏消息，但大家都忘了考虑英镑的影响。英镑也不喜欢不确定性，它在公投后出现了大幅下跌，这对于富时100指数来说是个非常好的消息。富时100指数是全球最国际化的股指之一，其中充斥着出口商和海外收入者，因此是英镑走软的主要受益者。令人惊讶的是，在英国脱欧公投的恐慌余波中，很少有人能理解这一点。

7. 当某样东西看起来很疯狂的时候，它很可能就是

在我的投资生涯中，我经历过一些市场周期，没有什么比互联网泡沫和随后的崩溃更壮观的了。有了后见之明，现在很明显地知道投资者在1999年失去了理智，将估值推高至与现实无关的荒谬水平。我记得我参加了一个所谓的孵化基金的启动仪式——基本上是一堆现金在当时炙手可热的互联网股票中寻找归宿。成立之初，该基金的净资产价值为每份5英镑。在交易的第一天，份额的价格上涨到50英镑左右。当有人愿意向你提供10英镑来换取1英镑的硬币时，你一定知道某些东西已经严重扭曲变形。

8. 问问你自己："如果我现在不持有它，我还会买它吗？"

在所有导致投资结果不佳的行为偏见中，很少有比禀赋效应更强大的了。这是一个花哨的术语，指的是我们对于自己拥有的资产比没有拥有的相同资产的估值更高。这就是为什么房子可以在市场上待这么长时间——所有这些美好的回忆让同样的砖块和砂浆对业主来说比潜在买家更有价值。另一种表达方式是爱上你所拥有的东西，这是投资者的通病。我们认为，因为我们选择了一项投资，它一定是一项好的投资。承认我们做错了实在太难了。从所有投入到房子或股票的情感中退后一步，你更有可能形成一个客观的观点。如果你现在不愿意买入，也许你就不应该坚持下去。

9. 不要亏钱——亏了很难赚回来

这句话是从沃伦·巴菲特那里偷来的。谁没亏过钱呢？巴菲特说得很好：

第一条规则，不要亏钱；第二条规则，不要忘记第一条规则。这句格言背后的算术很简单。如果你在某只股票上损失了50%，你需要获得100%才能回到起点。缺乏自律来进行止损结果损失一半的钱，这是很容易发生的。在一项投资中，将你的资金翻倍是更具挑战性的。

10. 将你的股息进行再投资——让复利编织出它的全部魔力

延迟享乐是最难应用的规则之一，但学会等待是成功投资的关键。72法则说，将你的年回报率除以数字72，就能知道你的钱需要多少年才能翻倍。很明显，获得更高的回报率会更快地实现你的财务目标。要增加你的年度收益，没有什么比将股息收益加入到资本利得中更容易的方式了。根据巴克莱股票镀金研究，1899年将100英镑投资于英国股市，如果你每年都把获得的股息用于消费，2016年底你的投资将变为16 000英镑。然而，如果你将股息进行再投资，同样的100英镑最终会变为惊人的260万英镑。

范·K. 撒普

Van K. Tharp

范·K. 撒普是一位领先的国际专业交易教练。撒普博士已经写了11本关于如何造就交易成功的书。在过去的30年里，他与杰出的交易员一起从事研究和模拟工作，使他的培训项目成为世界上最受尊敬的培训项目之一。他的课程为培养超级交易员提供了独特的学习策略和有效的技巧。

撒普博士是杰克·施瓦格的畅销书《金融怪杰：华尔街的顶级交易员》(Market Wizards: interview with Top Traders)中被访谈的唯一一名交易教练。

他是《通向财务自由之路：心理实战篇》(Trading Beyond the Matrix: The Red Pill For Traders)、《超级交易员》(Super Trader)、《通往财务自由之路》(Trade Your Way to Financial Freedom)和《金融自由的安全策略》(Safe Strategies for Financial Freedom)的作者。

他自己出版的《仓位调整策略的权威指南》(Definitive Guide to Position Sizing

Strategies）是一本认真的交易员们会随身携带的教科书，在他广受好评的《巅峰业绩家学课程》（Peak Performance Home Study Course）中，有5本书为加速市场成功提供了有效的练习。

虽然范·撒普的专长是在交易领域，但他的任务是改变人们，使他们变得更好。在他的书、课程和工作坊中，他使用了交易的隐喻。

要了解你的交易个性类型，看看你是否具备伟大交易者的特征，可以参加他在www.TharpTraderTest.com上开发的小测试。他的新书也在www.vantharp.com网站上免费提供，时间有限。

你在头脑中创造的是一种幻觉，
它只是呈现了存在的世界，
但与世界本身永远不一样。

范·K. 撒普

你交易的不是市场，而是你对市场的信念

我在生活中的主要角色是指导交易员和模拟神经语言编程（NLP）过程。作为一个示范者，我来决定世界上最优秀的交易员如何做他们所做的事情，然后将这些技能传授给其他人。通过对许多伟大的交易者进行模拟，我建立了一个关于交易的基本信念——你交易的不是市场，而是你对市场的信念。这一章探讨了关于这个话题的重要前提。

我的NLP工作深受阿尔弗雷德·科兹布斯基的工作的影响。科兹布斯基因创立了一项名为"通用语义学"[①]的研究而闻名，这是一种跨学科的方法，不仅涵盖了语义学，还包括语言学、语法、行为科学、生理学，等等。

在发展通用语义学的过程中，阿尔弗雷德·科兹布斯基的一个基本假设是，地图不代表地域。归结到它的本质，你对世界的感官体验仅仅是一张世界地图；它不是世界本身。

[①] 阿尔弗雷德·科兹布斯基，《科学与理智》，第五版。得克萨斯州沃斯斯堡：一般语义学研究所，1994年。2005年第三次印刷。

想想看：世界上"存在"的是能量和粒子。相反，我们的感官会探测到这些波和粒子，并将它们转换成特定类型的神经表现。让我们举一个来自世界的具体例子——颜色。在世界上，颜色并不存在。我们感知到的光的波长范围很广，视网膜内的视锥细胞将狭窄波长的振动转换成特定的颜色。人类可以识别三种颜色（视网膜包含三种颜色受体细胞或视锥细胞），每种类型的感受器共同工作，将振动转化为我们所知的可见光光谱。

视锥细胞	颜色	波长
短波长S-视锥细胞	蓝/蓝紫	450纳米
中波长M-视锥细胞	绿	540纳米
长波长L-视锥细胞	红	570纳米

我们看到的是颜色——但这是世界地图，而不是直观的世界。理解这一点很重要，因为即使在感觉层面上，我们的经验也与外面世界的不一样。世界给了我们570纳米的波，通过我们的L-视锥细胞，我们体验到红色的能量。当我们看到绿色、蓝色或者是它们的组合时，我们并没有感受到外面的能量。这只是我们的经验，我们倾向于认为这是真实的或现实的。世界上有更多的波长的能量，我们根本看不到。尽管如此，这些波长仍然无处不在。

一旦我们有了一种感官体验，我们就会将我们的地图延伸到一些不仅仅是感官体验本身的东西上。我们查看我们的内部表示并使用语言命名它。这个过程实际上是对我们感觉表征的元评论。"是的，我看到了。它是一种颜色，它是红色的。"在进行标记之后，570纳米的波长要去除"红色"这个字眼至少需要两步。

此外，我们都赋予词语不同的含义。例如，红色看起来是怎样的？玫瑰、栗子、樱桃、洋红、紫红色、勃艮第、深红色、樱桃色或红葡萄酒怎么样？你对每个单词的理解是否与别人的理解一致？在这个例子中，我们只讨论颜色。

现在，如果我说"狗"这个词呢？闭上你的眼睛，想想"狗"，然后注意你画的是什么？是下面图片中狗的种类，还是别的什么？即使你画的是一只德国牧羊犬，它看起来和画中的一模一样吗？很可能不一样。

我们来看看人们如何使用语言的例子。我会把我的狗"跳跳虎"（它是一只蝶耳犬，没有出现在图片中）描述成一只爱运动的狗。为什么呢？因为它能做其他蝶耳犬做不到的事——比如跳过客厅的沙发。但它到底有多爱运动呢？它不会花一整天的时间跳过沙发或跑来跑去。跳跳虎的运动壮举可能一天发生两到三次，每一次都可能需要10秒钟。所以在一天的时间里，它做了大概30秒的运动，我给它贴上了运动的标签，仅仅是因为我是这样看待它的。它每天花费30秒运动，这大约是一天时间的0.0003472%。它在一天的剩余时间都做些什么呢？大多数时间，它会打个小盹。事实上，可以肯定地说，他一天中有超过50%的时间都是躺在地板上，闭着眼睛。但是……我说他爱运动。

这就是我们的用词有误导性的地方——我使用的描述"爱运动"是基于跳跳虎的潜力，而不是它花了多少时间在做什么。甚至对它潜力的判断都是基于它和我的另一只蝶耳犬阿里的比较，我想说的是，阿里不擅长运动。我给我认为我知道的东西贴上标签，然后我就把它当作真的，不再花时间去想它。如这个非常简单的例子所示，稍微考虑一下标签，就会发现我的地图与地域不匹配。

我们对语言的研究甚至超过了对感官的研究。我们把动词或过程变成名词，然后假定名词是真实的。例如，"地图不是领土"可以重新表述为：内部现实与外部现实不同。虽然这可能是真的，但我不会这么说，因为现实只是一个过程。现实——无论是内在的还是外在的——总是在变化，但我们已经把一些动态的东西变成了名词，我们认为我们知道它是什么。甚至决定什么是现实也是一个过程。那么，你认为决定什么是现实的过程是什么呢？

市场就是把一个过程（一天中发生的大量买卖交易）变成名词的例子。在你看来，市场是什么？在继续之前把答案写下来。

市场是在看CNBC（美国全国广播公司财经频道）上的一盘股价录像带吗？是显示过去一年主要指数的每日价格的柱状图吗？是吉姆·克拉默对某些股票的夸张描述吗？是银行里的一群交易员在为瑞士法郎报价吗？

如果我让别人向我展示市场，他们可能会给我看某种价格图表。但这是市场吗？看看下面谷歌的每日条形图，它涵盖了大约6个月的时间。这是市场吗？图上还有三条简单移动平均线（MAs），分别代表了10天、21天和50天。这些简单移动平均线是否以任何方式代表市场？

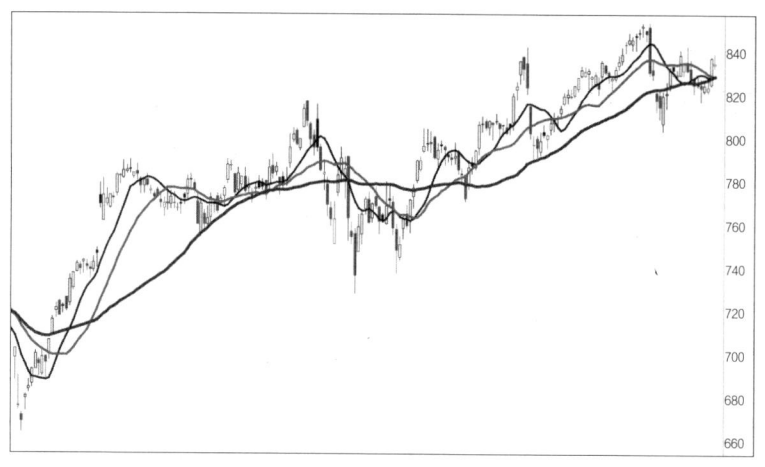

记住，你要创建你的市场地图，你给那些地图赋予意义。所以，你可以决定市场是你想要的任何东西。然而，当你这样做的时候，重要的是要意识到在决定它是什么的过程中你在做什么。如果你有这种意识，那么你可以问一个简单的问题来改变你的经历：我的陈述有用吗？或者更好的是，我能对这种表述形成任何有用的信念吗（例如，对赚钱有用）？

如果市场真的是买方和卖方在一个特定的时间聚集在一起就一个特定的价格达成一致，那么也许一个跳动点图将是最好的代表。每一个跳动点都是一个点，代表买家和卖家在某个时间点商定价格。

另外，请记住，你决定（发明）你所使用的窗口的大小。一个窗口可能有一百万个跳动点或一千个跳动点。如果你收到跳动点的数据传输，当你试图收集它们时，你不可能从市场上得到所有的跳动点。你会问："少了什么？它们为什么不见了？"

如果我们拿到一张跳动点图，我们可以将它任意组织，比如将跳动点分组到10分钟的窗口或取一定数量的跳动点进行分组，比如100个。这样的跳动点图可能如下所示，其中竖线可以分隔时间周期或跳动点数。

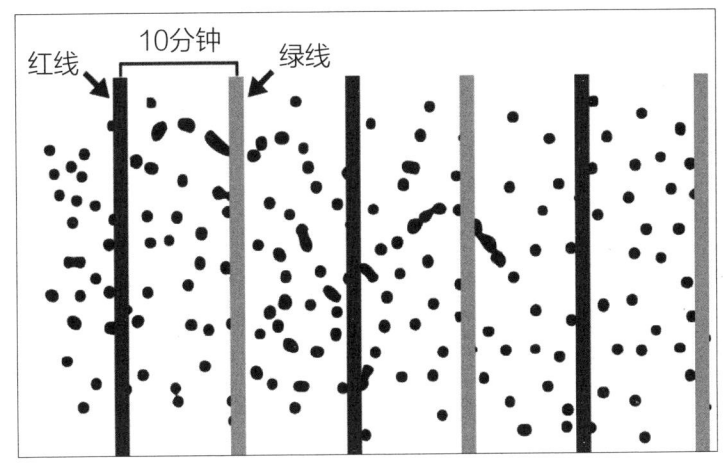

大多数人看到这样的图表会说它毫无意义，或者我不能理解它的含义，或者它只是一堆点。因为人类是意义的创造者，我们的本性就是从我们所面对的事物中去创造意义，如果我们发现了一些似乎对我们没有多大意义的东西，我们就会把它转化成有意义的东西。因此，你可能会看到数以百计的点，认为这个图标是没有意义的。这可能是市场最好的视觉表现，但你不喜欢它，因为它似乎毫无意义。因此，你决定将跳动点图转换为条形图或蜡烛图①。许多交易员使用柱状图或蜡烛图，认为它们是市场的良好表现形式（尽管从统计学上讲，它们不是）。

所以，看着跳动点图，想象在垂直线之间，第一个跳动点意味着一些东西，最后一个跳动点意味着一些东西，最高的跳动点和最低的跳动点同样意味着一些东西。你可以画出这些点。通过这样做，记住你已经决定了跳动点图上的某些点是有意义的，而其他点可能有不同的意义——或者是没有意义的。当你给第一个、最后一个、高的和低的跳动点赋予意义时，你会得到一个价格条或蜡烛图，就像你在下面可以看到的一样。但这个价格条或蜡烛图就一定比跳动点图更有意义吗？或者它的含义和跳动点图有区别吗？它有什么意义吗？

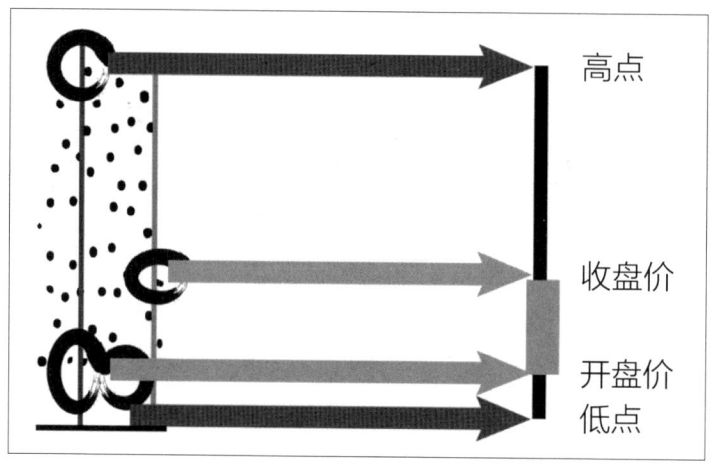

请注意，在将跳动点转化为周期为5分钟的蜡烛图的过程中，我们已经产生了一些东西，可以帮助我们解释价格行为。有人可能会说："价格一路上涨，最低点与开盘价相比略有下降。另外，收盘价比高点低许多，但高于开盘价。"你

---

① 条形图是强调高点和低点（两端）以及开盘价和收盘价的图线。蜡烛图是一种条形图，如果收盘价高于开盘价，那么开盘价和收盘价中间的区域将是绿色的；如果收盘价低于开盘价，则是红色的。两种图标都显示了相同的信息，但我们倾向于认为蜡烛图赋予了我们更多的意义。

可以很容易地给那个特殊的蜡烛图赋予这些含义。但如果你对开盘点的跳动点进行检验：

1. 它可能是现在被选中的一个，也可能是靠近顶部的另一个
2. 这一时期中的高点可能是第二或第三个跳动点
3. 在结束的时间线上有两个跳动点，其中一个可能也会被选择为收盘点

如果你选择了较低的那个，收盘价就会比开盘价低，而不是高于开盘价。然而，最重要的是，你从蜡烛图中可以得出的结论也许永远都无法通过5分钟的所有跳动点图中得出。有些人可能会说，5分钟蜡烛图是大多数交易员用来代表市场的最纯粹的信息形式之一。蜡烛图是许多交易员理解市场或赋予其意义的方式。

让我们进一步考虑只使用跳动点将发生什么。如果条形线的低点仅代表了一个跳动点，其余的跳动点都集中在前一个周期的平均值附近，那将会怎样？此外，另一个跳动点可能离跳动点群很远，但它是日内高点。在柱状图中，你不能看到一个孤立的跳动点决定了这段时间的价格是高是低。你只会看到价格达到了低点或高点，突然这两个价格就对你有了特殊的意义。你甚至可以把这些价格标为支撑点或阻力点……更多的名字和更多的含义。

事实上，当你忽略显示原始跳动点的图表时，你是在说第一个数据块对于第二个数据块没有任何意义，因为我们任意地画了一些线来分隔刻度。没有统计学家会这样做，工程师也不会。统计学家可能会找到每个时间段的均值然后用标准差作为均值的合理度量。

同样的，请记住，你使用的窗口的大小是由你来决定（发明）的。一个窗口可能有一百万个跳动点或一千个跳动点。此外，如果你收到跳动点的数据传输，当你设法收集的时候，你不可能从市场上得到所有的跳动点。少了什么？为什么？

进一步来讲。试图理解市场的人也许会将特定数量的条形图的收盘价进行

平均,来创造一条移动平均线,然后决定移动平均线意味着什么。他们可能会说:"价格刚刚超过移动平均线,市场正在上涨。"

我们再考虑一下如果只使用跳动点将会发生什么。如果有一些极端的跳动点会怎样?如果条形图的低点只代表了一个跳动点(市场总体向下),而其他跳动点都在前一个条形图的均值的一个标准差范围内会怎样呢?你会得到一个在大多数跳动点以外的点,但它是日内高点。而且,你在条形图中看不到这一点。你只看到了一个跳动点代表了一天的高点,突然,它对你有了意义。你甚至可以称之为支撑点/阻力点……你赋予了某种意义的另一个名字。

假设你看到市场正在上涨,但这还不足以让你买入。你不能从一个呈现上升趋势的条形图中获得足够的意义,你需要更多的指标。你添加了一些基于每个条形图的收盘价的移动平均线[例如,你为什么决定使用收盘价而不是其他的一些东西,例如(最高价+最低价+收盘价)/3?]。然后你可能会认为,当一条移动平均线与另一条相交时,这是一个显著的信号。你想获得一个"坚实的信号",比如10日移动平均线向上穿过21天移动平均线。在之前的谷歌图表中,这个信号第一次出现在最左边,这是一个不错的买入信号,但当它向下穿过时,通常会接近市场低点。注意你现在给这些特定的信号赋予了多少意义——它们是行动的原因。但你能从一张图表中的几个例子中决定买卖信号吗?也许不会。

如果你不能从蜡烛图的移动平均线中获得足够的意义,那么你可能会想要扭曲价格数据,来给你一些你可以赋予含义的东西。你看了看随机信号,看了看ADX和DMI信号,还看了看相对强度信号。你甚至发明了自己的指标。最终,你会发现一些东西能够给你足够的信息(根据你赋予的意义),让你相信某个想法可能会奏效。

例如,你如何说服自己,一套交易系统的规则是有效的?你知道你有一个说服自己的心理策略吗?你一直在使用它。你的策略是什么?你需要看到一些东西才能被说服吗?如果是,需要看到多少次。你是否一定要听别人告诉你某件事有效？如果是的话，需要听到多少次或从多少人那里听到？你是否需要做一些事情，例如一个一个条形图地经历50次不同的交易来检验一个系统是否有效？也许经历这些会让你信服。你需要理智地理解为什么它会起作用吗？也许你的说服策略是两种或两种以上的简单策略的复杂组合。

底线是你确实有一些心理策略来说服你自己相信一个交易系统是有效的。这可能是个好策略，也可能不是。假设有一种交易策略要求在看到绿色箭头时买入，在看到红色箭头时卖出，在看到这种策略成功交易了10次之后，有些人会花费数千美元购买在图表上显示箭头的软件。这种说服策略和其他类似的策略可能会给你带来很多麻烦，但不管怎样，你会尝试任何符合说服策略标准的方法。

你能理解人们在做什么吗？

1. 我们参与了买卖股票、期货、外汇或者期权的过程，然后把它变成了一个叫作"市场"的名词。

2. 然后我们必须从市场中获得一些意义，所以我们将它以某种方式重新呈现给自己。跳动点可能最接近实际发生的情况。从结构上看，跳动点最类似于两个人之间的买卖过程，但即便如此，用跳动点来表示定价过程也是一种严重扭曲。

3. 没有人看跳动点图，所以最接近市场上实际发生的事物的也许是跳动点蜡烛图。但正如本章中的数字所显示的那样，这是很容易误导人的。

4. 因为你需要从你代表市场的方式中获得意义，你不断地将市场信息转换成你可以赋予足够的意义来做出决定的东西。当你在给信息赋予意义的时候，它可能已经被扭曲了。例如，从跳动点到随机的点。

5. 你需要决定什么时候买卖，所以你要制定一些规则。如果你能说服自己一些任意的令人信服的策略适合你，你可能会使用这些规则和交易系统。

你能开始理解你是如何交易你对市场的信念而不是市场本身了吗？这一切

都是幻觉，你所创造的地图吗？如果你关注人们创建的各种内部地图，你会发现其中许多（如果不是大多数）是无用的，只有少数是有用的。找到有用的地图是杰出示范的全部内容。

沃伦·巴菲特曾说过，"你应该了解每一只上市股票的每一个细节"。当有人回应说有7000只上市股票时，他的反驳是"从A打头的股票开始"。一些人认为，因为沃伦·巴菲特说过，所以这可能是在市场上赚钱的秘诀。然而，对我来说，这个建议是一个完全无用的信念，如果你尝试并且遵循它的话，你不仅会浪费大量的时间，还会浪费大量的资金。你必须能够从有用的信念中筛选出垃圾信念。

有用的信念能够帮助你在适当的情况下赚钱，但你如何找到有用的信念呢？在我的书《通向财务自由之路：心理实战篇》中，我提出了一系列关于市场的55种信念，它们对交易非常有用，我称之为"撒普思想"。它们未必是正确的或者真实的，但如果你采纳了这些信念，那么你在市场上赚钱的机会就会大大增加。

下面是撒普思想中可以让你成为投资天才的六条信念：

1. 在你开始交易之前，一定要知道你的初始风险点，它会在你错了的时候告诉你。在初始风险点处设置一个止损点（我称之为出售点R）。

2. 确保你只做那些潜在回报至少是你初始风险3倍的交易。

3. 这样的话，如果你有4笔交易的收益是+3R，6笔交易的收益是-1R，那么你的4笔收益是+12R，6笔损失是-6R。你净赚了+6R，或者说，平均每笔交易+0.6R，尽管有60%的错误。

4. 如果你每月能做10笔这样的交易，使用仓位调整策略，每次交易的风险占你投资组合的1%，那么月底你将上涨6%左右。以这种方式交易超过一年，你将获得72%的回报——这将使你成为世界上最杰出的交易者之一。

如果真的这么简单，那么为什么大多数人都没有成为投资天才呢？让我们再看两个撒普思想中的信念来解释这个问题。

5. 交易错误就是指你不遵守你的规则。假设你在每月的10笔交易中会犯两个错误，意味着你作为一个交易者只有80%的效率。假设每个错误花费2R。使用上面#3的结果，在减去每个月错误导致的4R之后，每个月你能赚到+2R，而不是原来的+6R。你的年度回报已经从每年72%骤然下降到了24%。有些人一遍又一遍地重复同样的错误；我称之为自我破坏。

6. 最后，至少有6种市场类型，每一种市场类型都有一个方向因素和一个波动因素。市场方向因素有向上、横盘以及向下三种，而波动因素则包括平稳和波动两种。如果你将信念1-4应用于任何一种特定的市场类型，设计一个伟大的交易系统就变得相当容易。然而，期望一种交易系统在所有市场类型中都能良好地运作是不理智的。你需要一种不同的方法来将信念应用于不同的市场类型。

总结

你在头脑中创造的是一种幻觉，它只是呈现了存在的世界，但与世界本身永远不一样。这意味着你的内部地图不是领土。我们通过赋予事物意义，组成了整个世界。

一般的投资者/交易员和表现最佳的人之间的区别在于，表现最佳的人（即使他不能理解这一切都是编造出来的）至少会有一些有用的信念，帮助他在市场上赚钱。有四个信念可以帮助你一年获得很高的回报——然而，大多数人做不到。首先，因为他们的交易效率可能在70%-80%之间，在很多交易中都会出错，往往会从良好的交易系统中产生负面结果。第二，因为他们没有意识到，赚钱的有用信念会随着市场环境的变化而改变。在一个平静的牛市中，可以使进入和退出交易变得有利可图的规则，在波动剧烈的市场中不会赚钱。将这四种信念不同地应用在每一种市场类型中，可以帮助你在每种市场类型中的交易都变得有利可图。

尼克·特莱恩
Nick Train

　　尼克·特莱恩于2000年与他人共同创立了林德塞尔·特莱恩有限公司。他是英国股票投资组合的投资组合经理，并共同管理全球投资组合。尼克有超过30年的投资管理经验。在创办林德塞尔·特莱恩有限公司之前，他是晨光投资管理公司全球股票主管，1998年以董事身份加入该公司。此前，他在GT管理公司工作了17年（1981–1998年），在被景顺收购后不久，他就离开了。辞职时，他是GT管理公司（伦敦）的董事、GT部门经理投资总监和泛欧首席投资官。尼克在牛津大学皇后学院获得现代历史文学学士学位。

过去几十年里
(如果不是几个世纪的话),
盎格鲁-撒克逊股票的总回报率
超过通货膨胀率达到6%-7%,
但它们从未以每年固定6%-7%的速度
增长过。

投资智慧的七个支柱

几年前，我的一个朋友刚获得了一笔资本，他向我咨询了他的财务问题。我的第一个想法——实际上我的确是这么做的——是把他引向林德塞尔·特莱恩在私人财富管理行业任何一个有价值的竞争对手那里。

然而，他坚持要我发表一些意见——哪怕只是为了给他未来的讨论提供背景。"好吧，"我说，"只要你承认我在专业上没有资格为你提供建议——实际上，这条规定意味着我被特别禁止向你提供任何建议——只要你能意识到这一切：这是我的投资智慧的七个支柱。"

这是七个命题，它们适用于私人投资者和个人投资者。在我考虑如何处理我自己的现金之前（在我放弃并且买入更多芬斯伯里成长和收入信托公司的股票前），我都会对它们进行尝试和记忆。我很久以前就放弃了寻找投资挑战的"答案"，我的七个命题加起来也无法构成一个尝试性的答案。我只是发现，如果我反复思考这些问题，我最终的决定就不会那么冲动，而是更有根据。

我在2011年写了下面的内容，但我认为它今天仍然有效。

1. 投资的目的是以风险最低的方式，保留资本的税后实际购买力

这似乎是不言自明的道理，但任何努力都必须有一个明确的目标。更重要的是，这似乎是一个没有雄心的目标——尽管随着时间的推移，保护资本不受通胀和税收的双重打击，并不是一个微不足道的挑战。但第一个命题真正实现的，是让我免受做事过头的影响。我所见过的最发人深省但又令人耳目一新的财经头条之一是这样的："上帝对宇宙的计划中，不太可能包括让你变得富有这一条。"这一点让人很难过，却是真的。所以，现在让我们开始实现一个现实的投资目标。

2. 把你的年龄投资在固定利息上，否则就不要投资

我为这里的谎言道歉——但这是个非常重要和棘手的命题。诚然，几十年前人们曾说过，你应该把自己的年龄投资于英国国债。比如，一个10岁孩子的祖父母为他储蓄，他最多应有10%的储蓄投资于固定利息，他有一辈子的时间来弥补他在股票投资上的任何挫折。而一个75岁的人或多或少地依赖于投资收入，他75%的财富可能在政府债券之中。及时行乐，你不能把你的财富带走。所以，消费和享受吧。

然而，随着预期寿命的延长，这一经验法则显然不再适用。与我们最聪明的先辈所能想到的相比，通货膨胀会更快地使你变得更加脆弱（例如，当你依赖于固定收入时）。我们需要在更长时间内持有更多股票——特别是当人们能够投资于一些非常像样的公司时，这些公司的初始股息收益率高于英国国债收益率。

3. 如果你想保持你的财富的实际价值，你每年的消费不要超过你拥有资本的4%——不管你把它当作资本收益还是收入

如果你不关心资本实际价值的保持，那么你就不用担心，但不要欺骗自己。股票的长期实际回报率约为每年5%，其中包括按标准税率纳税的再投资股息（这是我们大多数人无法获得的一项指数回报率）。在现实世界中，每年剥离超过4%的资本或者试图从风险较高的工具中赚取远高于4%的年收入，随着时间的推移会侵蚀你的资产（如果垃圾债券市场出现崩盘，可能会更快）。

4. 不要让任何人告诉你，资本保值和"增值"是可以同时实现的

它们是不能同时实现的！

5. 如果你需要赚钱——集中你的投资；如果你想保留资本——分散化

大的回报需要成功的大额赌注。分散化可能不会让你变得富有，但它会减少出现不愉快的意外的可能性。

顺便说一下，特莱恩夫人坚持认为，特莱恩家族的财富还远远不够。因为这个原因，我投资的英国和全球战略都是集中式风格的。我们愿意承担这个风险，因为我们知道，它为特莱恩太太坚持要求的超额回报提供了最好的机会。但如果我们的客户在这些投资工具上没有睁大眼睛，也没有针对自身目标进行充分的分散化投资，我会感到羞愧。

6.随着时间的推移，多数专业投资者的表现将逊于基准指数，主要原因是费用和交易成本

正如《标准晚报》(*Evening Standard*)的安东尼·希尔顿在2010年写道："记住，专业投资人士和业余投资人士之间唯一的区别是，专业人士犯错的时候用的是你的钱而不是他们自己的钱。"

我提出第六条命题并不仅仅是为了宣传指数型基金或ETF，而是为了揭开投资行业的神秘面纱。尽管很难反驳它们不可阻挡的平庸所带来的累积效应，相对于基准而言，它们的长期平均表现推高了你的长期表现。漂亮的西装和流畅的言辞几乎肯定不能补偿你每年150个基点的管理费。

7.投资成功的关键是时间而不是择时，所以最好的投资时间就是现在

你必须参与其中才能赢得比赛。不要相信那些声称自己知道下周、下个月或明年的价格的人。如果你需要获得回报，那么就在今天投资，让资本稳定地工作。

保持乐观。

我如何运作权益资本

如上所述，七大支柱的目标客户是决定如何处置资金（包括我在内）的私人、个人投资者。作为一个投资组合经理，管理权益资本还需要考虑其他问题。在本章的下半部分，我将更深入地回顾塑造我在林德塞尔·特莱恩管理的英国股票投资组合的想法。这一次，我将在很大程度上转向我在2014年1月为投资者撰写的另一篇文章，我相信这篇文章（有一些更新）在今天同样重要。

塞缪尔·约翰逊博士是我的大英雄。在他许多难忘的智慧火花闪现的一瞬

间,他写道:

"人们更需要别人的提醒,而不是教育。"

在做了35年的专业投资者之后,我发现自己认识到了约翰逊声明的真理。每个面临资本市场智力和情感挑战的人都需要不断学习。我知道自己受益于定期学习林德塞尔·特莱恩公司用来管理客户权益资本的长期原则。提醒我们自己这些原则,让我们严格在原则范围内行事。

1. "如果你想要不同的投资表现,你必须以不同的方式进行投资。" ——约翰·邓普顿爵士

这是一个令人不快但不容置疑的事实。如果你想要不同的表现——我想应该说"更好的表现"——那么你必须做别人不做的事情。我们的英国股票投资组合的表现有时与富时全股票基准指数非常不同,未来无论好坏,我们都会再次这样做。

也许,我们的方法最明显的不同之处在于,我们所使用的时间范围长度不同寻常,这用投资组合周转率来衡量。我们英国股票投资组合的长期平均周转率低于每年5%,而我们预计典型的英国股票OEIC(开放式投资公司)的年周转率将接近100%。

我们认为,如果一个给定的投资组合在一年内的周转率是100%,这意味着投资经理平均每个持仓持有一年的时间,这是有帮助的——尽管不具备严格意义上的科学性。相比之下,在周转率不到每年5%的情况下,这意味着每一笔头寸的持有时间将达到20年或更长。与此一致的是,我们持有的很多股票都有16年的历史,而且持有时间还在不断增加。尽管也有不确定的缺点,但我们相对不活跃的一个好处是总运行成本将会更低,甚至可能低很多。

2."股票很简单。你所要做的就是以低于企业本质价值的价格购买一家伟大公司的股票,与最正直、最能干的经理人合作,然后永远持有这些股票。"——沃伦·巴菲特

我们的低周转率(以及我们对所投资的公司类型的选择)的原因可以从巴菲特的上述建议中找到。现在,我总是觉得把这句话作为对我们所做事情的描述有点内疚。这样一个简单的建议——即使是来自世界上最大的投资者——怎么能成为可信而有竞争力的投资理念的基础呢?但事实就是如此,而且总体而言,它起到了作用——巴菲特显然就是这样。顺便说一句,我来向你保证,要识别并坚持投资并不容易,即使是那些伟大的公司。"做点什么"的压力是巨大的,尤其是当一家伟大的公司正在经历不可避免的不景气时期之时。联合利华2013年平淡的股价表现就是一个例子(当然,最近的一些事件也帮助提醒了投资者,像联合利华这样明显与众不同的公司的价值如何)。在这种情况下,我们通过记住另一位杰出投资者——彼得·林奇的评论来增强自己的实力。林奇与巴菲特一样,也以管理赢家而闻名。

3."其他投资者为何时卖出制定了武断的规则。"——彼得·林奇

林奇管理着他的赢家,认为如果股票表现良好——至少是出于可以解释的原因,而不是完全投机的原因——那么就有充分的理由期待它继续表现良好(尽管总是要记住,没有什么东西是直线上升的)。他(和我们)对"获利了结永远不会出错"的传统观点提出异议。这可能是非常错误的,如果这样做你会永久减少你对一项伟大的长期投资的利益。最好的公司的股价翻了一番,然后随着时间的推移翻了一番又一番。我们的方法的核心,是锁定观察到的一种倾向,即出色的企业会为其所有者创造财富。

4."如果一家公司的产品味道不错,那就买进这家公司的股票。"
——薇薇安·巴泽尔杰特

我们继续从我的前老板薇薇安·巴泽尔杰特的推荐中寻找股票选择的灵感。

一些公司的产品或服务被客户视为不可替代,我们会被这样的公司所吸引。例如,世界各地的科学家和律师除了订阅里德·爱思唯尔(Reed Elsevier,现更名为RELX)的服务之外别无选择——没有它,他们就无法工作;Fidessa软件的投资银行客户也是如此。但是,正如薇薇安意识到的那样,消费者对美味产品的忠诚同样可靠,而且利润丰厚。我们的投资组合受到人们永不满足的爱的支持,例如:吉尼斯黑啤酒、尊尼获加、IRN-BRU、Rubicon、Fullers' London Pride、花斑老母鸡、胡椒博士、吉百利牛奶、奥利奥、三角巧克力、玛格南冰激凌、海尔曼、克诺尔以及我自己不能没有的产品——马麦脱酒。这些产品从现在起30年之内都会被人们所喜爱,而在一个不确定的世界里,这就足以意味着,随着时间的推移,拥有这些品牌的公司可能会成为极好的投资对象。

我们的投资组合集中,持有的投资数很少会超过25种。在某种程度上,这个政策的灵感和榜样来自那个让我进入投资行业的人。是理查德·桑顿,GT管理公司的"T",他在1981年雇用了我。遗憾的是,理查德于2013年去世,同事们对他表示哀悼和尊敬,称他是一流的"造雨人",同时也是一个令人敬畏的股市操盘手。我从未忘记理查德向一群当时毫无作为的毕业生学员讲述他成功投资的秘诀:

5."首先,确定你的伟大想法。接下来,尽你所能地投资它。第三,把你的持仓加倍,这样你晚上就不能安然入睡了。最后——把这件事告诉所有人!"——理查德·桑顿

理查德知道,卓越的投资机会是罕见的,当你碰巧遇到一个投资机会时,

必须以坚定的信念予以支持。他还知道，投资组合中充斥着大量"当时看起来是个好主意"的投资品种，因此很容易遭受"双重侵蚀"。所以我们听从他的劝告，听从长辈和比我们优秀的人的意见。

谈到股市前景——我们仍然看好全球和英国股市。在我们看来，股票投资的背景条件与1801年伦敦证券交易所成立以来的任何时候一样令人鼓舞。当然，目前的三个宏观因素无疑是主动的。首先，技术变革正在为现有公司创造新的产业、新的公司和新的机会，其速度比以往任何时候都要快。其次，世界人口继续增长，地球上越来越多的人正在摆脱贫困。最后，与股票相竞争的资产类别即政府债券和现金的实际价值所面临的风险，与以往一样可怕。对我们来说，这意味着我们有理由将长期资本投入股市。

我们知道，对于谨慎的股东来说，对于承诺的股权回报的可能形式和时间给予更多的确定性将是令人欣慰的。但事实是，过去几十年里（如果不是几个世纪的话），盎格鲁-撒克逊股票的总回报率超过通货膨胀率达到6%-7%，但它们从未以每年固定6%-7%的速度增长过。不，对股权回报可能形态真相的最好表达是来自卓越的诗人奥格登·纳什的精彩观察：

6."摇一摇番茄酱的瓶子，一开始什么都没有，接着就会出来很多。"——奥格登·纳什

我们也许会说：对股票市场进行择时的确很难。然而，投资者必须保持对股票的充分敞口，这就是我们的投资组合保持充分投资的原因。

约恩·特里西

Eoin Treacy

约恩·特里西在Fullermoney.com担任全球策略师兼合伙人已有10年时间。他曾在该网站担任美国、澳大利亚和新加坡演讲团的代表，这些演讲场场座无虚席。他是该公司解读金融市场所采用的独特的宏观行为方法的专家，曾在彭博电视、CNBC、CNN、CNBC印度频道（CNBC India）、NDTV Profit频道和BBC世界广播上担任股票、债券、大宗商品和货币评论员。

约恩不仅经常出现在印度金融媒体上，还经常前往中国以获得关于中国市场发展情况的第一手经验。他是一位世界著名的演讲者，长期以来被邀请到许多国家的金融协会发表演讲，尤其是CFA协会、市场技术人员协会、英国技术分析师协会和澳大利亚技术分析师协会。他还是伦敦世界货币展和佛蒙特州反向意见论坛的定期演讲嘉宾。

在都柏林三一学院获得哲学学位后，约恩在彭博社工作了3年多，在欧洲各地教授有关价格行为解释的研讨会。2003年，他加入了Fullermoney的大卫·富勒，专门研究该服务的研究方法——将技术层面、基础面情况和行为因素结合起来。他每天都在Fullermoney的每日评论中分享他对市场的看法,并定期记录该服务的每日音频更新。

作为一名活跃的交易员,约恩还详细描述了他在这项服务中的所有个人交易和投资。最后,约恩开发了Fullermoney图表库,它是完全可定制的,包括17000多种工具、比率、价差和倍数。

2013年,大卫·富勒和约恩·特里西成立了FT-Money.com,将他们的服务提升到一个新的高度,为他们的众多订户提供更好的产品体验。同年,约恩出版了他的第一本书:《从众投资:宏观行为技术分析实用指南》(*Crowd Money*)。

约恩已经结婚并育有两个女儿。在业余时间,他是一个潜水爱好者。

资本既是全球性的,
也是流动性的,
因此,我们在选择投资地点时,
应该有同样广阔的视野,
这是理所当然的。

投资蓄势待发的大牛股

1. 审视全球

我知道我在寻找什么,但我怎么找到它呢?

有一些特定的情况会导致超额收益,它们带来的结果令人印象深刻、可靠性高。问题是它们并不是一直都在发生,所以当它们发生的时候,我必须保持警惕。

这就是我在全球各地寻找感兴趣市场的原因。资本既是全球性的,也是流动性的,因此,我们在选择投资地点时,应该有同样广阔的视野,这是理所当然的。更重要的是,由于资本主义全球经济体系的竞争性,资金自然会流向收益率高或具有资本增长潜力等最具吸引力的资产。

当你尽可能广撒网时,平均法则也会对你有利。毕竟,你监控的市场越多,就越有可能出现正确的环境,让你能够以相对较低的风险进入市场并获利。这就是为什么我认为自己是一个全球战略家。我并不仅仅关注英国市场,尽管它是全球最大的流动资本池之一。我密切关注着许多市场，因为当合适的形势出现时，当市场情绪发生变化时，低风险和高回报的买入使等待变得值得。

2. 寻找底部①

我说的是，在没有人关心的情况下买入，因为他们已经习惯了失望，从来没有想过它会结束。作为一个价值投资者，在多年表现不佳中受苦是件好事，因为你一直在等待其他人意识到你的分析是正确的。然而，人群的到来需要一段时间，价格可能会大幅下跌，然后才会调头。

我倾向于至少寻找一些证据，证明其他投资者也可能和我持有同样的观点。这至少告诉我，我不是唯一的买家，至少在一定程度上限制了我在分析中出错的可能性。这意味着我在寻找底部。

它们大约是世界上最容易在图表上识别的东西，因为你会看到很长一段时间的频繁波动的范围。这与我在我的书《从众投资:宏观行为技术分析实用指南》中谈到的牛市的三个心理感知阶段中的第一个阶段不谋而合。下面是解释我想表达的内容的关键部分：

> 在图表上，怀疑/撤退阶段与筑底的过程是一致的。就像建筑的基础一样，底部是随后的上升趋势所建立和显现的基础。怀疑/撤退阶段需要多长时间取决于两个独立的因素。首先，前一轮牛市的过度行为必须得到解决，这可能需要数年时间，但只要在下跌过程中未能卖出的人有清算库存并接受损失的需要，这一过程就会持续下去。预期将会很低，因为每个人都将看到，一旦价格回升至底部上方，就会迅速回落。然而，迟早，所有想要卖出的人都会卖出，这样，市场上方潜在的供应过剩就会消散，这是下一轮牛市开始的必要条件。

---

① 原文中为Base formation，其上下文意思思类似于股市技术分析中的底部形态，所以此处译为底部。——译者注

一个推论是，一旦所有人都卖出了股票并持有现金，这代表着一个潜在的流动池，最终将有助于在某些领域推动新的牛市。

第二个先决条件是，必须有一个令人信服的根本理由，才能让这个等式的需求方摆脱麻木状态。股市的主要牛市通常从具有历史吸引力的市盈率和相对较高的收益率开始。无论原因是什么，它都必须足够强大，足以成为底部内部供需关系的催化剂。如果是股市板块，该公司将会发现一种提高效率的新方法，或者出现对其产品的新需求来源。如果是债券价格或货币，相关国家最终需要开始采取经济行动。如果它是一种大宗商品，那么一些新技术或需求来源将有助于消化现有供应。最大的牛市有着真正鼓舞人心的故事。为了让人们相信将一种资产类别推入长期牛市所必需的理念，故事必须是宏大的。作为参与者，投资者希望自己处于一场将真正改变世界的新运动的前沿。

在新周期的这个阶段，关于新的基本面故事最重要的因素是，大多数人将对此一无所知。如果他们听说过，他们会不屑一顾，甚至那些听说过、相信过的人也可能会低估新需求来源对供应不足的强大影响。

在一个高度波动的交易周期中，获利能力与合理性都无法保证，大量的人正在被清退。在这样的周期中，能够在这个行业生存下来的人并非风险承担者。事实上，由于他们在自己的行业中幸存下来，他们的经验使他们成为最保守的人之一。他们对冒险没有任何兴趣，因为这样做可能会导致更糟糕的交易环境，所以他们会保持低调，努力确保公司的生存。

当情况开始改善时，媒体自然会转向那些对这个特定市场经验最丰富的人。不然他们还会跟谁说话？然而，由于他们受到熊市的制约，他们将成为对未来潜力最不乐观的人之一，因为他们的经验是，反弹不会持续，乐观情绪将被摧毁。唐纳德·考克斯用一种优雅的方式来描述这种现象："最了解它的人，最不喜欢它，因为他们最失望。"

3.要想持续地突破新高，需要满足两个条件

首先是一个价格范围的形成带来的自然结果，其次是人们的心理状态。

当股价长期处于横向波动状态时，那些希望在新高时卖出的投资者不会有多大成功。他们有三种选择，价格上升到他们想要出售的水平的时间越长，他们就越有可能失去耐心，以采取一种坚持不懈的手段，他们将会做出选择。

最简单的摆脱头寸的方法是等待价格上涨到区间上方，并将报价降低，这导致价格无法维持新高。

他们可能会得出这样的结论：许多坏消息已经体现在了证券的价格上，因此他们可能会成为"重生的多头"，并决定撤回报价，希望新的牛市开始。这一决定使市场上的供应超出了这个价格范围。

第三个选择，他们可以继续等待——但是愿意无限期等待的人数将会减少，因为时间会延长到几周、几个月甚至几年。

因此，价格范围本身就是一个决策过程，并促成供应真空在价格范围之上形成。

下一个条件是必须有一个新的看涨基本面。长期底部的构建可能是一个决策过程，但要想让资产能够吸引新投资者，并吸引足够多的投资者来推动牛市，就必须有一个故事。人类是社会动物，我们在一个以社区为基础的社会中茁壮成长，因为我们渴望交流。故事是我们想出的最有效的方法，可以将复杂的数据压缩成小块，很容易联系起来。故事越引人入胜，人们就越容易理解它。

特斯拉汽车就是一个很好的例子。从2011年年中到2013年初，股票的价格在范围内波动并带有略有上升的趋势，但在从35美元区间回落时，它有40%的回落趋势。对于一家卖出的每辆车都在亏损的公司来说，这种波动可能足以把大多数人吓跑。然后，2013年初发生了一些事情。埃隆·马斯克的人格魅力和他想让SpaceX成为首家私营太空探索公司的雄心让投资者觉得一切皆有可能。随后，特斯拉在豪华电动汽车领域的主要竞争对手菲斯克汽车破产，这使得特斯拉获

得了几乎全部的绿色汽车补贴市场，而且它拥有人们渴望拥有的汽车，实际上是电动汽车领域的第一款汽车。特斯拉的股价在35美元止跌回弹，在今年年底对200美元的关口进行试探前没有出现任何回探。

以上就解释了我为什么将范围定义为即将发生的超额回报。你会看到，市场只有趋势运动和范围运动两种情况——当它从一种情况转向另一种情况时，就有巨大的获利潜力。范围的条件效应意味着，突破总是出人意料，因为市场参与者通过限制自己的预期和放弃对更好价格的期望才得以生存。

这一突破掀起了新一轮买入潮。按照特斯拉的例子，想想那个可怜的家伙，他在做空特斯拉的股票时，预计股价会下跌40%左右，过去几年里多次发生过此类情形。他承受着巨大的压力，随着价格飙升，他不得不迅速采取行动。

还有一些逢低买进的人，他们希望自己能在22美元区域的最后一次测试中买进。现在他们往往会陷入恐慌，因为等待更好入市价格的策略显然是失败的。

此外还有所有"逢高买入""动量""黑箱"和"算法交易员"，他们会在预期未来上涨的情况下以价格新高买入。然后，媒体的报道又会进一步推动它的上升，因此更多人就会听说它。只要有足够多的投资者愿意以高价卖出，这些新的需求来源就会被满足，价格就会上涨。

这就是为什么我会在可投资的股票市场中寻找底部形成的迹象，在底部内部会有一个由反应剧烈的低点组成的序列。这些反应剧烈的低点序列告诉我两件事：首先，它告诉我，想要拥有它的人不愿意等到价格降至新低才购买它。换句话说，他们不想错过反弹，宁愿早到也不愿错过反弹。这表明投资者在建立头寸，而不是那些只会迅速转变的交易员。

其次，长期底部形态在任何资产类别中都会出现，它们无一例外都在等待爆炸的发生。我们知道潜力是什么，因此，简单地浏览市场，寻找我们可以依赖的盈利形态，而不是在不确定的领域中冒险，才是有意义的。

佩尔蒂·万哈宁

Pertti Vanhanen

佩尔蒂·万哈宁是安本标准投资公司的全球房地产主管。他于2013年11月出任此职，此前他参与了安本全球地产产品及流程的战略发展，并于2000年起担任基金管理部门-物业部主管。在此之前，他担任直接财产主管和北欧、东欧财产主管。

佩尔蒂于2000年加入安本，此前该公司在芬兰市场大举扩张。在此之前，他在数家公司担任高级职位，包括瓦尔玛共同养老保险子公司和伊尔马里宁共同养老保险子公司。佩尔蒂于1988年开始在房地产行业工作，是几只非上市房地产基金推出的关键驱动力。佩尔蒂拥有高级工商管理硕士学位，是一名注册房地产经理。他是英国皇家特许测量师学会（FRICS）的会员，同时还是英国房地产联盟政策委员会的成员。

忽略不切实际回报的诱惑,
转而关注你能承受的风险,
你可能会对你能获得的回报
感到惊喜。

房地产投资的九大真理

1. 不仅仅关乎增长

虽然这个观点对许多房地产投资者来说可能是个冲击,但房价并不总是上涨。而且,不安的投资者寻求短期资本收益,可能会损失大量资金。

房地产的长期回报实际上是创造持续的、有吸引力的收入。不过,要想获得不错的收入,你需要一套人们想租的房子,以及那些能够赚到足够的钱来付房租的租户。

如果你专注于培育能够给你带来强劲且预期增长的收入的房地产,那么良好的资本表现更有可能随之而来。

2. 忽视导致资本衰退

房主必须态度积极,不能忽视维护和管理的重要性。

即使租户签订了一份长期合同，建筑的物理特性和环境也会随着时间的推移而变化。无论是法律问题还是监管问题，或是周边地区的变化等外部因素，掌握全局都是值得的。

主动承担环境、社会和治理方面的责任应该是第二天性，而且应被融入持续的物业管理中。因此，成功的房地产投资需要长远的眼光。

房主不能忽视必要的维修工作。如果你不准备维护一处房产，那么建议你通过专业经理人进行投资。

3."房产本身"比"房子在哪个地点"更重要

你可以花很多时间考虑投资哪个国家、部门或市场。但是，在现实中，特定财产的特征对回报的影响要大得多。无论你是在英国、德国还是法国购买，或者实际上法国的经济增长率与德国相比是正负1个百分点还是2个百分点，这都无关紧要。重要的是你实际购买的资产——无论是办公楼、出租公寓还是仓库。这个房产符合购买目的吗？它有需求吗？从长远来看，它能带来不错的收入吗？

你的潜在回报只会和你投资的资产一样好——所以你必须关注房产本身，而不仅仅是地点。

4. 接受现实是很困难的

房地产通常被称为非流动性资产类别，这意味着它可能需要很长时间来买卖。但这在一定程度上是因为，与其他任何资产类别相比，投资者往往对房地产价格有一个固定的概念。一旦他们有了这个想法，他们就很难被说服，他们不愿意以低于自己所认定的价值的价格出售或以高于自己认定的价值的价格买入，这使得房地产成为一种流动性更差的资产。

确保你所设想的房产价格是基于现实的——包括市场需求、预计租金收益以及类似房产的交易价格。如果你不这样做，那么缺乏流动性很可能是你房地产投资生涯的一个长期特征。

5. 高质量的房地产很少是空置的

当谈到房地产时，大多数人误解了"高质量"的含义。投资者通常会用房地产的物理特征来描述质量，但实际上要简单得多：房产是否有需求？简言之，如果你的租户可以轻易地用一处房产来替代另一处房产，那么你的房产质量就很差。你真正想要的是相反的：一处租户很难更换的房产。

拥有强劲的租户需求和最低的空置风险的房产，最有可能带来持久且不断增长的收入，进而带来资本增长的潜力。

6. 了解风险将会给你控制力

人们很容易花费过多的时间来预测房地产的回报，而这通常收效甚微。我们颠倒了传统观念，转而关注风险。毕竟，回报最终是我们承担风险的结果。房地产风险包括债务水平、破坏结构变化、空置期、租期、租金水平和租户的财务弹性。了解这些风险，并适应它们，会让你有更多的控制力。在周期中任何一个给定的点，你都将知道房地产可能如何发展，并做出相应的准备。

忽略不切实际回报的诱惑，转而关注你能承受的风险，你可能会对你能获得的回报感到惊喜。

7. 并非所有房产都能抵御通货膨胀

人们普遍认为，持有房地产是一种"通胀对冲"，也就是说，随着时间的推移，投资回报将与生活成本保持同步。这并不总是正确的。与任何投资一样，房地产回报是由供需驱动的——这意味着，并非所有的房地产租金或价值都会随着其他商品和服务的成本而上涨。理解这一点是关键。

通货膨胀的腐蚀性力量需要谨慎应对。通过确保你拥有高质量的房产以及对市场供求关系有一个客观充分的了解，你就不太可能看到通胀侵蚀你的回报。

8. 不要依赖他人的建议

你很容易会依赖他人来告诉你一笔投资是不是好主意，在房地产投资上同样如此。

但你需要自己研究一下，看看某一处房产是否适合你的投资需求。你还需要弄清楚你认为它值多少钱，不要毫无疑问地依赖第三方的意见。

简言之，如果你想成为一名成功的房地产投资者，那就自己来做研究。

9. 债务可能是你最大的敌人

在房地产市场不断上涨的情况下，通过举债为不断扩大的房地产投资组合融资似乎非常诱人。但更多的债务总是意味着更多的风险。当你承担债务时，你会把一些控制权交给银行，甚至更多地交给市场。如果利率上升或房价下跌，对你的投资组合的影响可能是迅速而严重的。

除非你有足够的灵活性来应对房地产市场的波动，否则完全不涉及债务可能是明智的。

埃德加·瓦谢内姆
Edgar Wachenheim

埃德加·瓦谢内姆三世是总部位于纽约的投资管理公司格林海芬联合的创始人兼CEO，该公司管理着72亿美元的资产。他是中央戈特斯曼有限公司（纸和纸浆全球分销公司，年营业额约60亿美元）的副主席，现代艺术博物馆的受托人、执行委员会成员，纽约公共图书馆的受托人、WNET（国民教育电视）的董事会主席。

瓦谢内姆先生毕业于威廉姆斯学院和哈佛商学院，在他学习的第一年，他就被推选为贝克学者。

瓦谢内姆先生已经结婚，他可能是世界上最幸福的父亲，因为他有3个已经成年的孩子以及6个正在成长的孙辈孩子。他的兴趣爱好有网球、高尔夫球、徒步旅行、艺术和摄影。

对长期投资者来说，股市的大幅下跌不是一种风险。

学会热爱普通股

我爱我的妻子,我爱我的孩子,我也爱普通股。我为什么喜欢普通股呢?因为它们很有市场,很透明,而且回报很高。

1. 普通股有3%的特殊回报

在过去50年里,标准普尔500指数的年平均回报率约为9.5%。

我认为,分析普通股平均年回报率约为9.5%的吸引力既有趣又有益。从理论上讲,经过风险调整后,所有类型的投资都应该提供相同的回报。过去50年,10年期美国国债的平均收益率约为6.5%。美国国债被认为是无风险的。因此,我们可以得出结论,普通股相对于中期无风险债券的风险溢价约为3%。

投资者在投资普通股时面临两种风险。第一种风险是特定资产的永久性损失,比如安然、柯达。第二种风险是股市暴跌的威胁。就第一种风险而言,标准普尔500指数历史平均年回报率9.5%的水平,当然已经扣除了该指数成份股的所有永久性损失。如果排除安然、柯达和其他永久性损失,标准普尔500指数的回报率将高于9.5%——可能是10.5%或11%。因此,3%的风险溢价不能归因于个股的永久性损失。

而且,关于股市大幅下跌的风险,重要的是,每次股市大幅下跌,随后就会完全恢复,然后升值到新的高度。1987年10月19日这一天,标准普尔500指数从282.70点跌至224.84点,跌幅为20.5%。一场可怕的灾难!这是该指数有史以来最大的单日百分比跌幅。10月19日晚,一位投资组合经理告诉我,当天的股票市场下跌是"自大萧条以来最严重的崩溃",很多投资者会对普通股失去信心,因此,它的恢复要花费许多年。投资组合经理错了。股票市场在1989年1月中旬完全恢复,在随后几年里急剧上升,在1993年10月18日达到468.45点。在标普500指数下跌20.5%之前买入的投资者将遭遇"自大萧条以来最严重的崩盘",然而,在未来6年里,他的投资在计入股息前的平均年回报率将达到8.8%,包括6年期间的股息在内的平均年回报率将超过12%。因此,我的结论是,股票市场的急剧下跌对长期投资者来说并不是一种风险。

我对股票市场对长期投资者来说没有风险这一观念非常关注,因此我将再举一个股市暴跌的例子。一个更引人注目的例子——金融危机。在2008年8月的最后一个交易日(29日),标准普尔500指数收盘于1282.83点。在接下来的几周里,雷曼兄弟破产,一切都乱了套。到2009年3月初,标准普尔500指数跌破700点,比8月29日的收盘价低了45%以上。一个明显的灾难!2014年秋天,我向董事会做了一次演讲。在演讲中,我提到,如果一个标准普尔500指数基金的投资者在2008年8月29日离开地球去月球度假,然后在整整6年后返回地球,在6年的时间里对地球上发生的事情一无所知,当他回到地球时,他会发现他在该基金的投资在他离开的期间内愉快地升值了70%(包括股息)。因此,金融危机与那个在月球上度假的人无关。

2. 不要远离好的方面做分散化投资

我注意到，主要依赖美国经济的公司的普通股在很大程度上吸引了我，但我对那些在欧洲、日本或大多数发展中国家开展大部分业务的公司的股票就不那么感兴趣了。我相信（大多数商人和经济学家也都认同），欧洲和日本面临许多系统性问题，包括人口停滞不前、社会成本高、原材料相对缺乏（特别是低成本能源）、监管过度、教育系统仍然过分强调死记硬背和被低估的创造力，此外，在欧洲大部分地区，在拥有不同文化和不同成本结构的国家之间推行共同的货币同样也是一个问题。

相比之下，美国拥有不断增长的人口、高效的农业、可以利用新技术开采的大量石油和天然气储量、孕育创造力的教育体系、促进技术进步和效率的商业体系以及相对诚实而稳定的政府。考虑到这一分析，我很惊讶这么多投资者和投资委员会决定通过投资国际股票来分散投资组合。为什么要从好的东西转向不那么好（或者完全不好）的东西来分散化呢？我相信沃伦·巴菲特的话是正确的，他说过："分散化是对无知者的保护。如果你知道自己在做什么，那分散化就没什么意义了。"

3. 股票还是指数型基金？首先花时间分析自己。高于平均水平的投资者需要具备几个关键特征

我现在已经为美国普通股提出了充分的理由。下一个问题是，投资者是应该主动选择普通股投资组合，还是应该被动地选择指数型基金或被动地选择ETF？

从数学上讲，随着时间的推移，大约一半的投资者将跑赢股市，还有一半的投资者将跑输大盘。在我看来，投资者应该花相当多的时间来分析他们可能陷入的困境。令我惊讶的是，大多数投资者花了大量时间试图分析公司和行业，

而花了相对较少的时间试图分析自己和自己天生的超越市场的能力。我想起伍迪·艾伦的一句名言："我被那些想了解宇宙的人吓了一跳，因为要了解你在唐人街该怎么走都已经很难。"

我曾认真思考过投资者要超越市场所需要的品质。当然，一个成功的投资者应该有善于分析的头脑，应该能够获得好的信息。但是，在我看来，一个高于平均水平的投资者还必须具备一些行为品质——尤其是，作为一名逆向投资者的能力、忽略短期负面噪声的能力以及在压力时期控制情绪的能力。

几乎可以确定的是，一个成功的投资者必须是逆向投资者。在任何时候，证券的价格都反映了大多数投资者对证券的看法。因此，如果投资者认为某一特定证券由于其基础公司的基本面被严重低估，那么他所持的头寸就会与普遍市场情绪不同。他成了一个逆向投资者。

大多数投资者都称自己是逆向投资者，但我的经验是，相对而言，很少有投资者真正有信心和胆量从人群中脱颖而出，并采取孤独、不受欢迎且常常令人不安的不同立场。因为大多数试图做逆向操作的投资者和领导者最终都会成为趋势跟随者，我得出的结论是，投资者成为跟随者或逆向操作的倾向在很大程度上与他的基因有关。

我有个朋友是一个天生的趋势跟随者。我叫他丹尼晚餐约会，因为我经常和他一起吃饭讨论股票。通常情况下，我会向丹尼描述一只股票，由于其他投资者没有预料到的积极变化，它有很高的升值概率。当我描述股票时，丹尼通常会全神贯注地听，会问一些有见地的问题，并对购买股票表现出兴趣。然而，在接下来的谈话中，丹尼经常会说，他只会在有消息说正在发生积极的变化时才会购买股票。当然，当他听到这样的消息时，许多其他投资者已经明显看到了积极的变化——股价已经对预期的部分或全部积极变化打了折扣。因此，丹尼通常会错过令人兴奋的机会，倾向于购买已经大幅升值的股票。因为丹尼经验丰富、知识渊博、非常聪明，而且完全知道他在聚会上经常迟到，所以我得出的结论是，丹尼作为一个逆向投资者的能力是与生俱来的——这是他基因的一部分。

我还认为，投资者正确权衡短期不利消息和适当控制情绪的能力是与生俱来的。我的观点是基于与许多投资者的对话，他们在压力时期不断做出情绪化和非理性的决定，尽管他们完全承认，他们的决定受到短期不利环境而不是他们所持资产受到的内在价值的任何侵蚀的严重影响。一个具体的例子是投资组合经理，他认为股市在1987年10月19日下跌20.5%之后需要很多年才能恢复。他在10月20日抛售股票，他10月20日收到的价格远远低于他对前一天上午9点股票价值的估计。3M公司是否因为股票市场在一天之内下跌了20.5%而变得一文不值？微软的价值有没有降低？后来，我向投资组合经理询问了他在10月20日卖出股票的决定。他的回答是"我失去了冷静"。我认为赛斯·卡拉曼说得对，他是这样说的："人们不会有意识地选择感情投入——他们只是忍不住。"

因此，投资者应该花大量时间分析他们自己的基金——他们自己超越股市的先天能力。另外，那些客观地认为自己有高于平均水平的投资能力的人，应该主动投资——选择持有个股。而且，那些客观地认为自己的能力低于平均水平的人应被动地投资——选择指数基金或被动的ETF。

通过被动投资，投资者可以保证他的投资结果至少是平均水平的，即使他的投资能力远低于平均水平。这是一个惊人的概念。你能想到任何其他的商业、体育或其他人类的努力中，一个能力低下的人是绝对有可能取得平均成绩的吗？绝对惊人！这也是我喜欢普通股的另一个原因。

托德·温宁
Todd Wenning

托德·温宁是特许金融分析师协会（CFA）会员，是约翰逊投资顾问公司的股票分析师。托德在2015年加入约翰逊之前是晨星公司的股票分析师，曾为莫特利·富尔公司英国分部撰写过关注股息的时事通讯。他是泽维尔大学金融学兼职教授，他的文章经常在晨星、《投资者纪事报》、CFA协会和莫特利·富尔公司发表。

他是《保持股息优势：增长和保护股息的策略》（Keeping Your Dividend Edge: Strategies for Growing & Protecting Your Dividends）一书的作者。

托德的观点是他的个人见解，未必是他的雇主的。

如果一家公司
正在以与盈利增长速度一致的速度
增加其股息，
这是管理层正在寻找
长期股东的一个信号。

如何保持你的股息优势

1. 耐心是股息成功的先决条件

当你第一次投资股息型股票时,收益回报会很低。在短期内,市盈率的扩张和收缩会推动你的大部分回报。然而,随着时间的推移,反映在股息增长上的业务潜在实力,在你的投资成功(或失败)中占据了最大比重。如果你不愿意给股票足够的时间(至少5年)来让它们从投机性回报转向投资回报,就不要成为股息投资者。

2. 首先关注自由现金流

人们过于关注一家公司基于盈利的股息覆盖率。俗话说,利润是一种意见,但现金是一个事实。最终,股息是由自由现金流(即公司对业务进行再投资后剩下的现金流)提供的,而不是基于会计利润的估计。公司可以通过发行债券暂时支撑股息的发放,但这是不可持续的。

3. 使用股息作为一个替代性的基准

大多数投资者会根据富时全股票指数(FTSE All-Share)或标准普尔500指数(S&P 500)等大盘指数来衡量自己的表现。这种方法本身没有什么问题,但年度业绩可能会误导人。例如,你的风格可能在那一年不受欢迎。相反,为你的投资组合设定一个目标股息增长率——例如6%的年增长率——然后看看你的年增长率是否超过这个数字。分析股息增长可以让你关注长期业务基本面——如果你想成为一名成功的股息投资者,这一点应该是准确的。

4. 了解公司的竞争地位

公司将现金流再投资于高回报项目的成功程度将决定其股息增长的速度。如果竞争对手进入市场,蚕食了你所投资的公司的利润率,那么管理层和董事们就不太会愿意打开股息之门。那么,在投资之前,总是问自己:"如果我有足够的资金,我怎么能打乱这家公司的业务?什么会阻止我?"如果你对这些问题没有合适的答案,那就走开。

5. 花费时间对管理层进行研究

如果你打算在当地的肉店买入一小笔股份,你首先会想知道肉店老板是否正直、有技巧。当你研究一家较大的上市公司时,也应该如此。在互联网上搜索对公司首席执行官或首席财务官的访谈,在年度报告中阅读他们的传记,考虑他们的奖金指标(可以在薪酬报告中找到),看看他们自己拥有多少股票。如果一家公司正在以与盈利增长速度一致的速度增加其股息,这是管理层正在寻找长期股东的一个信号。

6. 过度杠杆化经常导致股息削减

正如一家没有债务的公司不会破产一样，我还没有听说一家没有债务的公司削减股息。这并不是说你只应该投资没有债务的公司，而是要密切关注一家公司相对于其他公司的杠杆率。在其他条件相同的情况下，周期性更强的公司（矿商、石油和天然气、大宗商品生产商）的杠杆率应该较低，而防御性更强的公司（消费品、医疗保健和公用事业公司）由于现金流相对稳定，能够处理更多债务。

7. 注意竞争对手的股利政策

公司的董事会不会在真空中决定股利政策。在决定明年支付多少时，多数董事会都会将它们的收益率与同行进行比较。如果该公司的收益率是5%，而其他公司的收益率是2%，那么管理层和董事会可能会开始思考，为什么他们不应该保留更多现金再投资于业务。在这种情况下，他们可能会在大规模收购后或在衰退环境下重新设定股利政策。

8. 不要忘了小盘股中的股息派发者

股息投资组合通常都包含蓝筹股，其中许多与更广泛的市场回报密切相关。小盘股中的股息派发者可以在投资者的雷达下飞行，从而提供有吸引力的长期机会。将你的注意力集中在低债务（最好是不负债）、有持续提高股息的记录以及拥有至少5%流通股的投资管理团队的小型股上。

9. 避开超高的股息率

那些提供8%收益率的公司当然是诱人的。在市场恐慌时期，它们甚至可能值得购买。不过，在大多数情况下，收益率是市场平均水平的两倍或2.5倍以上，可能意味着该公司出现了问题。市场通常不会给出如此丰厚的收益率。如果其他投资者不担心该公司未来几年的分红能力，他们就会把股价推高，进而降低收益。

10. 估值很重要

一些关注股息的投资者过于关注收益率，而忽视了估值。尽管较高的收益率本身可能是一个价值信号，但谨慎的投资者应该权衡收益率与其他因素，如自由现金流收益率（每股收益）、市盈率，或许还有贴现现金流模型。如果股价在未来一两年内下跌20%，3%的股息收益率就无法安慰投资者。

杰尔维·威廉姆斯
Gervais Williams

杰尔维·威廉姆斯是一位屡获殊荣的股票基金经理，也是米尔顿集团的高级执行董事。他在2009年和2010年都获得了均富上市公司年度投资者奖；2012年，他的多元收益信托被投资公司协会认定为最佳新投资信托。他也是2014年What Investment杂志评选的"年度基金经理"奖项的获得者。

杰尔维是一位值得尊敬的市场趋势评论员。他在他的书《慢金融》(*Slow Finance*)中概述了他有争议的观点，并在《未来是小的》(*The Future is Small*)中提出了这些观点。2016年，他出版了《全球化的倒退》(*The Retreat of Globalization*)。

杰尔维自1985年一直在伦敦金融城工作，在那里，他以管理客户对英国中小企业的投资而闻名。

长期以来，
市场一直表现良好，
因此，许多投资者
对主动管理投资组合风险的好处
不屑一顾。

充分利用市场环境

1. 自满是很危险的——被动投资者更是如此

从长期来看,市场往往会升值。快速瞥一眼后视镜,就能看出这是一个长期的规律。在过去的30年里,股票市场指数或多或少随着股息的增加而不断上涨。自20世纪80年代初以来,富时全股票指数的总回报率一直在9.6%左右。这样的回报是极好的,尤其是随着时间的推移产生复利的时候。平均而言,我们所持有的所有股权的价值每8年就翻一番。

随着市场在2008年全球金融危机后升值,并升至新的绝对高点,积极考虑下行风险似乎相对不那么重要。因此,大多数投资者现在只将积极增值与挑选风险/回报比率最高的股票联系起来。由于很少有活跃基金的表现优于上涨的市场,接下来的假设是,参与市场全面升值的最简单方式是通过股票指数基金。这些都抓住了所有的市场增长,同时也带来了最小成本的额外优势。

然而,指数型基金确实有两个特殊的缺点:

- 首先，许多股票由数量有限的、规模非常庞大的个股所主导。如果一只或多只这样的股票被套牢，投资者将面临损失惨重的风险。墨西哥湾事故发生后，英国石油（BP）股价大幅下挫就是一个很好的例子。

- 其次，就行业部门权重而言，指数型基金的基础往往也很狭窄。更糟糕的是，最大的行业权重往往偏向于那些过去取得成功的行业，而不是那些未来最有利的行业。因此，当市场趋势发生变化时，被动型基金的表现往往尤其糟糕。例如，就在全球金融危机爆发之前，大多数主流股指在金融领域的权重都很大。在危机期间，银行是表现最差的股票之一，这并非巧合。

市场复苏持续的时间越长，投资者变得自满的风险就越大。长期以来，市场一直表现良好，因此，许多投资者对主动管理投资组合风险的好处不屑一顾，但密切关注投资前景确实有好处。

2. 能够主动管理投资组合风险也有巨大的好处

请不要陷入这样的陷阱，即认为管理投资组合风险就是将下跌风险降至最低，它同时还能增加上行回报。例如，就在全球金融危机刚刚过去的时候，英国的利率从5.75%降到了0.5%，第一次推出量化宽松政策时，我发现风险/回报比率最高的股票几乎都是资产负债状况最紧张的股票。关键是，复苏潜力最大的股票是那些在危机期间跌幅最大的股票。

2009年初，投资环境发生了根本性的变化。市场流动性的大量注入改变了过度借贷的公司融得资金、从而复苏的机会。实际上，一旦一家举债过度的公司宣布配股，投资者就可以完全相信，它会在金融复苏中生存下来，因此股价会上涨。因此，在这个时候关注投资环境意味着我暂停了正常投资规则的使用，并大量选择那些资产负债状况最紧张的投资！

底线是，主动投资的真正价值通常在于主动管理投资组合风险的范围。因此，对投资市场趋势的变化保持警惕是值得的。时刻关注投资前景，因此当投资环境发生变化时，你会提前注意到，并根据情况调整你喜欢的股票选择方法。

3. 寻找财务状况异常强劲的公司

如果这个前提被接受，那么最大的问题就是目前的投资前景如何。多年来，投资市场一直表现良好。许多在金融危机中过度负债的公司不仅生存了下来，而且给投资者带来了非常有吸引力的回报。对一些人来说，长期的市场复苏已经变得非常令人不安，导致他们变得过于谨慎，抛售了所有的资产——错过了股市进一步上涨的机会。

我现在的立场是什么？我对投资前景的观察显示，个别公司破产的风险最终将上升至20世纪70年代和80年代初更为常见的水平。可以想象，它们在未来甚至可能超过以前的标准。当利率如此之低、获得债务如此容易时，真正的危险在于，当下一次挫折到来时将有太多的公司不堪重负。这可能是个大问题。

记住，在此基础上几乎没有降息的机会。英国债券收益率进一步大幅下跌的空间也不大，因此，额外的量化宽松可能不会像上次那样在未来让市场重获信心。那些在下次遭遇挫折时陷入困境的人，可能会自己走出困境。不要指望央行会像2008年那样为他们纾困，也不要指望救助配股的发行会容易获得资金。

因此，我对投资前景的看法是，那些财务状况异常强劲的上市公司在未来可能处于不成比例的有利地位。当然，所有的股票价格都很容易受到经济衰退的影响，即使是那些资金充裕的企业。资金充裕的股票投资组合的价值在市场挫折到来时也将遭受冲击。但如果未来确实有许多公司破产，那么最强大的公司将更容易在那个时候扩大市场地位。例如，那些拥有盈余资本的公司将处于有利地位，能够以异常低的估值从接收方手中收购业务。

即使在市场受挫的时候，那些前景非常好的上市公司也能够从投资者那里筹集更多的资金。因此，它们可能会有更大的上行空间，因为它们拥有较其他公司更大的复苏潜力。

因此，我对投资前景的一瞥表明，这是一个通过主动管理投资组合风险来增加额外价值的绝佳机会。目前，在牛市的后期阶段，资金充裕的股票投资组合将参与市场进一步上涨。当出现经济衰退时，资产负债表状况最好的公司或许可以更多地利用其他公司的弱点，从而在随后超过市场复苏。

克雷格·耶曼

Craig Yeaman

  克雷格·耶曼于1999年加入克莱德斯代尔银行投资部门，担任分析师一职，从此开始了他在该行业的职业生涯。在那之后，他于2001年跳槽到格拉斯哥投资管理公司，在那里，他同时担任苏格兰皇家银行和苏格兰小型企业集团投资信托公司的经理。除此之外，他还参与了公司许多养老金客户的独立委托管理工作。在2007年8月格拉斯哥投资管理公司被收购后，克雷格加入了安本资产管理公司。2008年，克雷格加入了萨拉森。

  克雷格于2009年1月被任命为TB萨拉森英国阿尔法基金的经理。自接管该基金以来，他取得了一流的业绩，8年里有6年超过了基准。

最杰出的投资
往往在最初的时候
给人的感觉
最不舒服。

好想法不是一直都有的

从理论上讲,投资是一个简单的概念,其理念是低买高卖——还有什么比这更容易的呢?然而有时,即使对最老练的投资者来说,这其中的困难也会被证明令人难以置信。重要的是要记住,每笔投资只有两个重要的点——即买入和卖出的价格。其他一切都只是噪声。以下是我每天使用的规则。

1. 自己做研究,不要依赖他人

这似乎是一条显而易见的规则,但许多公司都有自己的分析师团队,基金经理很少会参与到审查潜在投资这样更普通的事务中。通常,需要依赖团队中更初级的成员来构建模型并填写历史数据。只有当模型完成之后,这个投资想法才会提交给高级团队成员,让他们最终决定股票购买。

和萨拉森基金管理公司投资团队的每一位成员一样,我在决定一家公司是否值得持有之前,会自己对它进行研究。在不依赖他人完成基本面研究这样最重要的工作的情况下，试图超越同辈群体的工作是非常困难的。在萨拉森，基金经理和分析师的角色是交织在一起的，因为在考虑投资一家公司之前，对公司有实际的了解至关重要。

卖方经纪人的外部研究非常丰富，但人们应该以高度冷嘲热讽的态度来使用这种分析。这些报告可能有助于了解背景知识，但企业和分析师往往有自己的议程。例如，如果一个机构是一只股票的经纪人，你可以拿你的底限价打赌分析师会给股票买入评级。买者自慎！

2. 运营集中化投资组合

我的大部分时间都花在评估股票上；要么是我已经拥有的公司，要么是纳入基金的潜在投资。在任何时候，好的想法都是有限的，作为一个投资者，你想要从它们中获益。我在任何时候都只投资30-45只股票，而不像我的一些同行，他们会持有100家以上的公司。由于我对所持有的每只股票都持有规模重大的头寸，这意味着如果我对一家公司的前景判断是正确的，我的股东应该会从中受益。

相反，如果我投资100家公司，投资名单上的第100家公司的持股比例可能不到0.5%。做大量的尽职调查，然后得到这样一笔无关紧要的头寸，有什么意义呢？如果它的价格增长一倍，对投资表现的影响将微乎其微——同样，如果价格减少一半，也不会造成任何损害。如果你想获得有意义的回报，支持你的判断是很重要的。无论别人告诉你什么，你也几乎不可能同时对这么多公司了如指掌。

3. 如果你不了解一家公司的业务，就不要投资

同样，这似乎是一个显而易见的陈述，但即使你不能很好地理解商业模式

或公司如何获得回报,你还是会忍不住进行下一笔大投资。我倾向于回避的领域是科技领域,因为我肯定不是下一个比尔·盖茨,我也不会自称对这个领域的许多公司有实际的了解。

我坚持的经验法则是:如果我不能简单地向投资者解释一家公司的业务,我就不应该购买它的股票。保持简单!

4. 不要设定价格目标

随着业务的发展,我从未对我的任何投资设定价格目标——一家公司可能通过收购实现增长,它可能会增加市场份额,可能出售非核心子公司或发现终端市场变化迅速。处于经济周期和生命周期不同阶段的公司理应以不同的估值进行交易,因此,关键是要确定影响公司估值的是什么。

豪登橱柜集团有限公司就是一个例子。我在2011年初投资了这家公司,当时股价在每股100便士左右。5年过去了,公司股价已经超过500便士。然而,我认为2015年的股票比我一开始投资的时候更有价值。这听起来似乎有些不合常理,但到那时,该公司已经拥有了遍布全国的存储网络,营业利润率提高了500个基点、超过了18%,资产负债表状况非常强劲,其他负债也有所减少。如果我在2011年设定一个价格目标,我可以向你保证,它将大大低于它达到的水平,这就导致了一个机会的错失。

5. 不要看股价图表,要看股票的潜在评级

许多投资者会看股价曲线图,如果他们看到一只股票从左下向右上移动,就会无视这个建议,认为自己错过了赚钱的机会。由于各种原因,一家公司的股价可能会向北移动。例如,一家企业的基本面可能正在改善、盈利可能得到了提升,或者,实际上管理层可能发生了变化。

看企业的估值比仅仅看股价重要得多。股价上涨往往伴随着收益上调，这意味着一家在股价方面表现良好的公司没有被重新评级。在此基础上，该股票可能仍值得投资。

6. 不要害怕在亏损时卖出

要让每一笔投资都正确是不可能的，通常最好是在对业绩和投资组合造成更大的损害之前迅速发现错误并卖出股票。投资者通常会持有一种错误的观点，认为如果他们等待的时间足够长，价格就会回升。有时的确会这样，但通常不是如此。投资者还必须考虑继续持有一只股票的机会成本，无论出于何种原因，这种股票未来的股价改善几乎没有希望。

通常，卖出股票、确认损失是正确的选择，尽管当时会很痛苦。关于盈利预警三步走的古老格言并不太离谱。我经常给股东举的一个例子，是我自己对传送带制造商、分销商芬纳的买入。我在2013年10月以每股390便士的价格买进了这些股票，并在2014年6月收到每股336便士的利润警告后卖出。尽管确认亏损的决定令人不安，但这是正确的做法，因为这只股票的价格继续下跌，在2016年2月达到了100便士。

7. 在别人恐惧时贪婪，在别人贪婪时恐惧

价格不会永远上涨——认识到这一点很重要。根据人类的本性，确认利润总是比确认亏损容易。出售股票的原因有很多：头寸规模在投资组合中可能变得过大、可能已经确定了更有吸引力的投资或者仅仅是一家公司的评级被过度提高。如果股价上涨，投资者通常会认为自己错过了机会，因此很乐意为股票买单。这是一个获利的好机会。

相反的情况多数也是正确的。我经常用一个例子来说明这一点，就是想要

买新车的人的故事。他们已经做了充分的研究，选择了最适合他们自己的车型并且已经准备买入。他们准备购买的车型正在以30 000英镑的价格出售，但有一天经销商以10%的折价销售，每个人都会选择在这天买入以节省3 000英镑。如果一个潜在投资者对某只股票做了功课，但看到股价在没有任何具体原因的情况出现下跌，多数人往往会按兵不动，认为市场知道的比他们多。更常见的情况是，在那个特定的时间里，卖家比买家多。

最杰出的投资往往在最初的时候给人的感觉最不舒服。我这么说是什么意思呢？当你买入了一只不受欢迎、持续下跌的股票时，你很难说服自己你是对的、市场是错的。关于这一点的一个例子是我对AGA朗姆斯特的买入，首次买入发生在2014年的11月，买入价位为143英镑。随后，随着价格持续走低，我7次进行增持，最后一次增持发生在2015年4月，价格仅为88便士。看到投资价值下跌的感觉并不愉快，但我确信市场并未完全理解这个投资的情况，或者更可能的是，鉴于这家公司市值较小，市场对此毫不在意。这家公司于2015年9月被一个美国竞争者以185英镑的价格收购，当市场认为有可能爆发收购战时，我们设法以超过200英镑的价格出售了大量投资。

8. 在投资之前见一见管理层

关于面见管理层的价值，有一些不同的看法。许多人认为，这是浪费时间，因为董事们倾向于对事件进行尽可能好的解释。我不同意，我想在把我的股东的钱托付给他们之前先见见公司的负责人。我的本命猎场是在富时250指数成份股中的公司和小型股公司，因此，我必须对这些负责人完全有信心。与规模较大的同行不同，这些企业往往没有得到卖方公司的特别充分的覆盖，因此，我发现坐下来对公司进行更多的了解是非常有用的。当你与英国石油（BP）或汇丰（HSBC）等大型跨国公司的首席执行官会面时，我认为你不太可能学到任何新东西——不过，在市场范围的更深处，是不能这么说的。

与管理团队建立关系的危险在于,你可能会相信会面中告诉你的一切。因此,在提问时,保持一个合理的怀疑程度是很重要的。

我对公司的愿望清单

除了遵守我的投资规则外,我还喜欢公司拥有如下列出的一些属性。一家公司不太可能具备所有这些特征,但它们的数量越多,我持有它们的时间就越长。

市场领先位置

由于种种原因,市场领导者往往是适合投资的股票。首先,它们最有可能已经存在多年,而且往往会拥有稳健的资产负债表。财务状况良好的公司的管理层将继续投资,以保持其第一的地位。在经济低迷时期,实力较强的公司变得更强,而实力较弱的公司则遭受损失。

可持续的高利润率

那些获得可持续丰厚利润的公司往往是长期投资的好公司。无论出于何种原因,所有企业都将面临运营环境更加严峻的局面。这可能与外汇汇率相关,可能是消费者环境更加严峻,也可能只是经济增长放缓。在这种情况下,我宁愿投资于利润丰厚的业务,在很大程度上,利润是受到保护的。

威格斯(Victrex)就是一个很好的例子,这家公司的营业利润率一直保持在40%。如果营业利润率降至38%,不会造成太大损害,但如果一家企业的利润率为4%,而利润率降至2%,那么盈利能力将减半。

长期的可见性

没有什么比意外的利润预警更让投资者和市场感到不安的了。公司的知名度越高，让人失望的可能性就越低。在理财时，避开地雷往往和选择赢家一样有用。

独特的资产

由于其稀缺性价值，独特的资产往往会保证较高的价格和较高的利润。一个例子就是海名斯公司，一家拥有世界上唯一水辉石矿的特殊化学品公司（水辉石粘土是一种优质产品，主要用于油漆和化妆品）。

与董事利益一致

我寻找的关键特征之一是有意义的董事所有权。这些公司往往表现得更好，很可能是因为股东的利益与运营公司的利益完全一致。有时，股市似乎被下一个季度或半年的数据所占据，但我更喜欢投资那些有合理长期目标的公司。根据我的经验，那些拥有高管理层持股的企业往往会把眼光放得更远。

在我自己的基金中，有很多公司拥有大量的董事所有权：维多利亚的董事长拥有公司33%的股权；伯克利集团的创始人股份价值超过2亿英镑；还有英国领先的家居用品公司Dunelm，创始人家族控制着该公司51%的股份。